科学から空想へ

社会人大学院生から見た現代社会の諸相

KG エコノミスト歴史研究会

藤井和夫
加藤美穂子
朝井　保
笠岡一之
和田将幸
中島尚信
見市　拓
中村亜紀
南畑早苗
楽　君傑
羽田良樹
林　芳利
下村和平

関西学院大学出版会

科学から空想へ

社会人大学院生から見た現代社会の諸相

目次

第1部　関西学院大学大学院経済学研究科エコノミスト・コース　5

第1章　科学から空想へ
　　　　──序に代えて　　　　　　　　　　　　　　　藤井和夫　7
第2章　大学院内部者から見た社会人大学院の諸相
　　　　──歴研と愉快な仲間たち　　　　　　　　　加藤美穂子　20

第2部　歴史をめぐって　41

第3章　大きなうそ
　　　　──小さなうそより大きなうそ　　　　　　　朝井　保　43
第4章　歴史研究の手法とビジネス　　　　　　　　　笠岡一之　67
第5章　歴史への誘い
　　　　──ヘゲモニーは英国から米国へ　　　　　　中島尚信　82
第6章　歴史とは何か　　　　　　　　　　　　　　　和田将幸　95

第3部　高齢社会と福祉　107

第7章　有料老人ホームは儲かる仕事？　　　　　　　見市　拓　109
第8章　在宅での要介護認定調査の
　　　　実施状況に関する検討　　　　　　　　　　　中村亜紀　134
第9章　高齢社会に活用したい成年後見制度　　　　　南畑早苗　152
第10章　高度成長期における人口移動
　　　　──中国と日本の比較　　　　　　　　　　　楽君傑　167

第4部　現代経済社会の諸相　189

第11章　経済団体とは何か　　　　　　　　　　　　　羽田良樹　191
第12章　中小企業におけるコーポレート・ガバナンス　林　芳利　206
第13章　経済教育の現場で考えたこと
　　　　──高校レベルでの経済教育のあり方　　　　下村和平　231

第1部 関西学院大学大学院経済学研究科エコノミスト・コース

# 科学から空想へ
——序に代えて

藤井和夫

Ⅰ 「KG エコノミスト歴史研究会」

　本書は、われわれの知的共同作業のささやかな成果の一つである。われわれとは、関西学院大学大学院経済学研究科前期課程の「エコノミスト・コース」（社会人向け昼夜間コース）修了者を中心として始められた「KG エコノミスト歴史研究会」のことである。同研究会の成立の経緯、活動内容やそのメンバーについては、本書中の加藤論文に詳しい。本稿の筆者は、「エコノミスト・コースの同窓会みたいなものを研究会の形で続けたいが一緒に加わりませんか」というお誘いを喜んでお受けしてメンバーの一人になった。その時、「きちんとした研究会としてやりましょう」というようなことを申し上げた記憶がある。単なる同窓会という社交的な集まりなら、そんなにおつきあいする気はなかった。社会人の大学院生が本気で行う研究会なら、大いに興味が湧いた。実際、メンバーの研究発表には興味深いものが多く、思わず大学院のゼミ並のコメントをしてしまったし、メンバーの報告準備が整うまで何回か、そしてその後もほぼローテーションで小生も報告させられたので、そこでは自分の専門研究をできるだけレベルは落とさずに一般的な問題に広げる形で話すよう心がけた。とはいえ、言うまでもないことだが、専門研究

者レベルの研究を報告し合ったというのではない。後に述べるように、社会人大学院生の研究の意味やねらいは別のところにある。その点で、ある水準を保つことを研究会のメンバーがお互いに要求しあったということである。

　研究会の立ち上げに誘ってくれたのはエコノミスト・コースの授業を担当して知り合った人たちで、一般の学生とは違う社会人として話のできる人たちであったから、この研究会もそれなりに面白くなりそうだと期待していた。しかし、始めてみると、研究会は想像以上に知的な刺激に満ちていて面白かった。知的な刺激というのには二つの意味がある。

II　関西学院大学における社会人大学院
　　（経済学研究科「エコノミスト・コース」）

　まず、社会人を対象とした大学院というものの持つ意味を、改めて考えさせられた。加藤論文にあるように、昨今はどの大学も社会人を対象とした大学院コースを持つようになってきている。その多くは、時代的な背景の中で「自分の市場価値を高める努力を自らがしていかない限り、望むキャリアをなかなか歩めなくなっ」た「社会人のニーズと、18歳人口の減少という構造的問題に対処しようとする大学のニーズとの接点に『社会人大学院』は生まれてきた」（山田礼子『社会人大学院で何を学ぶか』岩波アクティブ新書、2002年、「はじめに」）と一般に言われるように、高度専門職業人の養成と社会人の再教育を目的とするものと考えられている。いわゆる専門職大学院であるビジネススクール、ロースクール、アカウンティングスクールなどは明らかにこうした目的を持つものであり、関西学院大学の大学院にもその三つがそろっている。しかし、経済学研究科のエコノミスト・コースは、その設置のねらいにおいて上記のような目的の範囲に収まりきらない部分を持つ。

　関西学院大学大学院の経済学研究科で、前期課程に社会人を対象としたコースの開設が正式に検討され始めたのは1994年度のことで、山本栄一研

究科委員長（学部長）の時代であった。その背景には経済学研究科の存在に関わる危機的状況があった。すなわち、そのころ経済学研究科を目指す受験生が激減しており、1985年から1991年まで前期課程の受験者数は3～6人の間で低迷しており、1985年度と1989年度は合格者はいたものの実際に入学した者はゼロという事態に至っていた。その後前期課程の受験者数は徐々に増えたものの（1992年度8人、1993年度10人、1994年度23人）、後期課程への進学者は減少の一途をたどって入学者ゼロという状態（1987、1988、1989、1991、1993、1994年度）はおろか、受験者が全くいない年度（1989、1991、1994年度）さえあって、まさに経済学研究科の存在そのものの意義が問われる状況にあったのである。資格取得のための入学者を嫌い、前期課程の入試に二つの外国語を課すなど「一言でまとめるならば、研究者養成のコースに特化する傾向を強め」（山本栄一「経済学部・大学院経済学研究科の教育と研究」『経済学論究』59巻3号、2006年3月、46頁）ていたそれまでの経済学研究科の思惑は、少なくとも受験生からの評価という面で完全に頓挫してしまっていたのである。

　そこで考えられたのは、経済学研究科の門戸を従来以上に開放することによって入学者数を増やし、よって大学院そのものの活気を取り戻し、併せて大学院生のすそ野を広げることでその質的な水準を維持あるいはさらに高めていくことであった。そのための具体的な方策が、大学院の入試における筆記試験免除者（学部卒業時の成績優秀者）の範囲の拡大および飛び級制度による入学や外国語の試験科目を減らす等の入学試験改革であり、エコノミスト・コースの開設による入試の多様化である。前者の対策は、早い話が大学院への入学試験制度を誰でも入りやすいようにするという「ウエルカム政策」であり、文部科学省の肝いりで「大学院大学」構想に乗った国立大学の大学院が、恒常化していた学生の定員割れを一挙に解決すべく一斉にその門戸を開放し突如大学院入学者数を急増させたのと軌を一にしていた。後者の「入試の多様化」とは、正確には「大学院入学者の多様化」のことであって、こちらの方は1993年に文部科学省による「大学大綱化」が大学院にも認められた結果、大学院の自由化の中で昼夜開講制の大学院が可能になって社会人

受け入れの枠組みができたという事態への対応であった。

　関西学院大学でも商学研究科が1993年度ただちに社会人対象の「マネジメント・コース」を発足させていた。ところが経済学研究科の方は、研究科がすでに危機的な状況に陥っていたにもかかわらず、この方向への改革に対して当初完全に腰が引けていた。「大学院の低迷に直面し、大学院に委員会を設置し、社会人の受け入れについて検討したが、すでに私学が負っている授業負担の重さなどを主な理由に、消極的姿勢が大勢を占めた」(山本栄一、同上論文、47頁) という状況だったのである。資格取得のための入学者を除けば、学問の性格上実践的な性格のより強い商学研究科と比べて、経済学研究科で社会人大学院生を募集してもほとんど需要はないだろうという声も強かったように思う。しかしこんな状況の中で、「何もしないままでいいのか」という焦りにも似た気持ちもあって、とにかく一度やってみましょうという雰囲気の中で(少なくとも筆者にはそう感じられた)、1995年度に経済学研究科は社会人を対象とした昼夜間大学院前期課程「エコノミスト・コース」の開設を決心したのである(開講は1996年度から)。前期課程の科目を「エコノミスト基礎」、「地域・公共政策」、「国際経済」、「金融・ファイナンス」、「企業・産業・労働」、「歴史・思想」の6つのメニューに分けて夜間にも開講し、2つのメニューの科目群を履修してレポートを2つ書くか、ひとつのメニューでゼミにも所属して修士論文を書くことで修士学位を得るというものである。

　果たしてどのような人が、どのくらい受験するだろうか。職業に直結する実践的な知識を提供するというよりも、どちらかというと職業を持つ身で学問研究をそれなりにやり直してみたいという人を想定した他に類例のないコースであり、社会人の中には知的な探求心の旺盛な人もかなりいるはずだ、実際には資格取得を目指す社会人もかなり受験するだろう等、われわれはいろいろに言い合ったが、入学してくる社会人大学院生の知的モチベーションやレベルを含めて「ふたを開けてみなければ分からない」というのがスタートを決断した研究科の正直な気持ちであった。夜間に開講される科目はもっぱら社会人向けだと了解しても、では通常の大学院の講義とどのようにその

内容を変えるべきなのかということについても、あまり細かな詰めた合意はないままのスタートであった。状況を見て、試行錯誤の中からあるべき社会人向け大学院像を形作っていこうと、われわれは内心で考えていた。つまり、開設にあたって社会人を対象としたエコノミスト・コースのねらいや思惑は担当する教員間で曖昧な形でのみ共有されているというのが、当時の筆者の受け取り方であり、現在でも事情はさほど変わらないと思っている。ブームと言うか熱気と言うか、当初のエコノミスト・コースをめぐる活気が次第に冷めてくる中で、試行錯誤はまだ続いている。あるべき社会人向け大学院像は、入学してくる社会人大学院生の変化という要素もあって、作られるべくしてまだ作り上げられてはいないのである。そのあたりの問題やエコノミスト・コースのその後については加藤論文に譲りたい。

Ⅲ　社会人大学院生の学び方、教え方

　問題は、実際にエコノミスト・コースに入学してくる社会人がどのような人々であったかということである。一言でいえば千差万別、きわめて多様な社会人大学院生をわれわれは受け入れることになった。加藤論文にあるように、最初の頃のエコノミスト・コースでは明確に資格取得をめざす目的志向型の入学生は少数派であり、それよりもただ仕事をしているだけでは、あるいは一人で勉強や読書をしているだけでは物足りないという知的好奇心の旺盛な強者たちが多かったように思う。初めて夜間の講義（1997年度「経済史特殊講義」）を担当したとき、従来のように専門書を輪読する講読型の講義をするわけにはいかず、毎回ノートを用意した講義形式の授業を交えながら、2講時（3時間）の講義時間の半分はゼミのように十数人の社会人大学院生にも関連するテーマで報告をしてもらい、年度末には講義の中でチームに分かれてディベートをしてみたことがあった。ディベートのテーマは当時社会で関心を持たれていた問題を取り上げたが（「日本は英国病になるか」「アジアの成長は続くか」）、この時は受講生のほとんどが面白がって参加してく

れた。要するに、新しい知識が得られるということにきわめて意欲的で、その知識を自分なりに咀嚼することにも同じだけの意欲と自信があり、しかも自分の意見を持っていてその表明の機会を喜んで利用するというのが、受講生に対する筆者の最初の印象だったのである。同僚たちも、授業を担当して社会人らしい反応や従来の学生とは異なる発想によるコメントが得られて面白いと語っていた。

　しかしその印象は、エコノミスト・コースの担当が続く中で次第に変わっていった。結果的には、開設後数年間の入学生はむしろ例外的な存在であって、その後のエコノミスト・コースの入学生の大半は次のような人々であった。まず、受講生は社会人であるから仕事をしながら講義の準備をしなければならず、とくに自分の研究報告を授業の中でするのは大変な負担になるという声が聞こえてきた。また、ディベートは準備に時間がかけられない関係でお互いに普段考えていることを言い合う結果になって、新しい知見を得るという点で物足りない、という声もあがった。資格取得や仕事に直接生かせる高度で実践的な知識を得たいというのではないにしても、教員の講義から何らかの新しい知見・情報を効率的かつ豊富に得たい、というのがエコノミスト・コースに学ぶ社会人大学院生の大方の希望であるとわかってきたのである。考えてみれば至極もっともな要求である。資格取得を目的とする入学者の割合が増えると、この要求はますますはっきりと感じられた。そこで、でるだけわかりやすく講義ノートを準備し、丁寧なレジュメも作成してエコノミスト・コースの講義に臨むように心がけた。

　筆者の専門は外国経済史、それも近代ポーランド経済史というマイナーな分野を研究対象にしている。大学の学部や大学院での担当講義は「経済史」か「外国経済史」であって、資格取得を志す社会人大学院生が大挙して履修しようという科目ではない。ごく初期を例外として、必然的に履修者は常に1人、多くても4、5人という少数になる。その少数の履修者に対して、従来の大学院での講義と比べて格段に丁寧なノートを用意し、きっちりとレジュメを配布して講義するのである。教える立場でそれなりの面白さはあるし、なにより受講生の要望をなるほどと納得しながらそうしているつもりで

あったが、次第に何か物足りない気もちが強くなっていった。「だいたいエコノミスト・コースというのは効率的ではないんですよ。同じだけの教えるエネルギーを研究者志望の学生にそそぎ込んだ方がより成果が望めると思います」という同僚の言葉が説得力を持った。教育はサービスだから、こちらからできるだけの情報を一方的に提供することに抵抗があるわけではないけれども、外国語文献の予習はともかく、最近の邦語論文などを一緒に読むのにも拒絶反応があって、ただ知識をわかりやすく効率的に講義する授業ばかりを望まれると、社会人である大学院生から何か新しい反応が返ってくることを期待できた初期の頃の面白さがだんだん遠のいて、負担感ばかりが募っていくのを止めようがなかった。

　そんな中で、卒業した初期のエコノミスト・コース生が研究会を発足させたのである。ここには最初の頃に講義を担当して受けた印象そのままの元社会人大学院生が集まっていた。何人かは、まだ知識欲が満たされてないのか、卒業した後も聴講生として大学院の講義を聴きに通っていた。月例の研究会では、順番に自分が関心を持つテーマで報告が行われ、活発な質疑と意見交換がなされた。自分が関心を持つということから仕事がらみの話も出てくるが、単なる仕事の紹介や自慢話になるとそれこそ厳しいコメントが浴びせられて、そういう類の報告は淘汰されていった。学問研究の専門家による研究発表ではないのだから、学問的なルールや知識量で要求される水準は大学院時代と変わらないが、対象に知的な意味で真剣に取り組む点では、研究会の名に恥じないものがあった。これほど本を読み、ものを考えている社会人もいたのかと驚かされるような報告も出てくる。メンバー同士気心が知れてくると、メンバーの報告から得られた知識よりも、むしろそれをめぐる意見の交換が何よりも面白く、それが研究会の主たる目的であるという意識がメンバーの間で共有されるようになった。研究会の後の飲み会では、話題は他愛のないものに落ち着いていくが、研究会から議論の熱気だけは引き継がれていくので、他にはない盛り上がりを楽しむことができた。

　要するに、エコノミスト・コースに元々存在していた、知識を効率的にわかりやすく得たいと望む社会人大学院生と、自分で考えて人と意見を戦わす

ことに喜びを見いだす社会人大学院生とが、バランスよく授業に参加するという状況はごく初期の例外的な事象であり、社会人大学院生を対象とする教育は、結局どちらかのタイプを想定してかからねばならないということであろう。後者のようなタイプの社会人大学院生には、通常の授業ではなく、今やこの「KGエコノミスト歴史研究会」のような場でこそ出会えるというのが筆者の実感であり、研究会で味わえる知的な刺激の第1のものはまさにそのことである。

Ⅳ 研究と問題意識

　研究会を重ねるうちに気がついた別の感慨もある。学部を終えた後の大学院といえども、一般には教える側の教員のわれわれと、教えられる側の大学院生とは、年齢的にかなり差のあるのがふつうである。つい若い者に教え諭すような講義をしてしまうことになる。ところがこの元社会人大学院生を主要メンバーとする研究会では、「ベトナム戦争とは何だったのか」というテーマの報告が突如出てきたりして、同一世代の経験を同じくするもの同士の議論が展開できるのである。それは単に昔話、思い出話ができるということでもあるが、一応研究者として世間に看板を掲げる筆者にとって、一個人として思いがけない知的な刺激を味わう瞬間でもあった。

　われわれ教員はたいてい大学の学部、大学院を経て今日に至っているが、研究者としての道をたどり始めた頃、未熟な中でもしばしば鮮烈な問題意識を抱いているということも多かったはずである。それが専門の研究者に育っていく中で、未熟で素朴な問題意識は次第にいわばプロとしての職業意識に取って代えられていく。素人っぽい批判精神は、出すも気恥ずかしくどこかにしまい込まれてしまう。ところが、同世代のこの元社会人大学院生たちは、おそらく大学生時代に熱烈に抱いていたかもしれない問題意識を仕事の中では無理矢理に押さえ込まれていたというのであろうか、大学院生になったとたん強烈に復活させるところがあるようなのである。現役の学生なのだから

ある意味では当然かもしれないが、変に職業的研究者の垢にまみれていない分、鮮やかなまでに若々しい問題意識が研究会を飛び交う。これはまさに刺激的な体験であった。同世代のメンバーの若々しい問題意識は、そのまま自分自身のかつての熱を帯びていた問題意識と重なるところが多く、まさに初心に帰る体験をさせられる。「書生臭い」ことを嫌う人間は研究会など始めたりはしない。同世代の共感とともに必要以上にムキになったやりとりも生まれるし、親子ほども年の違うもっと若い世代のメンバーとも、若気の至りのような議論を交わすことができる。昔に帰って青臭い議論ができるのはなんと楽しいことかと、研究会のもう一つの魅力を発見したのである。

　もちろん、研究会である以上研究をすることが前提でなければならないが、メンバーの多くは研究を職業とする人々ではない。趣味や道楽で勉強をしているわけでもないが、とことん真剣な中に「遊びの持つ純粋さ」を感じる部分もある。研究を商売の種にしていくことに時々疲れてしまう研究者にとっては、この研究会での勉強や議論がオアシスのように感じられ、「研究として意味のあることをやろう」と声をかけ合いながらも、そこに何か新鮮な楽しさを感じてしまうのである。

　「歴史研究」だから特にそうなのだろう、「趣味で歴史をやる」という人も結構いるぐらいだから、歴史の研究なんてはじめから半分趣味みたいなものだ、という声も聞こえてきそうである。それに対しては次のことを言っておかなければならない。筆者は、「専門的な学問研究と実践とは別のものである…。歴史を学ぶときにも、ただちにそこから人間の生き方とか人類の理想とかを読みとろうとするのは邪道である。それは歴史に対する人生論的アプローチであって、科学としての歴史を学ぶ態度ではない。ある人が歴史を学ぶことによって、人間および人間社会に関する知識を得、自己の思考を訓練し、そのことが彼の判断の基礎を広げ、深くすることを通して、彼の社会生活を豊かにするかもしれない。しかしそれは間接的な効果である。歴史研究自体は、現実に対する処方箋を与えはしない。科学とはそういう性質のものである」「科学としての歴史は、鋭く広い知的関心をもたないものにとっては、時に退屈であり、さらに現実生活にとって『有用』ではない。科学とし

ての歴史を学ぶものは、それに耐えなければならないだろう」と言い、「私は20年以上経済史を研究していて、現実の社会の動きの理解に対して、自分の研究がほとんど無力であることを痛感している」「私にとっては私の専門的研究は現実の社会の理解にそれほど有用ではない」と正直に告白する同業の先輩の言（安岡重明、『戦中派青年の半世紀―ある大学教授の軌跡―』、ノベル倶楽部、2005年、99-101頁）に全面的に賛成である。経済史研究もプロの世界の営みである。現実の世界からとことん科学的な抽象度を高めていく職人的な辛抱強い作業が要求される。

　社会に実感を持って接するところから知的関心が生まれてくる社会人大学院生の研究会にそれを求めるのは筋違いだ。研究会でわれわれが互いに求めたものは、自らの内部からでてくる問題意識に真摯に向き合い、学問の世界に分析手法や仮説・概念を求めながら、地に足のついた、しかし一方ではかなり自由な認識や発想が許されるようなそんな知的空間を共有することであった。それを称して、研究会の中で朝井氏の発した「科学から空想へ」という言葉が、自分たち研究会の意識を端的に表す言葉となったのである。大学院の授業で科学的な真実や学問のルールを学び、それをベースにしながら、研究会ではさらに自分の考えや思いを表明しあう。それがこの研究会であった。

V　知的共同体の勧め

　ところで筆者が専門とする経済史研究の中で、近世から近代にかけて最終的に市場経済が形成される中で、伝統的な共同体が解体されるという史実にしばしば遭遇する。市場経済が持つ合理性が十分に発揮されるためには、それは身分制を含む封建制社会が完全に止揚されるのに伴う必然的な現象であった。しかし、不合理や不自由を人々に強いる側面があったとはいえ、それまで人々の生活の大部分を支えてきた共同体が解体されれば、人の生活が成り立ちにくくなるのも当然の話である。そこで歴史の中で従来の共同体が

果たしていた機能を代替するものが生まれてくる。その初期的な現れのひとつが企業の果たす社会的な働きであったと思うし、行政が巨大な近代官僚制を作り上げていくのもそうしたものの現れのひとつであろう。さらに教育制度が整えられ、教育機関が整備されていくのも、またそんな意味を持つに違いない。近代の大学が発展した背景にも、共同体が持っていたある働きを引き継いだということが考えられることになるのである。それは何なのかというと、おそらく社会の具体的なルールをその構成員に教えていくことと、人々の精神や感覚を支える知的共同体を形成することではなかろうか。前者はしばしば強調されるところであると思うが、社会の情報化が進展し、大衆の高学歴化が進むにつれて、特に後者の意味合いが強くなっていくのではないかと考えている。それは決して研究者を再生産するという使命にとどまらず、より広い、多様な知的空間を大学が提供するということなのではなかろうか。その意味でも、今や大学が独りよがりの研究の府に閉じこもることは許されないことと言えるであろう。

　一方で大学における実学教育の必要性が最近しきりに強調されている。現実から完全に遊離し、抽象的な概念やモデルをもてあそぶような行為は、もはやこれからの大学では許されないというのである。昨今企業や経営者のモラルが問題とされるような出来事が続いているのは、あまりに額に汗して働くということが軽んじられているのではないか。「虚業」ではなく「実業」が大切であり、その実業を支える実学をこそ大学はもっと教えるべきではないかという意見もある。特に社会人大学院生を受け入れるような大学では、実践的な学問研究と教育こそが求められるということになる。しかし、これまでも述べてきたように、社会人大学院生が求めるものは実は多様である。加えて、実業に結びつく実学という問題は、もっと考えてみる必要がある。

　筆者の研究対象である19世紀のポーランド社会に、実は「実業の時代」と呼ばれた時期があった。18世紀の末以来民族的な独立を失ったポーランドで、ロマンチックで英雄的な民族主義を背景にいたずらに政治的・軍事的な独立闘争のみを志向するのではなく、もっと民族の現実的・経済的な力を蓄えることから始めるべきではないのかというひとつの有力な思潮である。

それはまだ独立を取り戻せなかった19世紀のポーランドに相対的にめざましい工業化の成果をもたらすことになった。そのことをテーマとした文学に、ポーランドに4人いるノーベル文学賞受賞者のうちの一人、ヴワディスワフ・レイモント（1867〜1925年。1924年にノーベル賞受賞）のZiemia Obiecana『約束の土地』（原作1899年）という19世紀の新興工業都市ウッジの発展を描いた作品がある。アンジェイ・ワイダ監督によって1975年に映画化もされた作品で、ダイナミックに発展する繊維産業を背景に、ポーランド人・ドイツ人・ユダヤ人の三人の青年が、資本主義の欲と野望の渦巻く激動の時代に、それぞれの生き方と価値観を共有しあい、ぶつけ合って生きていくという、激しくも儚く、また少し虚しさも漂う物語である。

　映画は170分の大作で、「時代を背景とした青春物語」としての原作のテーマがより迫力のある映像に描かれている。主人公たちは、青春の夢と野望を実現する舞台として繊維工業がめざましく発展しつつあるウッジの町を選び、周囲の愚かしいまでにどん欲に金儲けに走る工場主たちと同じく、あの手この手で資金を工面し最新技術や原料相場の情報で競争相手を出し抜きながら、まずひとつ自分たちの小さな繊維工場を造りその工場を大きくしようと奔走する。彼らが青春の夢として描くのは、周囲の単なる金の亡者を越えたウッジの新しい時代の開拓者なのであるが、彼らの若さに任せた行動（そしてその結果としての成功と挫折）は、結局、当時の勃興期資本主義絵巻の一コマに納まらざるを得なかった、というのが私の受け止めた映画のメッセージである。原作の小説を読んでも、その冒頭にかなり詳細な繊維工場内部の描写が出てくる。巨大な蒸気機関によって生まれる動力が、大きな音と熱を伴いながら工場の隅々まで支配している情景は、あくせくと動き回る人間の動作や感情をひどく小さく感じさせて、その後全編にわたって資本主義に翻弄される人間たちの生き様を象徴しているかのようである。

　もちろんワイダ監督の映画には、制作当時のポーランド社会への強い思いを感じ取ることができよう。多くの制約を受けなければならなかった社会主義ポーランドの抑圧された雰囲気と、それに対抗して社会の奥底に沸々とわき上がる市民の熱いエネルギーが、映画の三人の若者の姿を通して描かれて

いたのかもしれない。しかし映画の中でワイダ監督が主人公の三人の若者に示す共感は、社会主義時代の市民感情の直接表現でも単なる青春へのノスタルジーでもなくて、19世紀のあの一種狂気じみたビジネスの世界に、ワイダ監督がポーランド社会を動かしてゆく一つの潜在的な原動力を見いだしているのではないかと思わせるものがある。社会主義に対抗する資本主義などという話ではなく、観念的・革命的・情緒的な市民のエネルギーとは別の、日常の実業の世界に生まれる生き生きした市民の活動力、それも実業を舞台にしながら、新しい時代を作り上げようとする知的な生命力、それをワイダ監督は描きたかったのではないかと思うのである。いわば、美しくも虚しい観念の世界（「夢」）に対して、むき出しの現実に埋めこまれた知的な変革の力。ワイダ監督としては珍しく、市民の思いの背後にあるべきそんな実在するものの力を描きたかったのではないかと思うのである。

　実業の世界がわれわれの知的な生活空間の基礎をなしているとすれば、まさにこのような世界を言うのであって、利潤追求という人間の本源的ではあっても「ひとつの」欲望を満たす上で基本となる判断能力や計算能力、ものの考え方の合理性だけが後生大事に追求される狭い意味での「実学」の重視など、少なくとも大学にとってどれほどの意味があるのだろうか。もっと幅も奥も深い知的共同体を構築することに意欲的にならなければ、それこそ大学にかかわるステークホルダーから厳しい評価を受けることになるのではあるまいか。社会人大学院生を教えることは確かに大変なことであるのかもしれないが、研究者養成の世界にばかり入り込まないで、この社会と接点を持ちながら知的な要求に突き動かされて大学・大学院にやってくる人々と真剣に向かい合うことに、実は大きな意味があるのではないかと「KGエコノミスト歴史研究会」に参加しながら考えているところである。

第2章 大学院内部者から見た社会人大学院の諸相

——歴研と愉快な仲間たち

加藤美穂子

I　歴研事始め

　「このままさよならじゃ寂しいよね」——それは、2001年春、大学院の修了式の日のことだった。大学前の桜並木は、まだほころびはじめたころだっただろうか。忙しくはあったものの、共に過ごしてきた充実した時間が、ついに終わりを迎えようとしていた。もうこれで、互いに会うこともほとんどなくなるだろう。ふとこのことが実感として押し寄せてきたその時、思わずこのような言葉が零れ落ちていた。
　なんて書き方をすると、センチメンタルな青春小説のようでもあるが、事実、われわれの集いは、このような素朴な想いから始まった。それが、KGエコノミスト歴史研究会——略して歴研である。この研究会は関西学院大学大学院経済学研究科で、縁あって共に机を並べた者達が大学院修了の別れを偲び、また知的刺激の場を求めて集い始めた会である。
　エコノミスト・コースというのは、関西学院大学経済学研究科が1996年に始めた社会人向けの大学院修士課程である。このコースは更に、ゼミに所属して修士論文を書くコースと、ゼミには所属せずに「課題研究」という形で2人の指導教官を選択した上で2本の論文を書き、修士号を取得するコー

スに分かれる。ゼミは通常、一般の大学院生と共に行われるため、平日の昼に行なわれる。したがって、平日の日中に通いづらい場合、課題研究により学位を目指すことになる。しかし、必ず修士論文を書かなければならない税理士志望の場合は、課題研究コースではなく、どこかの財政学系のゼミに所属することになる。

そしてこの歴史研究会は、エコノミスト・コースの3期生・4期生が発起人となり、関西学院大学経済学部教授である藤井先生を中心に据え、エコノミスト・コース以外の一般の大学院生や他の研究科出身者なども交えながら月に一度集っている（ちなみに筆者は、一般の大学院生の一人であった）。

歴研の第一回目が開かれたのは、2001年5月24日であり、当時、8人のメンバーからはじまった（より厳密には、この第1回目の前に、発起人による第0回が開かれていた）。それ以来、毎月、研究会を行っており、メンバーもその後少しずつ増えて現在総計14人となっている。筆者は第一回目から参加した一人であるが、正直なところ、どのような面子が揃うのかは当日まで知らなかった。しかも、藤井先生とは面識すらなかった。

藤井先生は、日本屈指のポーランド経済史の専門家であり、現地でもよく知られた研究者である。しかし何とも不敬な話であるが、われわれ歴研メンバーがそれを認識したのは、研究会がはじまってから既に数年経ってからのことであった。だがこれは裏を返せば、それを顕示しない先生自身の気さくな人柄の現れであり、それは随所で確認できる。

普段の活動では、先生と同年代のメンバーが多いことなどもあって、藤井先生を指導者として仰々しく奉ることはほとんどない。むしろ先生には、一会員としてざっくばらんにご参加いただいている。その結果、先生に指導料を支払うどころか、研究会の貸教室代や研究会後の飲み代まで、全て割り勘で負担していただいている状況である。

さらに春のはじめには、先生の別荘にもお邪魔させていただくこともある。洒落たログハウスであり、暖炉の薪割り、料理、後片付け、掃除といった自炊生活は、林間学校気分である。唯一の問題は、一番よく働いているのがなぜか藤井先生だということである。われわれが修業した関西学院のスクー

ルモットーは、"Mastery for Service（奉仕のための練達）"であり、「『自己修養（練達）』と『献身（奉仕）』の両方を実現することに、真の人間の生き方がある」という含意があるが、薪割りに勤しむ藤井先生の後ろ姿に、思わずこの言葉が重なってくる。本来の意味とは少し違うのかもしれないが…。

というように、常日頃は粗末な扱いをしてしまっているが、実際にはメンバー皆、藤井先生に非常に感謝している。

II　歴研の活動

　この会の一つの特徴は、社会人中心の勉強会ではあるが、普段のビジネスを主眼に置いた社交の場という色彩がほとんどなく、むしろ日常生活からの解放を求めて、アカデミックな香りに誘われた人々が寄り集まってきたところである。勿論、時には互いに仕事上で関わりあうケースもある。だが、あくまでもそれは副次的なものであり、本質的には実利性よりも趣味的な色彩が強い。そうであるからこそ、社会人学生ではなかった筆者も、心地よく参加することができている。

　研究会の形式は、先生の講義を受けるというよりは、各人が自分の関心のあるテーマを報告し、それに対して他のメンバーや藤井先生からのコメントをもらうというものである。したがって、大学のゼミに似た雰囲気となっているが、社会人が中心であるため、大学のゼミよりも質疑応答や意見交換が活発である。

　そして歴史研究会と銘打つ以上、当然、歴史的なテーマを研究報告している……といいたいところであるが、正直なところ、皆、現代の問題に関する報告となりがちである。だがまぁ、今ある社会というのも、これまで人間が歩んできた歴史の延長線上にあり、かつその最前線である。こう考えれば、現代の問題であっても、決して歴史から独立ではありえない。と、屁理屈こねながら、かなり気ままにやっている。

　とはいえ、メンバーの多くが歴史というものに少なからぬ愛着やロマンを

感じているのも事実である。特に社会人参加者の場合、それまで携わってきた仕事や社会活動がテーマの中心であるが、自らの足跡がどのように理論的に体系化できるのか、歴史という大局的な視点からみたときに、どういう位置づけとなるのかを確認したいと思っている人が少なくない。こういう憧憬もあって、「歴史」という看板を掲げているところもある。

そしてわれわれにとって研究会と並んで重要なのが、勉強後の懇親会、俗に言う二次会である。決してメンバーの全てが飲兵衛というわけではない。だが、なぜか歴研とお酒は切り離せない。たとえば関学梅田キャンパスで研究会をした場合、教室を追い出された後は、だいたいが茶屋町河童横丁の「丸一屋」という大衆居酒屋に押し寄せる。まさに社会人らしく、勉強の後の息抜きというところであるが、実のところ、この二次会を楽しく続けるために、勉強会を持続している面も無きにしも非ず。

夏になれば暑気払い、年末になれば忘年会、そして年始になれば新年会。中でも最も豪勢だったのは、廃荘になる前の神戸製鋼摩耶荘での新年会だろうか。神戸から遠くは紀伊半島まで大阪湾沿岸が一望できる山荘は、六甲の山並みの一角にあり、厳かな造りであった。メンバーの一人の口利きによって実現したのだが、庶民出身でバブル時代も知らない学生であった筆者にとっては、まさに天上人の世界を垣間見た瞬間であった。豪華山荘の盛衰に諸行無常を感じつつも、すっかり大はしゃぎした初春の夜の宴であった。

これらの定例行事以外にも、何かめでたいことがあればそのつど祝賀会、また転勤などしばしの別れには送別会などと、何かにつけて宴会の口実を探している。まあこれも、大人になっても「よく学びよく遊び」を実践しているとしておこう。と、ここまでわれわれの私的活動を掻い摘んで述べてきたのだが、ここで少し真面目に、われわれに出会いの機会を与えてくれた社会人大学院をめぐる状況を紹介してみたいと思う。

Ⅲ 大学院教育をめぐる近年の動向

Ⅲ-1 大学院生数の推移 [1]

　大学院の課程には大きく分けて、修士課程（あるいは博士前期課程）、博士（後期）課程、専門職学位課程（専門職大学院の課程）の3つがある。修士課程（博士前期課程）は、従来からある一般的な大学院の最初の課程であり、通常2年間で修士号の取得を目指す。そしてその後も更に研究を続ける場合には、博士（後期）課程へと進学する。これら研究型の大学院と異なるのが専門職学位課程であり、専門職業人の養成を目的とした修士課程である。最近話題のロースクール（法科大学院）やアカウントスクールがその代表であるが、教員の一定割合を実務経験者が占め、実践に重点をおいた授業が提供される。

　2004年時点での大学院生数をみてみると、全研究分野を合わせた大学院在籍者数は総計244,024人であり、うち修士課程在籍者数は162,712人、博士後期課程が73,446人、専門職学位課程が7,866人となっている。同年の学部学生数が全学部合わせて2,505,923人であるため、単純平均すると学部生に対する大学院生の比率は9.7％となる。つまり、総合大学の中で石を投げれば、ほぼ10回に1回は大学院生に当たる計算となる。1985年でのこの比率は4.0％に過ぎず、この約20年間で大学院への進学者が随分増えてきたといえる。

　修士課程の場合、全研究分野合わせた在籍者総数は、1985年の48,147人から2004年には162,712人へと3.4倍に増えている。そのうち社会科学系の院生は1割前後であるが、1985年に4,373人だったものが2004年には21,536人へと4.9倍になっている [2]。さらに商・経済学系のみ取り出すと、1985年には1,992人だったが、2004年には5.4倍の10,702人へと大きく伸びている。

　従来、理系とは違い文系学部では、民間企業への就職を目指すのであれば、

大学院進学はむしろキャリアダウンとされてきた。経済学部もそのご他聞に漏れない。したがって、大学院に進学する学生はごく一握りであり、そのほとんどが研究者志望であった。

　しかし 1990 年ごろから文系でも大学院への進学者が増加している。その背後の一つには、1980 年代後半ごろからの国による大学院修士課程の量的・質的拡充に向けた環境整備がある[3]。そこにバブル崩壊が重なり、就職難と日本型雇用形態の崩壊を目の当たりにした大学生にとって、大学院進学へのインセンティブが高まったといえる[4]。

Ⅲ-2　社会人大学院生の増加要因

　大学院修士課程の門戸開放の動きは、大学新卒者もさることながら社会人に対して大きく開かれてきている。修士課程での社会人大学院生数は、2004 年時点では全分野で 19,946 人在籍しており、修士課程在籍者総数に占める割合は 12.3% である。社会科学系に絞るとその比率は 33.7% であり、商学・経済学系のみでは 37.1% とさらに高くなる。なお、もともと社会人を主なターゲットとする専門職学位課程の場合、5 割以上が社会人学生である。

　社会人大学院への要請が高まってきた背景として、新堀（2004）では、①リカレント教育への要請、②高度専門教育機関としての大学院教育への要請の 2 つが合わさったものと指摘している[5]。さらに山田（2002）は、「日本社会、日本企業を取り巻く環境の変化」により、雇用形態が年功序列・終身雇用から成果主義・能力主義へと変化する中、企業側では高度人材開発の一つの受け皿として、被用者側でも能力開発の一手段として大学院への注目が高まっていること、そして受け入れる大学側も、18 歳人口が減少する中、社会人への門戸を広げることが経営戦略上不可欠となっていることを指摘している[6]。

　このように、現在の日本社会の構造変化は、需要と供給の両面から、大学院教育市場を拡大させている。修士号保持者が一般的になるのも時間の問題であり、いずれは博士号取得者すら珍しくなくなる時代が来るかもしれない。かつては「後は博士か大臣か」といわれたものであるが、今は昔の話となっ

てきている。

　それでは、社会人大学院生には、どのような属性の人々が多いのだろうか。大学院に通うか通わないかという選択も一種の経済問題であり、各個人は効用とコストとを比較した上で決定している。大学院の効用には、知的好奇心の充足のほか、職務上役立つ知識の習得やキャリアアップによる地位の向上、昇給などの具体的な利益もある。コストには、授業料などの実際の金銭支払いのほか、大学院に費やす「時間」などの機会費用もある。さらに職場からの承認がない場合には、隠し事に伴う不効用なども発生する。このような効用とコストは人によって千差万別ではあるが、職業や所得水準、年齢などによって一定の傾向があるとも考えられる。そこで以下では、関西学院大学大学院経済学研究科における社会人コース（以下、関学エコノミスト・コース）の状況と、社会人大学院生に関する幾つかの調査結果とを参考にしながら、社会人大学院生の一般的な像を描き出してみたい。

Ⅳ　社会人大学院生の属性

Ⅳ-1　年齢

　まず、大学院に通う社会人の年齢層から確認しよう。関学エコノミスト・コースの場合、1996年度から2005年度の間に入学した104人の社会人学生の入学時点での年齢をみると、20代が19人（全体の18％）、30代が49人（47％）、40代が23人（22％）、50代が10人（10％）、60代が3人（3％）となっており、30代が最も多い。また、新堀（2004）による社会人大学院への調査結果を見てみると[7]、夜間大学院または昼夜開講制を行う114研究科での社会人入学者の年齢分布は、20代が50％以上を占める研究科が18、30代が50％以上は48、40代が50％を超えるのは10、50代では2研究科となっている（無回答含む）。すなわち、関学エコノミスト・コース同様に、30代の社会人院生が中心の研究科が多いことがわかる。ただし、関学エコノミスト・コースのみについていえば、この年齢構成は9年間一様なものではない。コー

スの設立当初は40代以上が半数以上を占めていたのだが、その数は年々減少し、2003年度以降は20代、30代のみとなっている。

年齢というのは、大学院の進学目的にも影響を与えている可能性が高い。というよりは、これからキャリアを築こうとする20代や30代前半、管理職として職務遂行上重要な判断が求められてくる30代後半から40代、そしてある程度のキャリアを構築した50代や60代とでは、むしろ大学院へのニーズが違って当然かもしれない。実際に周囲を観察していても、若い世代は新たなキャリア形成のために、熟年世代は腰を据えて色々勉強したいという人が多いように思われる。大学院の進学目的については、後に改めて取り上げる。

Ⅳ-2　職業

次に、職業について見てみると、関学エコノミスト・コースの場合、最も多いのは税理士あるいは会計士事務所の勤務者であり、全体の15.4％を占めている。税理士事務所等の勤務者が大学院に進学するのは、ほとんどの場合、税理士試験の一部科目の免除制度を利用するためである[8]。この科目免除の希望者は資格専門学校の勤務者や自営業者、入学時無職の者にも多く、さらに社会人学生ではない一般の大学院生の中にも少なくない。ちなみに、国家資格取得のために大学院に通う他のケースとしては、経済学研究科の場合、教員や教職志望者が専修免許取得のために大学院の単位を履修がある。

次に公務員（教員除く）と製造業が各々全体の一割強を占めており、その後に金融業が続く。これらの業種に限らず、全般的に大企業が多いように感じるが、特に金融業の場合、そのほとんどが大手都市銀行である。そして専攻分野に顕著な特徴があるのは公務員であり、ゼミに所属する場合は専ら財政学、課題研究の場合でも必ず地域・公共政策に関するテーマを選択するなど、大学院での研究と仕事との結びつきが強い。なお余談であるが、銀行員は公務員と対照的に、必ずしも金融を専攻していない。また、定年退職あるいは中途退職してから入学するケースも少なくなく、入学時点で無職の者も全体の1割強を占める。

次に、本田（2005b）の調査結果からより一般的な傾向をみてみると[9]、最も多かった業種は製造業であり、全体の24.1％を占めている。続いて、金融・保険業14.0％、公務12.2％、教育・研究サービス業11.3となっており、以上の4業種で全体の6割を占める。関学エコノミスト・コースでは税理士・会計事務所関係者の比率が高かったが、本田の調査結果では、これに該当する法律・会計サービス業の比率は4.9％にすぎない。また企業規模については、従業員5,000人以上が32.4％、1,000～4,999人が23.4％、300～999人が8.6％、100～299人が5.8％、30～99人が5.6％、10～29人が3.1％、10人未満が6.5％、官公庁12.6％となっており、大企業の比率が高いことが伺える。

Ⅳ-3 年収

それでは所得階層はどうであろうか？　他の事情が等しければ、贅沢品である高等教育への需要は、所得が高いほど所得効果によって増える可能性がある。しかし同時に、所得が高いほど時間当たりの機会費用が高くなるため、逆にその需要は減少するかもしれない。実際のところ、大学院に通う社会人の所得水準は、世間一般よりも高いのか低いのか？　関学エコノミスト・コースについてはデータが得られなかったが、先に見た本田（2005b）の調査で社会人大学院生の所得分布が示されているため、この結果を利用して検討してみる。

本田の調査結果では、社会人大学院生の入学直前の年間所得のうち、中心的な所得階層は500万円台および600万円台となっている。これを世間一般の平均年収と比較するために、ここでは『全国消費実態調査報告（家計収支編）』のデータをみてみた。ただし本田の調査サンプルは、その6割弱が1993年から1996年の入学者であるため、全国消費実態調査の方も1994年度（平成6年度）のデータをみてみた。すると、一般世帯の年間収入は平均691.5万円（総世帯、全世帯）となっており、大学院に通う社会人の中心層というのは、世間の平均よりも所得水準が少し低い可能性が見られた。だが日本では、所得水準と年齢との間に正の相関があるため、本田の調査に見られる所得分布は入学者の年齢分布の反映である可能性も高い。残念ながら、

このサンプルの年齢分布が公表されていないため、それを確認することができない。だが、本田の結果で最も多かった年間収入 500 万円台・600 万円台というのは全国消費実態調査の 30 代の平均収入にほぼ該当しており、また先に見たように社会人院生には 30 代が多い可能性を考え合わせると、やはりこの所得分布は年齢分布の影響を反映している可能性が高い。したがって、年齢分布の影響を取り除いた上で、大学院に通う社会人の所得水準と社会一般の所得水準とを比較できれば、また面白い結果が得られそうであるが、それはまたの課題とせざるを得ない。

Ⅳ-4　進学目的

最後に、大学院進学において最も重要といえる進学動機をみておこう。まず社会人大学院生などの成人学生については、進学目的の違いから以下の三タイプが指摘されている[10]。

① より高度なキャリアを指向し、仕事に役立つ情報や技能を得ようとする目的指向型
② 仕事やその他の実践的な目的や学位取得という目的のためではなく、純粋に学習すること自体に意義を見出す知識習得型
③ 学習過程への興味よりは、むしろクラスメートとの個人的な付き合いや社交を楽しむことを目的とするタイプ

この分類に従うと、歴研メンバーというのは②の知識習得型が多いのだが、一般的にはどうであろうか？　そこで本田（2005b）の進学動機に関する調査結果をみてみると（表1 (a)）、「仕事経験の理論的整理」や「何かにチャレンジしてみたかった」という回答がかなり高い比重を占めている。これらの回答は、先の分類の①のみならず、②の要素も多分に含む可能性がある。たとえば「仕事経験の理論的整理」というのは歴研メンバーからも同様の回答が多く聞かれたのだが、その意図は今後のキャリアアップではなく、これまでの自分の足跡を客観的に位置づけたいというものであった。そして「特

定知識が仕事上必要」、「修士号が仕事上有利になる」といった選択肢があるにもかかわらず、それらを最重要の理由とはしていないことにも注目すると、大学院に通う社会人というのは、知識習得型の動機も多分に持っているように思われる。

　しかしこのような傾向は、年度を経るにつれて若干変化しているようである。先ほどの本田の研究は、サンプルの6割弱が1993年から96に大学院に入学した社会人大学院生を対象とした調査結果であった。これに対して、修士課程、博士課程に在籍する社会人学生2364人を対象に、1999年から2000年に実施された別のアンケート調査では（表1（b））[11]、「深い教養を身につけたい」、「職業経験を総括するため」といった知識習得型の回答もそれなりに多いものの、「学歴・学位を取得するため」、「仕事の能力を高めたい」、「転職や独立のため」、「資格取得のため」といった目的志向型の比率がかなり高くなっている。異なる調査の結果を単純比較するのは危険ではあるが、このような入学者のタイプの変化は、関学のエコノミスト・コースでも見られており、一概に否定もできないように思われる。

　今後、社会科学系でも大学院に通うことによるキャリア上のメリットが、より多く得られるようになれば、目的指向型の進学者はさらに増えていくだろう。一方で、定年を迎えた団塊世代が、第二の人生として大学や大学院への進学してくることも十分予想できるが、その場合の中心は知識習得型ではないだろうか。どのような層を主なターゲットとするかは、その大学院の有り様を大きく規定する重要な課題であるが、関学エコノミスト・コースはまさに、その方向性の決定が緊急課題として突きつけられているように思われる。そこで次に、関学エコノミスト・コースの現状と課題について、少し考えてみたいと思う。

表1　社会人学生の大学院への入学目的

(a)

目的	回答率% (複数回答)	回答率% (最重要の理由)
修士号が仕事上有利になる	33.3	5.2
資格試験の科目免除を受ける	4.7	2.7
職場が自分を指名した	16.1	7.9
仕事経験の理論的整理	61.2	31.7
職場内での配置転換	12.7	3.2
転職や独立開業	18.1	4.5
大学等の研究者になる	14.5	5.2
特定の知識が仕事上必要	25.4	8.2
何かにチャレンジしてみたかった	48.5	14.1
仕事がつまらなかった	12.9	0.7
知人・友人からの勧めや誘い	8.2	0.9
自分を変えたかった	24.3	3.4
大学時から大学院に興味	26.3	4.5
大卒が周囲に多い	5.0	0.4
職場に修士号取得者が多い	3.8	0.2
その他	8.1	5.5
無回答	0.0	1.8

出所）本田（2005b）、pp.31-32より作成。サンプル数559人。調査は2002年に実施。

(b)

目的	回答率% (複数回答)
学歴・学位を取得するため	57.8
仕事の能力を高めたいので	52.4
深い教養を身につけるため	38.6
転職や独立のため	18.9
職業経験を総括するため	17.9
資格取得のため	16.2
社会活動に活かすため	15.2
日常生活に刺激を得るため	13.1
業務戦略として必要なので	12.0
人脈を作るため	10.2
職場の競争に勝ち残るため	5.9
その他	7.5
合計	265.7

出所）山田（2002）p.27.
原典）「職業人再教育指向型大学院の構造分析とその展望に関する研究」。
　　　サンプル数2,364人。調査は1999-2000年度実施。

V 「関学エコノミスト・コース」の今昔

V-1 社会人大学院を巡る競争の激化

まず関学エコノミスト・コースの入学者数の推移を確認すると、ここ数年、志願者数が大きく減少している。特に 2002 年度以降の落ち込みが大きいが、この大きな原因は、2001 年 12 月の改正税理士法による税理士試験の科目免除制度の変更である。この変更によって、経済学研究科で修士論文を書いても、科目免除が得られないのではないかという不確実性が生じたため、旧法が適用される最終年度には税理士志望者の駆け込み入学が発生し、新法が適用される最初の数年は、状況を見極めるために進学者が激減するという状況が多くの学校で発生した。この税理士法の改正から 4 年経った現在、新法下でも経済学研究科の財政ゼミで試験免除が得られることが次第に判明してきており、税理士志望の入学者数は今後回復してくる可能性はある。

表2 関学エコノミスト・コース入学者数の推移

	志願者数	合格者数	入学者総数 A	うち税理士志望者 B	税理士志望者比率 B÷A
1996	40	21	21	2	9.5%
1997	20	13	13	2	15.4%
1998	31	19	18	7	38.9%
1999	35	17	16	10	62.5%
2000	28	9	8	7	87.5%
2001	22	12	10	8	80.0%
2002	5	5	4	0	0.0%
2003	5	5	4	1	25.0%
2004	10	9	7	4	57.1%
2005	11	5	3	3	100.0%

しかし、表を見てもわかるように、エコノミスト・コースができた当初は、税理士などの資格志望者が大勢を占めていたわけではない。仕事上必要な研究のために通う者や、ライフワークとして通う者も少なくなかった。歴研のメンバーの多くは、後者に属する社会人であるが、このような層が近年、顕著に減少している。この背後には様々な要因が存在しうるが、一つには社会人大学院間の競争激化である。

関学エコノミスト・コースは同大学商学部のマネジメントコースと共に、近畿圏ではいち早く、交通の便のよい都心部にサテライト・キャンパスを構え、夜間と土日のみの通学でも修士号を取得できる昼夜開講制の社会人大学院コースとして名乗りを上げた。この 1996 年当時は、社会人向けの大学院自体がそれほど多くなく、さらに同じ昼夜開講制とは言いながらも、実質的には平日昼間の授業が中心という大学院も多かった。したがって、関学のエコノミスト・コースとマネジメントコースというのは、それまで大学院に通いたくても物理的に不可能であった層をうまく捕らえたといえる。

しかしその後、社会人向け大学院の数は次第に増加しており、夜間や土日のみの通学で就学可能な大学、都心部のサテライトキャンパスのみで単位取得できる学校も増えてきた。たとえば、関西学院大学のサテライトがある梅田周辺をみても、宝塚造形芸術大学や大阪市立大学、大阪産業大学が、近年、政策系の大学院のサテライトキャンパスを立ち上げている。さらにエリアを拡大すると、淀屋橋には立命館大学、北浜には大阪経済大学、中ノ島にあるキャンパス・イノベーションセンターには大阪大学や大阪商業大学など、難波には大阪府立大学と、主要なものだけでもかなりの数に上る。このような情況の中、先にあげたエコノミスト・コースの優位性は次第に失われてきている。

加えて、社会人大学院は単にその数が増えているだけではなく、研究科の種類も非常に多様化している。特に目に付くのは、学際的な研究科と専門職大学院の台頭である。この多様化によって、以前なら受け皿がなかったので経済学研究科内の一専攻を選択していた学生が、学際的な研究科や専門職大学院等へ分散するようになっている可能性が高い。この研究科の多様化とい

うのは、需要者にとってはニーズにあった大学院を選択しやすくなるため好ましい。しかし供給側の既存大学院にとっては競争激化に他ならず、生き残りをかけたより真剣なマーケットリサーチが不可欠となってきている。

V-2 関学エコノミスト・コースはどこへ行くのか？

何度も述べていることだが、一言に社会人大学院生といってもタイプは様々である。仕事上の実践を目指す者、ライフワークとして教養科目を愉しむ者、資格取得のみしか関心を持たぬ者、資格取得と同時に学問を満喫する者……目を閉じれば実に色々な人の顔が浮かぶ。しかし志望者の減少により危機的状況にある関学のエコノミスト・コースにとって、今後、どのような社会人層に照準を合わせていくべきかが大問題である。この問題を考えるに当り、先にあげた①目的指向型、②知識習得型、③社交型という進学目的による分類を一つのメルクマールとして、関学エコノミスト・コースの特性を考えていく。ただし、大学院の本旨として重要なのは①と②のタイプであるため、③については割愛する。そして、選択肢としては「撤退」もあるのだが、ここは前向きに「存続」を前提に考えたい。

まず、①の目的指向型に該当する社会人学生としては、税理士資格希望者のように資格取得を目的とするタイプ、実務的な即戦力や短期での問題解決を求めるタイプ、中長期的に経済学的思考力・分析力を磨こうとするタイプなどが挙げられる。税理士資格希望者は、関学エコノミスト・コースを下支えしてきた層であり、コンスタントな顧客層である。一時的に減少はしたものの今後再び回復してくる可能性はある。しかし専攻分野が財政に特定されるため、分野間の院生の分布に大きな歪みが生じてしまう。また、講義への参加意識も相対的に低い傾向が強いという問題もある（勿論、全員ではないが）。したがって、研究科としては、税理士資格希望者のみが多数入学するのではなく、同じ①タイプでも他の動機の社会人ももう少しバランスよく入学してほしいというのが本音かもしれない。

だが他の動機といっても、その裾野は広い。関学の経済学研究科は、良かれ悪しかれ日本の伝統的な大学院教育のスタイルが色濃い大学院である。し

たがって、実務家による講義と実務的現場での即戦力や即効力を求める層は、専門職大学院ができた現状では自ずと射程外となろう。また、アメリカ型のスクーリングを好む層とも、あまり合わないかもしれない。むしろうまくマッチするのは、実務への応用を目指しているとしても、じっくり腰を据えて勉強することを好む層であり、中長期的に経済学的思考法や分析力を磨いていこうとする層であるように思われる。

ただしその場合でも、多くの競合相手が存在する中、あえてこのエコノミスト・コースを選択してもらうには、ニーズに沿った高い付加価値を提供せねばならない。付加価値としてはやはり、教育の質が重要となる。ただしそれは、個々の教員の能力の高さに加えて、全体のカリキュラムの体系なども重要となる。たとえば現役社会人の場合、研究テーマが現実的な問題となる傾向があるため、経済学と同時に法学や商学など他の分野も勉強したいというニーズが高い。学際的な研究科が人気を得ているのはまさにその表れである。関学の経済学研究科でも、他の研究科の授業を単位認定するなど、多様なニーズに対処しようとはしている。だが、次々と個性的な競争者が現れるなか、より抜本的に研究科間の協力体制を見直すことが不可欠となりつつあるのかもしれない。

次に、進学目的②の知識習得型を見てみよう。このタイプの有力な候補としては、熟年層や定年退職者層が考えられる。既に一定のキャリアを築いているこれらの層は、実務の話よりも学術的な講義や研究スタイルを好む者が多く、知的好奇心の充足にかなり高いウェイトをおいているように思われる。このようなタイプの場合、関学の経済学研究科の従来のスタイルにうまくマッチする可能性も高く、団塊の世代が退職を迎えようとする中、重要なターゲットの一つとなっている。

ただし、世代的に大学進学がまだ一般的でなかったことを考えると、大学院ではなく大学への社会人入学を希望する可能性も高い。また、大卒者の場合でも、英語や数学へのブランクなどから、大学院入学までには至らないことも十分考えられる。さらに、大学や大学院に正式に所属せずとも、特定科目のみを履修や、大学の市民講座やカルチャーセンターで十分ニーズが満た

される可能性も高い。それでも、最初は市民講座や科目履修等の軽い接点だったものが、大学や大学院への進学までつながるケースもある。このあたりの道筋をうまくつなぐことも、社会人学生確保の重要な一方策となるであろう。

　以上、あくまでも個人的な見解ではあるが、在学時点の関学の経済学研究科のスタイルから感じたことを少し述べてきた。当時と今とではカリキュラムが変化し、教員の世代交代も進んでいるため、上に述べた雰囲気とは変わり始めているかもしれない。それでも関学の経済学研究科というのは、目的指向型であれ、知識習得型であれ、焦らずじっくり勉強したい人には今でも居心地の良く研究できる場所だと思われる。

　しかし、志望者数が大きく落ち込む中、研究科内では、もはやそのような社会人層の需要を掘りつくしてしまったのではないかという不安も大きいようである。その一方で、研究科がどの程度本格的に、顧客獲得のためのマーケティングや営業に取り組んでいるのか、わかりづらい部分もある。修了者や入学希望者から情報を収集し、分析すれば様々なヒントが得られそうだが、あまりそういう話は聞いたことがない。内部で密かになされているのであればよいのだが、もしエコノミスト・コースにそこまでコストをかける気はないということであれば、このコースから様々なものを得てきた身としては、非常に淋しい限りである。エコノミスト・コースの行く先はまだ、霧の中である。

Ⅵ　終わりに

　以前、歴研のあるメンバーから、なぜ一般の院生の筆者が、このような社会人の趣味の会に参加するのか聞かれたことがある。この章の締めくくりとして、この問いに答えておこうと思う。

　そもそものきっかけは、授業で顔なじみとなり、普段からよく話もしてもらっていた社会人学生の人から、この会に参加しないかと声をかけてもらったことである。そして、そのときに挙がった参加者の名が、この先の面白い

展開を予感させるに充分であったため、自分も参加することにしたのである。

　大学院というのは、研究対象も日々会う面子も極めて狭い範囲に絞られる傾向がある。そのような中、授業で様々な年代や職種の社会人と接触するのは、普段と違う空気を入れてくれる良い刺激の場であった。そして歴研メンバーとして聞いた名は、その中でも特に活発で、強烈な印象を受けた人々であった。

　その共通する特徴は、現実に関する強い問題意識と、知的好奇心の強さ、そして漲るバイタリティである。最初にあげた現実に関する強い問題意識というのは、日々の仕事や生活の中から生まれる問題意識であり、熱意と具体性、明確な焦点を持っている。これは、一般の社会人なら自然に生じるものなのかもしれないが、社会に出たことがなく、修士論文のテーマ探しにも四苦八苦していた筆者にとっては、この上なく羨ましいものであった。

　しかもその関心は仕事に関することのみならず、経済思想や歴史といった、少し浮世から離れたものにも及んでいる。読書量も並の学生の比ではない。日中は本業をきちんとこなした上で（そのはずである）、退社後にわざわざ学校まで通い、一般の院生以上に活発に議論に参加する。軟弱な話だが、すっかりその勢いに飲まれてしてしまった。

　このエネルギーは、いったいどこから来るのか？　そのなぞを探りだすために、この人々をもっと観察したいというのが私の歴研に参加する動機であった。人は自分のもたないものを持つ人に強く魅かれるというが、我ながら、まさにその典型だと思う。

　そしてこの歴研の活動も、はや6年。当初は同窓会のつもりで始まった会ではあるが、もし本当に単なる同窓会として会食や宴会しかしていなければ、疾うの昔に消え去っていたであろう。研究会を中心にしていることが、忙しい時間を割いてでもできるだけ出席しよういうインセンティブの維持に役立っているところがある。

　大学のアカデミックな香りというのは、非日常の世界を感じさせてくれるところがある。晴れと褻（ハレとケ）といわれるように、古来より人は日常（ケ）の暮らしから解放される非日常（ハレ）の時間を持つことにより、再び日常

生活を営む力を得てきた。その典型が「祭り」であり、苦労の末に得た収穫を前に、晴れ着を纏い、普段食べぬご馳走を食べて新たな活力を得るのである。
　しかし物質的に豊かになり、日々の生活がハレやかとなった現代、ちょっとした宴会というのは社会人にとってケ（日常）の世界の一部となっている。考えてみれば贅沢な話であるが、そうであるからこそ、宴会のみでは長続きしなかった可能性が高いのである。アカデミックな雰囲気に浸れる勉強の場を設けたことが、ハレ（非日常）の世界を生み出すことになり、皆のインセンティブを維持させてきたのだと思う。そしてそれを維持するためにも、学術的な指導者として大学人の参加があることは、非常に重要な意義をもつ。
　加えて、積極的に運営をリードしてくれる存在が複数名いることも、息の長い活動を維持する上で重要である。受身的人間ばかりでは、会は決して持続できない。研究会の進行から日程調整、会場手配やその連絡に至るまでをうまくコーディネートできる人物がいるから定期的な活動が実現されており、また安きに流れそうになったときにうまく釘を刺せる人物がいるから、茶話会に堕落せずに済んでいる。
　この会のメンバーというのも、発足当初からすれば増えている。だが現在の人数がもう、酒場で全員同じテーブルで顔をつき合わせられる限界である。したがって、これ以上の人数増加は行わないことにしている。しかしここに至るまでには当然、仮初の客で終わった人たちも少なからずいる。この会に魅力を感じる人は残り、感じない人は自然と去っていく。そういう意味では、現在のメンバーというのも、神の見えざる御手の下で導かれた一つの均衡点のようなものである。ふとそんなことも思いながら、貴重な縁に感謝をしつつ、筆をおくことにしたい。

【注】

1) 以下の大学院整数に関するデータは、文部科学省『学校基本調査（高等教育編）』各年版を参照。
2) 社会科学系の院生が2002年以降は減少に転じているのは、2003年度からの専門職学位課程の開始に関連したものといえる。特に法科大学院の設立による法学系研究科での院生減少が大きく影響している。
3) たとえば1988年には大学審議会が「大学院制度の弾力化について」という答申を出しており、これを受けて翌年には昼夜開講制大学院や夜間大学院制度が整備された。また、同審議会の1998年の答申「21世紀の大学像と今後の改革方策について」では、ロースクールやビジネススクールなどの専門大学院における専門職修士課程の設置が認められている。山田（2002）参照。
4) 浦田（2004）では、1977年から99年までのマクロデータを用いて重回帰分析を行った結果、修士課程への進学率を高める要因として、家計所得や大学院生の供給枠の増加などと共に、大卒時の就職状況の厳しさなども有意な関係を持つことを見出している。
5) 新堀（2004）160頁。
6) 山田（2002）10-26頁参考。
7) 新堀（2004）69-70頁。
この新堀による調査の概要：1996年4月、当時存在した全ての夜間大学院（11大学、15研究科）と昼夜開講制大学院（113大学、189研究科）の研究科長全員204名に対して行われ、最終有効回答数は114、回答率55.9％。
8) 税法（以前は財政）や会計学に関する修士論文で修士号を取得し、それが国税庁の審査を通ると、税理士試験の一部科目が免除されるという制度がある。2001年12月に法改正があり、それまでは「財政」に関する修士論文で税法三科目が全て免除されていたのだが、改正後は、「税法」に関する論文に対して税法二科目を免除すると変更された。またこの改正により、ダブルマスターによって会計と税法の科目免除を両方受けるということも不可能となった。
9) この調査は、国内の主要社会科学系社会人大学院の修了者に対して2002年度にアンケート調査を行い（そのサンプルの6割弱が93年から96年にかけての入学者）、559人から回答を得たものである。
10) Houl（1961）による分類。Freedman（1987）邦訳p.63、山田（2002）参照。
11) 山田（2002）27-28頁参考。

【参考文献】

Freedman, L. , *Quality in continuing Education*, Jossey-Bass Inc., Sunfransisc, 1987.(山田礼子訳『開かれた大学への戦略―継続高等教育の進め』PHP 研究所、1995 年)
Houl, C. O. , *The Inquiring Mind.*, Madison：University of Wisconsin Press, 1961.
浦田広朗「拡大する大学院」、江原武一・馬越徹編著『大学院の改革（講座「21 世紀の大学・高等教育を考える」第 4 巻)』第 2 章、東信堂、2004 年
新堀通也編『夜間大学院：社会人の自己再構築』東信堂、1999 年
新堀通也「夜間大学院の現在」、江原武一・馬越徹編著『大学院の改革（講座「21 世紀の大学・高等教育を考える」第 4 巻)』第 8 章、東信堂、2004 年
広島大学高等教育研究開発センター『大学院教育と学位需要に関する研究―全国調査の報告―』、2004 年
本田由紀編『社会人大学院修了者の職業キャリアと大学院教育のレリバンス―社会科学系修士課程（MBA を含む）に注目して―分析編』東京大学社会科学研究所研究シリーズ No.20、東京大学社会科学研究所、2005 年 a
本田由紀編『社会人大学院修了者の職業キャリアと大学院教育のレリバンス―社会科学系修士課程（MBA を含む）に注目して―資料編』東京大学社会科学研究所、2005 年 b
山田礼子『社会人大学院で何を学ぶか』岩波アクティブ新書、岩波書店、2002 年

【統計資料】

文部科学省『学校基本調査報告書（高等教育機関編）』各年版
総理府統計局編『全国消費実態調査（家計収支編）』平成 6 年版

第 2 部 歴史をめぐって

第3章 大きなうそ
——小さなうそより大きなうそ

> 国民大衆の心は本質的に、意識して、故意に悪人になるというよりも、むしろ他から容易に堕落させられるものであり、したがって、かれらの心情の愚鈍さからして、小さなうそよりも大きなうその犠牲となりやすいからである。
>
> アドルフ・ヒトラー『わが闘争』

朝井　保

はじめに　——映画と音楽

映画

　昨年（2005年）7月から「ヒトラー　最期の12日間」が本邦にて上映された。私もシネ・リーブル神戸にて鑑賞し深い感銘をうけた。この作品は、1,350万ユーロ（約19億円）の巨費を投じて制作され、2004年9月には約400館で上映、約450万人の観客が足を運んだといわれている。本邦でも予想を超えるヒットだったようで、この作品の中では、ヒトラーを人間らしい弱みをもった独裁者、どちらかといえば卑小な人物として描かれている。この点に関しては、ユダヤ人問題も含む劣悪非道な面が描かれていない等、批判がなされているが彼は人間の弱さ、卑小さを熟知し、その弱さに徹底的につけいって権力を握り、権力の邪悪さを極限まで拡大した人物であったことも確かである。

音楽

　6月24日、大阪の「ザ・シンフォニーホール」にて「関西フィルハーモニー管弦楽団、第175回定期演奏会」が開演された。この楽団の最近の活動

の、勢い・意欲には、目をみはるものがあり、今後も目を離せない存在である。その演奏会のプログラムには、ショスタコーヴィチの『交響詩「十月革命」作品131』と『交響曲12番ニ短調作品112「1917年」』が入っており、2003年11月の『交響曲11番「1905」』に引き続き、ショスタコーヴィチの作品が取り上げられて、刺激的かつ深く考えさせられるものであった。

　本邦にては滅多に演奏されることのない『交響曲12番「1917年」』は、ショスタコーヴィチが1961年秋にモスクワで開催されることになったソ連共産党第22回大会を祝福することをかねて書き始めたもので、61年8月22日に完成した。公式にはその年の10月にレニングラードでムラヴィンスキーの指揮で初演され、共産党大会の前日にも披露された。

　この曲は、1917年のロシア革命そのものをタイトルにもつ標題音楽で、それこそ権力礼讃、あるいは権力に媚びる作品ともいわれ、当時の西側では、「肥大した映画音楽」という悪評もでた。4楽章形式だが、全楽章が途切れなく演奏され、初演以後大衆からは歓迎されたものの、専門家からは権力との「妥協作」ともいわれている。しかし、この交響曲の各楽章の標題設定と曲想の関係は、周到なものだし、効果に富んだオーケストレーションも合わせて、絶対音楽としての完成度を持っている。

　大衆からは歓迎されるが、専門家からは評価の低い「歴史的主題をもつ壮大な標題音楽と同時に、純音楽としても最も完備した設計と管弦楽法をもつ」この交響曲に対してわれわれは今、どのように受けとめればいいのであろうか。それに対する一つの回答が作品の第4楽章にあるように思われる。もっと高らかに凱歌を挙げればいいのに、もう一つ力なく、冷めて中途半端でためらいと苦渋さえ感じられる。私はこの交響曲において、彼の作品の中で一番「時代及び体制の要請と個人の表現意志との葛藤」を読み取るのであるが、それはこの交響曲に対する過大評価であろうか。

　映画でも音楽にしても、一番大事なことは受け手の問題である。受け手（RECEIVER、映画・音楽とも視聴者）の状態・能力等に大きく依存するものである。専門家といえども一受け手にすぎず、大衆より優れているとは必

ずしもいえない。われわれは、種々の「評価」「解釈」「通説」等から解放されるべき時にきている。

I　ショスタコーヴィチ

　昨年 2005 年は、ソヴィエト時代のロシアが生んだ作曲家、ドミトリー・ショスタコーヴィチ（1906 ～ 1975 年）の没後 30 周年にあたる。更に今年は、生誕 100 周年を迎えることもあり、例えば、レコード芸術誌は、「ショスタコーヴィチ・ルネサンス」という特集を組む等、今後 CD 録音も含めて種々の企画・特集がなされるものと思われる。

　ショスタコーヴィチの活動が、ソヴィエト時代の歴史と分かちがたく結びついていることは周知であるが、この作曲家は、自分の置かれた現実をしっかりと見据えながら、ポスト・スターリン時代を含むソヴィエト時代の体制のなかで自らが生き延びるために、そのつど権力とのさまざまな距離をとり、新たな作品を書いて、亡命することなく、ソヴィエト国内で創作活動を続けた。ショスタコーヴィチは自らの保身のために、一見、権力になびく様な作品を書いたといわれているが、そのような曲にも権力への風刺や批判が、暗号の如く潜ませてある（言葉にできない私的なメッセージを公的な音楽表現に密かに織り込む）という見解が昨今強く主張されるようになってきている。

　ショスタコーヴィチは、真にこの恐るべき時代と社会に密着した存在といえよう。したがって、彼の音楽は、この時代の表面的な栄光と悲惨を体現した反面、当局により全体主義的な英雄神話が意図的に作られる一方、その反動として、当時の西側では、反体制的な作曲家として祭り上げられることとなった。

　しかしながら、実際のショスタコーヴィチは、矛盾や分裂を自ら背負い込みながら生きた、われわれと何ら変わらない、矛盾に満ちた生身の人間としてとらえる必要があるように思われる。その際、ポーカーフェイスに隠された別のショスタコーヴィチの声にもじっくり耳を傾ける要あることは、いう

までもない。
　1979年のヴォルコフ編『ショスタコーヴィチの証言』の出版は、生前のショスタコーヴィチと体制との関係や、その音楽の真の意味をめぐって新たな問題を提起し、ショスタコーヴィチとその人に対する評価に大きな影響を与えた。クラシック音楽界ではよくどの演奏が優れているかを決める慣習があるが、ショスタコーヴィチの場合は他の作曲家とは違った困難があるようである。その一因は、この『証言』である。私自身も含めて、ショスタコーヴィチの音楽を長年聞いている者にとっては、彼の音楽及びその演奏について「定説」が何度もひっくり返るのを経験している。例えば、『証言』の中に、

　　あるとき、わたしの音楽の最大の解釈者を自負していた指揮者ムラヴィンスキーがわたしの音楽をまるで理解していないのを知って愕然とした。交響曲第5番と第7番でわたしが歓喜の終楽章を書きたいと望んでいたなどと、およそわたしの思ってもいなかったことを言っているのだ。この男には、わたしが歓喜の終楽章など夢にも考えたことがないのもわからないのだ。いったい、あそこにどんな歓喜があるというのか[1]。

という文章をみて、ムラヴィンスキーは何もわかっていないソヴィエト体制派だと思い彼の演奏を聞いていたら、そのムラヴィンスキー自身が、むしろ反体制的な考えを持ち、当局にずいぶん苦しめられた指揮者であったことがわかってきた。また、第5交響曲の終楽章の最後で急速にテンポを上げる指示に従ったハイティンクの演奏が、ショスタコーヴィチの真意を伝える演奏であると評価されたかと思うと、あれは誤植で、やはり昔ながらの遅いテンポが正しかったということになった。こうなると、自分の聞いている演奏が「正しい」のかどうか疑心暗鬼となる。
　しかし、いったい「正しい」演奏ってなんであろうか。第5交響曲の終楽章が実は悲劇だったとして、それを知っていなければ「良い」演奏はできないのであろうか。少なくとも私には、ハイティンクもムラヴィンスキーの演奏も「良い」演奏であり、どちらの演奏の中にも「どんな歓喜」も見いだせ

ない。はじめに述べたように、所詮、音楽は聞き手サイドに大きく依存するもので、われわれは、何事も既存の概念にとらわれず向き合うことが求められている様に思われる。

Ⅱ　スターリン

　作曲家として活動を開始して以降、ショスタコーヴィチは、芸術家の創作活動は社会主義の精神に拠って大衆を教育する思想的任務と結びついていなければならないという「社会主義リアリズム」の国家的要請（強制）の立場から幾度も批判にさらされた。この批判に対して、彼は「二重言語」・「二枚舌」で生き抜いたことは既に述べた通りであるが、この章においては、その強制の元凶であったスターリンについてコメントしてみたい。

　ヴォルコフ編『ショスタコーヴィチの証言』の中で、スターリンに関して興味深い文章があるので引用してみよう。

　　スターリンにはいかなる思想も、いかなる信念も、いかなる理念も、いかなる原則もなかった。そのときそのときに、スターリンは人々を苦しめ、監禁し、服従させるのにより好都合な見解を支持していたにすぎない。彼にしてみれば、何を言おうが、どちらでもよいことで、ただ権力を維持できればよかったのである。圧制者と死刑執行人には思想はなく、ただ狂信的な権力欲があるだけだ[2]。

　ヴォルコフ編『ショスタコーヴィチの証言』については、現在ではこの本の成立過程や、その内容（の一部）に様々な問題点が指摘されているが、この本によって、ショスタコーヴィチが、ソヴィエトの「御用作曲家」という一部のレッテルを剥がされたことも事実である。したがって、上記のスターリンに対するショスタコーヴィチの辛辣な表現は、彼の本音をまさしく述べており的確かつもっともな評価といえよう。

人を信用するということは、スターリンにとってはありえないことだった。自分の考えを敵だけでなく味方にも悟られない能力に長けていた。まわりの人は不安にふるえながら彼に従い、何かへまをすると、あるいはへまをしたとみなされると、「排除」された。かつてのソヴィエトの独裁者スターリンの一面だが、同じ独裁者でもヒトラーとの違いは多々ある。たとえば、自分に忠誠を尽くす側近には信を置いていたヒトラーに対し、スターリンは側近に最も疑いを抱いた。ヒトラーは大衆に直接訴える演説で権力を固めたが、スターリンにはその才能も必要もなかった。閉じられた党の集会で演説するか、限られた幹部を操縦することで事足りた。むしろ人々とじかに接触することを避けた。ただ自分がレーニンの正統の後継者であることを国民に実感させる必要はあった[3]。

　ヒトラーとスターリン、この二人の政治活動には共通点も多いが、大きな違いもある。ヒトラーはまわりの人々の忠誠を喜び、スターリンは専制的恐怖で人々を動かした。カリスマ的雰囲気もスターリンにはなかった。ヒトラーの政治活動は大衆の支持を集め、テロの対象となったのは、部外者・体制反対者だった。スターリンの党は大衆の認知を得ておらず、そのテロは誰にでも向けられた[4]。

　長々と引用をしたが、ショスタコーヴィチが『証言』で述べているように、スターリンは単なる権力欲にとりつかれた独裁者にすぎない。

III　ヒトラー

　英国の詩人 W. H. オーデンの言葉に「あなたは『わが闘争』を読んだことがありますか？　本当のところ、あれはいままで政治家によって書かれた本の中で一番正直な本です。」というのがある。彼が皮肉をこめて「称賛」する『わが闘争』はいうまでもなくアドルフ・ヒトラー（1889～1945年）の著書で

ある。誹謗中傷と粗悪な論理にあふれ、読みつづけるのが耐え難い書である。しかし、政治とは何か、非情な独裁者ならではの「ひらめき」を読み取ることもできる。演説の重要さを繰り返し説く。

　宣伝は永久にただ大衆にのみ向けるべきである！

　宣伝の課題は、個々人の学問的な形式ではなく、ある一定の事実、ある過程、必然性等に大衆の注意を促すことにある。そのために宣伝の意義は、まず大衆の視点にまでずらされねばならない。宣伝はすべて大衆的であるべきであり、その知的水準は、宣伝が目指すべきものの中で、最低級のものがわかる程度に調整すべきである。それゆえ獲得すべき大衆の人数が多くなればなるほど、純粋の知的水準はますます低くしなければならない。

　大衆の受容能力は非常に限られており、理解力は小さいが、そのかわりに忘却力は大きい。この事実からすべて効果的宣伝は、重点をうんと制限して、そしてこれをスローガンのように利用し、そのことばによって、目的としたものが最後の一人にまで思い浮かべることができるように継続的に行なわれなければならない。人々がこの原則を犠牲にして、あれもこれもとりいれようとするとすぐさま効果は散漫になる。というのは、大衆は提供された素材を消化することも、記憶しておくこともできないからである。

　民衆の圧倒的多数は、冷静な熟慮よりもむしろ感情的な感じで考え方や行動をきめるという女性的素質をもち、女性的な態度をとる。しかし、この感情は複雑ではなく、非常に単純で閉鎖的である。この場合繊細さは存在せず、肯定か否定か、愛か憎か、正か不正か、真か偽かであり、決して半分はそうで、半分は違うとか、あるいは一部分はそうだがなどということはない[5]。

ヒトラーが、一兵卒から独裁者に駆け上がった原動力は、「言葉の魔力」、つまり演説・宣伝の力だった。『わが闘争』には、極めて明快な人心把握・操作術が述べられている。一方、ヒトラーは大衆に寄り添うふりをしながら、驚くべき大衆蔑視の政治家であった。大衆は愚鈍だから「小さなうそより大きなうそにだまされやすい」と言いきり、世界の「悪」をすべてユダヤ人のせいにし、「大きなうそ」で人々を幻惑したのであった。

　ドイツ史家・村瀬興雄は、その著『アドルフ・ヒトラー』の冒頭で、「私はヒトラーがきらいである。彼を正確に理解しようと努力しているのは、彼のような人物に二度とお目にかかりたくないからである」と述べている[6]。

　村瀬興雄と同じように、私もヒトラーがきらいである。二度とお目にかかりたくない。ただ人間の本質（人間とは何か）を認識し、この現代を分析する際には、極めて有意義な多くの示唆をわれわれに与えてくれる。政治・経済・社会・心理・音楽等すべての分野での「宝の山」といっても過言ではない。ショスタコーヴィチもしかり。私が第2章にてスターリンをとりあげたのは、単に、ヒトラーとショスタコーヴィチを際立たせる（対比させて特長づける）道具にすぎない。スターリンには何の魅力も関心ももてない。

Ⅳ　下流社会

　ヒトラーの大衆操作術は、現代でも応用（というよりは"まね"）されている。世界を正邪の二つに峻別することを好む大統領もいれば、ワンフレーズとその繰り返しを持ち味にする首相もいる。昨年の我国の衆議院選挙（2005年9月）の結果は、ヒトラーの宣伝手法である「敵か味方かの二分法を使い、人々の知的水準を徹底的に落として思考停止に陥らせてきた」作戦の成功例ともいえよう。一方、人々（われわれ・レシーバー）の側にも、「複雑な思考に耐えられなくなってきており」、ひたすら「わかりやすさ」を求めている知的衰弱もあるといえる。「メッセージを伝えるのに、理路整然としたロジックやレトリックは百害あって一利なし」と斥けられているのは、ヒトラーの

『わが闘争』の一文と偶然の一致であろうか。人々も彼らひとりびとりではなく（個人ではなく）、個人の集まりでもない大衆と化し、彼らなりの連帯感と大勢順応主義、権威への従順と利己主義、挑発への無防備は、ヒトラー時代の人々とあまりにも似通っているとみるのは、考えすぎであろうか。

東京新聞9月13日付朝刊「小泉自民寄りくっきり　20代のココロ」によれば、「20代前半は北海道を除く10ブロックすべてで自民党が最多割合を占め」ており、30代や40代と比べても「高い"自民寄り"の傾向を示している」。しかも、不安定就業層と思われる若者へのインタビューでは、首相を「格好いい」と思い支持したという答えが目立つ。ここに問題の本質と根深さがある[7]。

三浦展『下流社会　新たな階層集団の出現』によれば、団塊ジュニア世代（70年代前半生まれ）において階層意識が「下」と答える「下流社会」が形成されている。「下流とは、単に所得が低いということではなく、総じて人生への意欲が低く、その結果として、所得が上がらず、未婚のままである確率も高い」。そしてデータは「下」ほど、支持政党なしが減り自民支持が増えるということを示している[8]。

ファシズムと民主主義は、矛盾しない。むしろ、ナチスがワイマール期に出てきたように日本ファシズム化が普通選挙法実現以降に進行したように、民主主義的代表の原理（別の面では多数決の原理）がその適用範囲を拡大しているまさにその中で、かえって、代表から疎外されていると感じる層（まさに「下流社会層」）が増大する時、その空隙を埋めるのが、ファシズムである。

本節の最後にあのゲッベルスの言葉を紹介しておこう（ヒトラーも同じことを言っている）。

しかし思い違いをしないでもらいたい。われわれはドイツ国民に無理強いしてきたわけではない。同じように私はいかなる人間に対しても、自分の部下になるよう無理強いした覚えはない。国民が自分の方からわれわれに委任したのだ。つまりは自業自得ということだ[9]。

ⅠからⅣにおいて、私は「受け手（RECEIVER）」の重要性について、繰り返し強調した。その「受け手」の視点が非常に大事なのが、次のⅤとⅥで述べる「労働の問題」である。とくに若い人の問題である。

Ⅴ　息子・娘の悲惨な職場

　今の日本は「改革、改革」と言っている間に、所得貧困度はアメリカ並みに近づいている。上位2割の最高所得層と下位2割の最低所得層の所得比率は、急上昇し1990年代初めの約20倍が2002年には168倍に拡大した。所得格差拡大の大きな要因は、賃金引き下げ、3割を超えて増大したいわゆる非正規社員の存在、若者を中心とした失業率の上昇であろう。フリーター213万人、仕事も通学もせず職業訓練もうけていない「ニート」にあたる若年無業者は64万人、2005年7月22日に厚生労働省が発表した労働経済白書による2004年の数字である。

　『週刊エコノミスト』は、2004年5月以降2005年3月、2005年9月と3回にわたり「娘、息子の悲惨な職場」という特集を組んでいる。最近号はややトーンが落ちてきた感がするが最初の号では「フリーター世代を［断崖の世代］」とよび、正社員とフリーターでは賃金や昇給だけでなく年金給付も大きく違うため、両者の生涯所得の差が約1億6,300万円になると推計する。その一方で、正社員減らしが、残る正社員の労働を過酷にしているとも指摘している[10]。

　すなわち、企業内では「過重労働を強いられる正社員と安価に使い捨てられるフリーター」に分割されており、そこでは互いに対立を強いられがちで、労働者としての利害の一致が育ちにくい。

　「年収400万円以下の低所得者向けカップめん」という新商品の開発に日清食品が乗り出した。同社によれば「所得の二極化は今後否応なく進み、低所得者層が多数派になる」。事実、OECDによると、その国の平均的な世帯所得の半分以下しかない世帯の人口比率（2000年）は、日本が15.3％と

OECD諸国平均の10.3％を大きくうわまわる。この大きな原因が、雇用形態の変化である。多くの企業がリストラのために新規採用を抑え、契約や派遣といった非正社員を増やした。10年間でほぼ1.5倍増え、2003年には3人に1人が非正社員となっている。

　パートや請負、さらに派遣といった就労形態が入り乱れ労働現場では労働者の重層化が進んでいる。いずれの形態も有期契約であり、雇用は不安定になる恐れがある。今では、普通の大学の卒業生のうち、正規雇用に就くのは40〜50％くらい。約40％は多分非正規雇用である。だが、採用の難関を突破した若い正社員の多くの職場もまた、現時点では［即戦力］を求められる成果主義のもと、過重なノルマ、長時間勤務、休暇取得の困難等が重なって、定着できる職場にはほど遠い。だから非正社員はもちろん、正社員でさえ転職は煩雑で、転職の繰り返しの末、時に無業者にさえなる[11]。

最近、新聞の「読者の意見」・「相談室」には雇用に関するものが目につく。その中で印象に残った事例をあげよう。

○相談内容『27歳になる娘のことで相談です。昨年4月に50人ほどの小さな会社に正社員として就職しました。9月ごろから毎晩12時過ぎに帰宅するようになりました。土日もほとんど出社しています。毎朝暗い疲れた表情で出社する娘を送り出すのは、大変つらいです。娘にどんなアドバイスや、言葉をかけてやったらいいのでしょうか』
○回答『仕事がない状態も心配ですが、仕事がありすぎるのも心配です。娘さんは27歳。もう大人です。言いたいこと、聞きたいことはたくさんあると思いますが、娘さんが帰って来たとき、「お疲れさん、大変ね」、掛ける言葉はそれくらいにして、ここは一つ「見守る」という態度を取るというのはどうでしょう』[12]
○回答に対して、「言いたい」『娘さんの労働時間は厚生労働省の労災認定基準をはるかに超えており、脳や心臓、精神疾患をいつ発症してもおか

しくありません。母親は娘さんの「暗い疲れた表情」に気づいているのですから、よく事情を聴き、適切な医療を受けるように言葉をかけ、職場の環境改善を求めるべきです」[13]

　正社員の息子・娘の悲惨な職場の実態を示すいい事例だと思われる。
　フリーターや契約社員、派遣の増大に対して、その積極的肯定として、生き方や価値観の多様化とか、選択の自由といった「美名」が唱えられる。しかし現実はどうであろう。新卒の場合は、望んでも正社員にはなれない結果として、多様化や自由を選ばざるをえないというのが、実態ではないのか。働くというのは遊びではなく、労働の多くは、さしあたって辛いものである。また格差のまったくない社会はない。フリーターという生き方を選べる自由がある社会も悪くない。ただ、望まないのに低賃金で不安定な雇用状態に置かれる人が増え続けるようでは、「美名」を唱える人々の「夢」とか「希望」をどのようにしても持ち続ければいいのであろうか。
　1999年の「経済戦略会議」では「みんな平等に貧しくなるのか、アメリカのように金持ちを優遇して全体をかさ上げしてもらうのか、もはや選択肢は後者しかない」といい、「格差ある社会は、活力ある社会だ」としている。その格差是認の下、労働現場では国際競争力の強化や人件費の節約の大義の名目で「使い捨て」労働が常態化している。格差是正のためには、「労働現場」の変革（真の意味での改革）が、最重要課題である。それには、原則的に全員を正規雇用にし、働く時間の長短の違いだけを選べるようにするべきである。今はほとんど使われない言葉であるが「同一労働・同一賃金」の徹底を図るべきである。

　朝日新聞「相談室」の「相談内容」に対する「回答」および「言いたい」を比較したとき、いかに「受け手」が重要かが如実に現れているように思われる。「お疲れさん、大変ね」は母親の回答としては暖かい当然のこととしても、新聞紙面に記載される「社会的」回答にはまったくなっていない。「言いたい」のほうが「相談室」としては的確な回答といえよう。

VI 労働力商品

総理の諮問機関「規制改革・民間開放推進会議」の委員である八代尚宏は、

> 「労働は商品ではない」という、一見、誰もが否定できないイデオロギーの亡霊が、今も日本の労働市場をさまよっている。労働は商品ではないから、「労働市場の規制は、労働者の尊厳を守るために当然」という保護の思想は、経済社会環境の大きな変化のなかで、逆に、労働者の質やそのニーズの多様化に対応しない、画一的な働き方を強制している。パートタイムや派遣労働者は、正規社員の予備軍としてよりも、労働時間や職場の選択に制約の少ない働き方を好む場合が多いが、今後、共働き世帯が傾向的に増加するなかで、いっそう強まっていく。労働市場では、企業と労働者との間に、放置しておけば対等な交渉結果が得られない場合も多い。しかし、それを理由に個々の取引関係に対して、行政が直接的に介入を行なうことが労働者の利益であるという従来の思想から、透明なルールの下で、自己責任に基づく契約を結び、取引を行なうための手続法を整備し、その遵守を強制することが、政府の本来の役割であるという新しい思想への転換が必要とされる[14]。

片方で「企業と労働者の間に、放置しておけば対等な交渉結果が得られない」という的確な問題意識を持ちながら、「ニーズの多様化」「自己責任」等の「美名」の下、問題を個人にすり替えている。

その点、最近出版された稲葉振一郎の『「資本」論－取引する身体／取引される身体』は、種々検討の余地が多々あるも、問題点の把握に役立つ（同氏の論考には注目すべき点多く、今年あたりにでる予定の『マルクス経済学の逆襲（仮）』に期待している）。

マルクスによれば、資本主義社会では、労働者の動員はもはや直接の、剥き出しの権力的強制にはよらず、少なくとも形式的、手続き的には自由な合意、契約によって行なわれている。生産手段を持たない労働者が、生きんがために自らの労働力を資本家に自由意志で売り、資本家に雇われてその指揮命令下で働くことを自発的に選ぶことによって達成される。

端的に言えば、マルクスは労働力を消耗するもの、蓄積できないものと考えた。一日の労働を終えて帰宅した労働者の労働力は、ほぼ全面的に消耗してしまって、労働力の対価としての賃金は、その消耗を丁度補填するのがせいぜいの最低水準にとどまるのであり、それ以上の余裕は残さない。なぜ賃金は最低水準にとどまるのかといえば、それは労働市場には常に失業者のプール（これをマルクスは相対的過剰人口・産業予備軍とよぶ）が存在しているからである。

雇用関係においては、雇用労働者の方は普通の意味ではやはり無産者、持たざる者なのであって、雇い主の方が大量の資産を有しているのが普通である。プリンシパル—エージェント関係において、相手をコントロールするプリンシパルとは、その取引から撤退することのダメージが相手に比べて少ない、つまりその取引においてより強気に出ることができる方である。

労働者とは結局無産者、生活を支えるに足る財産を持たない者なのだ。雇用とはつまり雇用であって、売買でも貸借でもない。それは労働力商品の売買でも、あるいは人的資本の賃貸借でも何でもない。そこには取引されるものなどありはしない。

私的所有・市場経済。そして資本主義と言う秩序は、生身の人間に対してかなりのストレスをかけるものである。大した財産を所有していない人間であっても、あえて労働力＝人的資本という資産を所有する者として、

第3章　大きなうそ

この世界に踏みとどまるべきである[15]。

　この本では「マルクス主義の遺産をまじめに評価しつつ、基本的にはしかし批判的に対しています」との表現通り、「労働力＝人的資本」と規定し、無産者であれ「持たざる者＝剥き出しの生」として扱われることがないよう、「労働力＝人的資本」の所有者として、見なすべきことを提唱している。「商品取引の非対称性」、「ジンメル的な剥き出しの生として扱われない」等、極めて示唆に富むが、「人的資本」の概念の今一歩分かり難さがあり、結局のところ、雇用関係においてその取引においてより強気に出られるのは誰かということが、一番重要な視点ではなかろうか。Ⅴで示した現実はそのことを如実に物語っているのではなかろうか。
　現実の雇用＝労働現場では、ウォーラーステイン的にいえば「中核」と「辺境」あるいはさらにその中間的存在としての「半辺境」といった世界システムが強化されている。「半辺境」はますます「辺境」に近づき、「中核」との格差は拡がる。そして「中核」と「辺境」は固定される。例えば、今話題の「勝ち組」といわれた「堀江」「三木谷」「村上」等は、以前の経営者（平社員からたたき上げて経営者となる）とは違って、最初から経営者＝資本家である。
　この節の最後に廣松渉の文章を引用して私の視点を述べよう。

　　近代の賃労働者というのは、資本家に雇ってもらうことでしか生活が成り立たないわけです。どれか資本家に雇われないことには飯が食っていけないというかたちで、階級としての資本家と階級としての労働者ということを考えれば、労働者にとっては、どうしても資本家のもとに、実質的に包摂されることなくしては生きていけないという状態になっている[16]。

　現在では「階級」という言葉は死語のようになっているが、「階層」ではなく「階級」は生きている。「階層」は現実を隠す言葉のように思える。

　これまで、私は「受け手（RECEIVER）」の重要さを繰り返し説いたが「受

け手」としての「私」は「何時」・「どのように」形成されたのかⅦで述べてみたい。

Ⅶ　69　[SIXTY NINE]

　ケインズは『雇用・利子および貨幣の一般理論』の最後に有名な文章を残している。

　私は、既得権益の力は思想の漸次的な浸透に比べて著しく誇張されていると思う。もちろん、思想の浸透はただちにではなく、ある時間をおいた後に行われるものである。なぜなら、経済哲学および政治哲学の分野では、25歳ないし30歳になって新しい理論の影響を受ける人は多くはなく、現在の事態に適用する思想はおそらく最新のものではないからである。しかし、遅かれ早かれ、良かれ悪しかれ危険なものは、既得権益でなくて思想である[17]。

　ケインズのいう通り、私も最新のものではない思想の影響を受けている。ケインズ的に過去の経済学者の影響だけでなく、私自身の過去の奴隷である。かっこよく言えば、私の今の考え方の原点は高校時代であるが、結局の処、高校時代から何も進歩して（変わって）いないのである。したがって、この機会に高校時代の「私」を振り返ってみたい。

　本節の標題の1969年に私の高校生活は大きく様変わりした。1969年2月に私の高校での「二人答辞」"事件"。これがそもそもの始まりであった。その様子を当時の雑誌『朝日ジャーナル』（現在廃刊）から引用してみよう[18]。

　ここでは学校側が指名した生徒が、「先生方への感謝」「母校への誇り」などを織り込んだ"優等生的"答辞を読んだあと、自主答辞派が立って「現在の高校教育には、能力別編成という重大な問題があります。たしかに能

力別授業には、同等の学力の生徒が集まっているのだから教えやすく、また学力向上に役立つ有利な面もあるでしょう。しかし、いわゆる下のクラスにおいては、生徒が自信をなくし、向上どころか、かえってマイナスになっていく面があります。能力別の授業をおこなう場合、どうしても学力の目安になるのは、テストだと思うのです。ところが、テスト一つで、本当の能力が判断できるでしょうか。いままで現実に、一回のテストでクラス変更があったのです。そしてもう一つおこる弊害は、クラス単位の授業というものが減っていき、ホームルームのまとまりがなくなるということです。……」と主張する自主答辞が読まれた。東淀川高校は、昭和30年設立の新設校。創設当時から「一流校に追いつけ、追いつけ」の教育方針がとられた。とくに英数の二科目については、2年生以上は、中間・期末試験のたびに上位から50人ずつ、最優秀クラスから劣等クラスまでのクラスにふりわけられる。テストのわずかな点差が、「優秀」「劣等」の差となり、いわば、「受験教育」のもたらすひずみが、一流校に追いつこうとしている二流クラスの高校にもっとも強く吹きだまっているのだ。

この後、われわれは、能力別授業を生徒会総会で廃止を決議し、学校側に廃止させた（ただし、学校側は"中止"と言っていたが）。そして、6.15、10.21デモ（ジュッテン・ニイイチと呼ぶ）、ストライキ、ロックアウト、卒業式粉砕等々慌しくすぎた。その総括は、まだできないが、当時の女生徒の言葉が頭の端から離れない。「我が校も生徒会活動が活発になってきた。いやだ」「私は銀行に就職することにしている。紛争でできなくなったら困る」。

私自身、金融資本の牙城である旧財閥系銀行に大学卒業後就職したのであり、結果として、われわれが望んだホームルームのまとまりは、全くなくなってしまったのであるから。

1969年に私自身色々なことに目覚め、その時、ヒトラーもスターリンもマルクスも知り、今に至っている。英国のロックバンド、ローリング・ストーンズの1968年のアルバムのなかに、「ストリート・ファイティングマン」というのがある。当時の世界の雰囲気を表わす曲として有名であるが、1969

年は音楽（ロック）にも関心をもった年であった。

むすび 「二重言語」

　ショスタコーヴィチもムラヴィンスキーも当時のソヴィエト当局の圧力にたいして、一方では体制側の要請を受けとめ、他方では自分の本来の主張を密かに音楽に織り込んだ。ムラヴィンスキーのショスタコーヴィチ第5交響曲の最終フィナーレのある意味での「仰々しい」演奏は、表面的には当局に従順に見せかけた生き延びるためのメッセージとも読める。彼らの生き方を現代のわれわれがどうして責める（批判する）ことができよう。
　昨年、『昔、革命的だったお父さんたちへ』という本が、出版された。その中で、「ここでは今一度、あなたたちの子供や孫のことを考えてみて欲しい。彼らに希望はあるのか。彼らは夢をもてるのか。まだやるべきことは残っているはずだ。」と序章にある[19]。
　私自身、体力的にもう「ストリート・ファイティングマン」はできない。心の中でファイティングマンを演じるしかないが、その際、「美名」の裏に隠された『大きなうそ』を見破る能力（レシーバー能力）を持ち続けたいものである。特に、生き方や価値観の多様化とか、選択の自由、自己責任といった「美名」の下、「働く自由」が「働かせる自由」に転化させられつつある現状をよく見据え、その本質を見破る必要性からも、求められているように思われる。「小さなうそ」が「大きなうそ」になり、ヒトラーに「国民が自分の方からわれわれに委任したのだ。つまりは自業自得ということだ」と言わしめた本来の意味での「自己責任」を負わせられないためにも！
　特に、先の衆議院選挙では、政策の中身よりも小泉流の情報戦略が勝利したとまでいわれた。テレビを最大限駆使した政治コマーシャル、政治演説、インターネットを利用した選挙運動等情報に内包された政治的作為は、よりいっそう強まっている。ヒトラーの時代には街頭演説、プレス、ラジオ、映画が情報の主体であったが、今やテレビは当然のこととして、情報技術の進

展により携帯電話、パソコン等情報手段は飛躍的に拡大した。単なる聴覚（ラジオ）から、視聴覚（テレビ・携帯電話・パソコン）へ、情報の受け手から発信者へと情報をとりまく環境は様変わりした（もっとも、発信者としてはネット上でサイトを立ち上げる等に限定される）。

ヒトラーの時代、ラジオの影響力は非常に大きく、ヒトラーはラジオを最大限利用した。

　ラジオの発達により、たいした費用をかけずに巨大な大衆に呼びかけることが可能となった。ただ一人で、あるいはせいぜいのところ家族や数人の友人と家のなかですわっているにもかかわらず、聞き手はあたかも群衆のなかにいるときと同じような影響をうけるのだ。ちょうど群衆のなかの庶民が演説者の目や身振りや声に夢中にさせられるように、ラジオによっても影響される[20]。

このレーデラーの表現は、ラジオをテレビと読み替えれば現在の状況の分析に極めて有益であろう。

　大衆の行動は、巧妙で持続的な宣伝の影響をうけると変化する。だから、政府が宣伝を独占するようになれば、大衆を操作することができる。絶え間ない宣伝によって、大衆を保持し大衆の解体をふせぐことが、いっそう容易になるのである[21]。

今日、われわれをとりまいている情報環境から全く自由でいられることは稀である。情報環境は、われわれの生活の一部＝自然環境となっており、それらの前で、われわれは大衆である。一人で視聴しているときでも、決してわれわれは個人ではない。大衆の一部である。われわれは今日、テレビやラジオに対しては、ほとんど一方的な情報の受け手になっている。前述のように、情報の発信者になることは個人的なものに限られてしまい、受動的で飼い慣らされた情報の受け手となってしまっている。この点からも、受け手

（RECEIVER）の能力がより一層問われる時代にきていると思われる。

　この著作『大衆の国家』は、私の大学卒業論文作成に際して、指導教官であった吉村励教授（現在、大阪市立大学名誉教授）から参考文献として指示され、本稿作成時、ご意見・ご教示を賜ったところ、再読を薦められたものである。この場をかりて吉村名誉教授には深謝申し上げる。情報の問題に関しては、現在その技術的進展に伴い、重要性が今までになく増している。私の今後の課題として論究していきたいと考えている。

　本書の最後に小松弘愛（1934年生）の詩を紹介しよう。

『狂泉』
　私は狂泉と呼ばれる泉の話を知っている。それは、尋常の泉ではない。月の明るい夜、水の表が淡く桃色に変わるのもその一例である。この狂泉のある村は、かっては桃の木の多い土地で、春には村全体が桃の花に包まれたが、今は、乾いた砂の舞う荒れ果てた土地である。
　村人は、ひとり残らず狂泉の水を飲まなければならない。そして、一様に心を狂わせなければならない。村で水を求めることができるのは、この狂泉しかないのである。
　ひとりの男が渇きに耐えながら一つの井戸を掘った。黄砂のように乾いた土に難渋しつつも掘り続けた。絶えず襲ってくる桃色の水の幻影をふりはらって掘り続けた。やがて穴の底に、土は湿気を帯び、わずかに泥色の水が湧き出してくる。人を正気にかえす水である。さらに、男は掘り続けた。
　季節も秋を深めた満月の夜だったという。男は、深い穴の底に涼しい月影を映している水を発見した。もはや、狂泉の水に心を狂わすことはないのである。
　その夜更け、村の中央、小高い丘の上に立つ櫓に、一つの旗がひるがえった。旗のもとに屈強の男たちが集まり、火のような怒号が交わされた。涼しい月の光を宿した井戸を襲撃しなければならない。丘を駆けくだる男たちが

手にしているのは鍬である。痩せこけた土地を耕して摩滅した鍬である。
　荒々しくぶつかりあう鍬のもと、またたくまに井戸は埋められた。半殺しにされた男は、狂泉のほとりに引きずり出され、桃色の水を牛馬の口を割るようにして飲まされた。
　夜明け方、村には平和がよみがえり、乾いた砂がいつものように空に舞いはじめた。濁った朝の光のなかに、男の井戸の跡は、新しい塚のように盛り上がっていた。そばには、二、三柄のもげた鍬がころがっていた。（以来、丘の上の櫓には、あの夜の旗がいつもひるがえり、二度と井戸を掘る男は現れないという。）
　狂泉の村は、私には親しい村である。私は、夢のなかに古い記憶をたどってゆく時、耳朶の奥に火のような怒号を聞くことがある。そして、摩滅した鍬をふりあげて丘を駆け下る男たちの姿をまざまざと見ることがある。それは、恐ろしい勢いで私の方にせまってくる。しかし、よく見ると、凶器と化した鍬のもと、そこにもまた私の顔があるのだ。青ざめた私の顔が迎えるものは、無意味にこわばった、もう一つの私の顔である。
　私は、自分が今も、狂泉の村に住んでいるのだ、と思うことがある。

　　　　丸地守・張香華編『日本現代詩精選集「精神の深部からの暗号」』（2002）参照

この詩は、第34回大阪市立大学「市民講座」にて、文学部村田教授より披露されたものである。

【注】

1) ヴォルコフ編『ショスタコーヴィチの証言』(1979)、321-322 ページから引用。
2) ヴォルコフ編『ショスタコーヴィチの証言』(1979)、328 ページから引用。
3) A. ブロック『ヒトラーとスターリン』、参照。
   朝日新聞 2004/11/24 朝刊『天声人語』、参照。
4) M. ハウスデン『ヒトラー　ある「革命家」の肖像』(2002)、25 ページから引用。
5) アドルフ・ヒトラー『わが闘争』(1973)、258-264 ページから引用。
   朝日新聞 2005/09/26 朝刊『時の墓碑銘』(小池民男)、参照。
6) 村瀬興雄『アドルフ・ヒットラー』(1977)、i ページから引用。
7) 朝日新聞 2005/9/27 夕刊『論壇時評』(金子　勝)、参照。
8) 三浦　展『下流社会　新たな階層集団の出現』(2005)、参照。
9) ヨアヒム・フェスト『ヒトラー最期の 12 日間』(2005)、64-65 ページから引用。
10) 『週刊エコノミスト』「娘、息子の悲惨な職場」(2004)、参照。
11) 熊沢誠『私の視点　若者の就職』(2004/4/28 朝日新聞朝刊)、参照。
    熊沢誠『「労働者」消えた経済大国』(2003/6/25 朝日新聞朝刊)、参照。
12) 朝日新聞 2005/1/29 朝刊「相談室」、参照。
13) 朝日新聞 2005/2/5 朝刊「言いたい」(サインを見逃さないで)、参照。
14) 八代尚宏『雇用改革の時代』(1999)、218-220 ページから引用。
15) 稲葉振一郎『「資本」論』(2005)、参照。
16) 廣松渉『マルクスと歴史の現実』(1999)、参照。
17) ケインズ『雇用・利子・および貨幣の一般理論』(1995)、参照。
18) 朝日ジャーナル VOL11, NO.13 (1969/03/30)
19) 林信吾、葛岡智恭『昔、革命的だったお父さんたちへ』(2005)、参照。
20) エミール・レーデラー『大衆の国家』(1961)、39-40 ページからの引用。
21) エミール・レーデラー『大衆の国家』(1961)、227-228 ページから引用。

【参考文献】

I
ヴォルコフ編『ショスタコーヴィチの証言』中央公論社、1979 年
レコード芸術『ショスタコーヴィチ・ルネサンス』音楽之友社、2005 年

第3章　大きなうそ

Ⅱ
ヴォルコフ編『ショスタコーヴィチの証言』中央公論社、1979年
A. ブロック『ヒトラーとスターリン』草思社、2003年
M. ハウスデン『ヒトラー　ある「革命家」の肖像』三交社、2002年

Ⅲ
アドルフ・ヒトラー『わが闘争』角川書店、1973年
A. ブロック『ヒトラーとスターリン』草思社、2003年
M. ハウスデン『ヒトラー　ある「革命家」の肖像』三交社、2002年
村瀬興雄『アドルフ・ヒトラー』中央公論社、1977年
村瀬興雄『ナチズム』中央公論社、1968年
山口定『ナチ・エリート』中央公論社、1976年
平井正『ゲッベルス』中央公論社、1991年
ヨアヒム・フェスト『ヒトラー　最期の12日間』岩波書店、2005年
ヨーゼフ・ゲッベルス『大崩壊　ゲッベルス最後の日記』講談社、1984年
トラウデル・ユンゲ『私はヒトラーの秘書だった』草思社、2004年
川越修『社会国家の生成』岩波書店、2004年
ボリア・サックス『ナチスと動物』青土社、2002年
石田勇治『過去の克服』白水社、2002年
セバスチャン・ハフナー『ナチスとのわが闘争』東洋書林、2002年

Ⅳ
三浦展『下流社会』光文社、2005年
林信吾『しのびよるネオ階級社会』平凡社、2005年
トーマス・ローター『下等人間・上等人間』未来社、1999年
山口定『ヒトラーの抬頭』朝日新聞社、1991年
ヨアヒム・フェスト『ヒトラー　最期の12日間』岩波書店、2005年

Ⅴ
『週刊エコノミスト』「娘、息子の悲惨な職場」毎日新聞社、2004～2005年
島本慈子『子会社は叫ぶ』筑摩書房、2002年
内橋克人『不安社会を生きる』文藝春秋、2002年
ロナルド・ドーア『働くということ』中央公論新社、2005年
『現代思想』「特集・フリーターとは誰か」青土社、2005年
『現代の理論』「特集・破壊的市場主義を超えて」明石書店、2005年
丸山俊『フリーター亡国論』ダイヤモンド社、2004年
斎藤貴男『機会不平等』文藝春秋、2000年

VI

八代尚宏『雇用改革の時代』中央公論新社、1999 年
島本慈子『住宅喪失』筑摩書房、2005 年
稲葉振一郎、『「資本」論』筑摩書房、2005 年
廣松渉『マルクスと歴史の現実』平凡社、1999 年
藪下史郎『非対称情報の経済学』光文社、2002 年
川北稔『ウォーラーステイン』講談社、2001 年
ジェレミー・シーブルック『階級社会』青土社、2004 年
大川正彦『マルクス』岩波書店、2004 年
菅野仁『ジンメル・つながりの哲学』日本放送出版協会、2003 年

VII

J.M. ケインズ『雇用・利子および貨幣の一般理論』東洋経済新報社、1995 年
『朝日ジャーナル』「高校生の"卒業式闘争"」朝日新聞社、1969 年
川本三郎『マイ・バック・ページ』河出書房新社、1988 年
三上治『1960 年代論』批評社、2000 年
三上治『1960 年代論 II』批評社、2000 年
四方田犬彦『ハイスクール 1968』新潮社、2004 年
村上龍『69 SIXTY NINE』集英社、1987 年
毎日ムック『シリーズ 20 世紀の記憶・1968 年』毎日新聞社、1998 年

おわりに

林信吾・葛岡智恭『昔、革命的だったお父さんたちへ』平凡社、2005 年
エミール・レーデラー『大衆の国家』東京創元社、1961 年
原克『悪魔の発明と大衆操作』集英社、2003 年
正高信男『ケータイを持ったサル』中央公論新社、2003 年
正高信男『考えないヒト』中央公論新社、2005 年
小此木啓吾『「ケータイ・ネット人間」の精神分析』朝日新聞社、2005 年
荷宮和子『若者はなぜ怒らなくなったのか』中央公論新社、2003 年
宮本みち子『若者が《社会的弱者》に転落する』洋泉社、2002 年
小松弘愛「狂泉」『日本現代詩精選集』青樹社、2002 年

第4章 歴史研究の手法とビジネス

笠岡一之

はじめに

　数学の強い人は頭の良い人、英語が得意であれば入試や就職に有利、ビジネスにも活用できるので、高い評価を得られる。何よりも格好が良い。私もこの見方には同感である。

　さて、歴史で高得点を得た人は、どのような評価を得られるのであろうか。一般的には、「歴史は暗記物だから…」と言われるのが関の山である。歴史を勉強しても社会生活への応用がきかないという意見を耳にするかもしれない。歴史には確立された研究手法が存在しないという厳しい見方をする人も少なくないと思う。悔しいけれども、これが歴史を学ぶということに対する世間の一般的な認識だと私は考えている。

　歴史を学ぶためには、数学並みの合理的思考力の必要なこと、そして、歴史を学ぶ手法は実社会の中で、特にビジネスの世界に役立たせることが可能なことを、私の拙い経験をもとにご紹介したい。歴史を学ぶことへの「意義」を再認識する機会になれば光栄である。

Ⅰ 私の生い立ちと歴史に対するトラウマ

　私の歴史への興味は、小学校高学年の国語教科の授業から始まっている。当時、NHKの大河番組で放送していた義経記を、担任の先生が毎回の国語の授業で朗読して下さった。私の世代はテレビっ子という言葉が一般的に語られるようになった時代だったので、読書の面白さを先生は教えたかったのだろうと思う。先生の思惑通りだったのか、あるいは的が外れたのかは分からないが、義経記の朗読が機会となって歴史小説の虜になっていった。
　義経記の物語から源平合戦に興味を持ち、小学生用の平家物語を読み通し、次は南北朝の太平記、さらに戦国時代、戊辰の役と合戦物を主に歴史小説を読み漁っていった。最近の子供達と比較して相当の読書力があったと昔を振り返って感慨を深くしている。中学に入学する前から海音寺潮五郎、吉川英治の歴史小説を既に読んでいた。中学校は中高一貫の学校に入学した関係で、受験勉強に煩わされることも無く、中高時代は歴史小説三昧の生活を過ごしていた。海音寺潮五郎、吉川英治、山本周五郎、柴田練三郎、池波正太郎、黒岩重吾、松本清張の各氏の作品を、高校の半ば頃には殆どを読破していた。
　松本清張には推理作家のイメージが強いが、デビュー作は西南の役を扱った「西郷札」という歴史小説である。「陸行水行」という邪馬台国をテーマにした推理小説は、歴史小説から推理小説へと私の興味の範囲を広げてくれた。短編小説だったが、邪馬台国を大分県安心院村と紹介する読み応えのある歴史・推理小説にまとめ上げていた。これを契機に、松本清張の推理小説も全編を読破している。柴田練三郎には中国の歴史を題材にした作品が多く、史記や三国志、水滸伝にまで国境を越えて歴史への興味が広がっていった。
　このように中高時代は、週に二、三冊の割合で歴史小説と推理小説を読み漁っていた効果か、現代国語と日本史、世界史だけは得意としていた。特に日本史は強く、高校で中間・期末・実力試験を含めて全てトップ、全国模試でも二回連続で全国一桁の席次を確保したことがある。以前はこれが自慢話

だったが、今風の見方をすれば「オタク族」、最近の話題映画だった「電車男」の主人公と同じである。

　このような生活を過ごす中で、大学受験は文学部史学科への進学を真面目に考えていた。しかしながら、この史学科への進学の夢について、両親から強烈な反対意見が出てきた。国立理科系、一期校を志望すべしという昔懐かしい光景である。高校の担任にも根回しをした様子で、職員室に呼ばれて進路問題で長時間説教をされる羽目に陥った。担任の先生は、「理科系科目に興味の薄い学生が史学科に進学しても大成できないこと」、「歴史研究は数学的発想が不可欠であること」、「史学科の卒業では就職口が見つからないこと」、「学者になるしか道の無いこと、学者になるためには東京大学史学科を選ぶしか道は無いこと」、「私が志望している私学の史学科卒業ではお嫁さんも来ないこと」など具体的で厳しいが理屈として理解できる話をして下さった。一方、両親の私に対する説得は、「そもそも歴史は暗記物であり論理的に物を考える学問ではないこと」、「歴史に関わっている人の多くは世渡りの下手な世の中の敗者であること」、「だから歴史学者は金持ちのドラ息子であるか、または変人の多いこと」、「金持ちの道楽か変人の趣味の範囲で社会に寄生させてもらうか、あるいは生活にも困窮する人生を歩むかの二者択一だ」などと機関銃のようなスピード感で嫌な話を聞かされた記憶が今でも脳裏に焼き付いている。思い込みの強い両親だった。

　中でも、私が最も傷ついた発言は、「歴史は単なる暗記物」という一言だった。最難関の国立理系志望者にとっては特に論理的思考が重要だと言われるが、この論理的思考の対極にある概念が暗記物である。つまり、論理的思考は不得意だが暗記物だけが得意なバカ者と罵倒されたようで、プライドを大きく傷つけられてしまった。これが歴史研究に対する私自身の心のトラウマになった。少なくとも、この日を境に歴史好きと呼ばれることを恥と捉え始めたこと、自分自身の口から決して歴史の話はしなくなったこと、これを長らく生活の中で意識してきた。

II　経営コンサルティング手法と歴史研究の共通性

　結局、大学は経済学部を選択したが、日本経済史や西洋経済史という科目は全く選択をしなかった。ゼミは財政学、マクロ・ミクロの経済原論、統計学、経済数学、産業連関論などを中心に科目履修をした。暗記物の科目と言われるのが嫌で歴史関係の履修は避けた。論理性への憧れから大して得意でもないのに数理に関連する履修を好んで選択していた。最初は数字の羅列で殆ど興味を感じなかったが、徐々に経済学に興味を持つようになった。

　就職活動ではシンクタンク業界を志望し、縁あって経営コンサルティング・ファームに勤務することになった。このファームは大手銀行のコンサルティング部門を別会社化した企業だった。社風が良く、自然に勉強のできる雰囲気があり、十数年を有意義に過ごした。経営コンサルティングのノウハウは、オンザジョブ・トレーニングにより叩き込まれたが、上司・先輩から厳しくファクト・ファインディングの指導を受けた。指導の中で特に印象に残っている教育は、毛沢東の実践論・矛盾論の講読である。最初は経営者と非常に近い立場で仕事に取り組まなければならない経営コンサルタントに、毛沢東語録の教育を行うことに抵抗を感じた。実践論・矛盾論の講読理由は、各論ともにたった一つの重点がある。実践論では「迷信を怖れる人間を迷信から解放するためには、その人が自らの手で迷信を取り除くことが必要である」こと、矛盾論では「どんなに複雑な問題でも最も重要な問題はたった一つしかない」こと、これら二点に経営コンサルティング業務の必要とする資質をダブらせていた。特に「最も重要な問題はたった一つしかない」の考え方は、日常的に上司・先輩から問い掛けを受けてきた。ファクト・ファインディングができれば、改善案は自ずと完成する。従って、現状分析を確実に仕上げれば仕事の70％は完了したと考えても良いこと、改善案作りは残りの30％の仕事という考え方が経営コンサルティング業務を離れてから既に十数年を経過しているが、今でも抜けきれない仕事の癖となっている。

第4章 歴史研究の手法とビジネス

　ファクト・ファインディングに取り組む場合、大きな課題が二つあると私は考えている。一つは情報収集と確実なデータ分析である。これには的確な情報収集の手法は不可欠だが、情報収集が順調に進めば、淡々と成果物にとりまとめることができる。コンサルティング業務の中で特に慎重を期する必要があるのは、二つ目の課題である。現状分析の作業は、現在から過去の事実を確認する作業になる。どうしても、現在の目から過去を評価する目を持ってしまう。これは過去に実施した企業施策の否定、つまり経営者や社員に被害者を作り出す。失敗原因を押しつけられた被害者は、殆ど例外無く自己防衛に走り出す。自己防衛に入ると、現状分析で確実にファクト・ファインディングができたとしても、改善案を作成する中で関係者の足並みを揃えることができない。つまり、コンサルティング作業の失敗を招く。ファクト・ファインディングを成功させるための秘訣は、現在の目で過去の施策を評価することではなく、事実を淡々と捉える姿勢である。コンサルティング技術の未熟な人は、事実の背景にある過去の個別施策を正当化して、現在に至るまでの道筋を説明するという検討手順を求めることがある。これまでの道筋を理解するための姿勢は、被害者を作らない代わりに、事実に対する感情移入が強くなりすぎて客観的な判断を阻害させる可能性がある。これらの取り組み方は歴史を見る姿勢と共通性があると考えている。

　実はコンサルティング業務を通じて、中高時代以来のトラウマだった歴史に対する意識を克服することができた。両親から歴史は暗記物とバカにされたことが、トラウマを生む原因になったが、歴史は暗記物ではなく、ファクト・ファインディングの手法につながるという認識を持つことによって、歴史研究を前向きに捉えられるようになった。

　歴史に関連する文献に目を通していると、私がコンサルティング業務を介して見付けた切り口と同一の視点から歴史を捉えようとする手法のあることが見えてきた。基本的には四通りの切り口があると考えている。

　一つは現在の目で過去を再検証する切り口である。これは、コンサルティング業務では被害者を作る最悪の手法になる危険性はあるが、利害関係の無い第三者に興味深いテーマを提供するという切り口では有意義な手法であ

る。ビジネス雑誌などで、「織田信長に学ぶ経営手法」などといった特集を目にする場合は、多くはこの手法でまとめられている。

　二つ目は、過去の目で過去の出来事を解釈する切り口である。これはコンサルティング業務では感情移入が強くなる手法になるため、避けるべきであるが、歴史研究手法としては面白いと思う。ただし、手法としての問題点は、タイムマシンが無い限り、過去の時点から過去の評価を厳密に行うことの難しさである。作家の山本七平は、『日本はなぜ敗れるのか　──敗因21か条』の中で、フィリピン戦役の逃避行中に日記を書き残した小松真一の『虜人日記』を材料に、この難しい作業に挑戦をしている。本書を貫く主張として、記憶を辿って整理した過去には脚色が出るという見方がある。例えば、私自身のトラウマの話についても、今ではこのように考えているが、中高時代も全く同じ認識でいたかどうかは、多分そうだったと思うという曖昧な表現しかできない。騙している訳でも錯誤した訳でもないが、記憶が半永久的に脳裏に焼き付くとは誰も言えないと思う。私自身も、この指摘には正直になりたい。小松の『虜人日記』は、戦場で感じたことを淡々と記録した日記だが、日記を書物として書き上げる執筆過程の中で、どうしても執筆者としての思考や感情が入ってくる。タイムマシンを発明して直接に時空を飛ばない限り、この感情移入の問題は根本的に解消されないと思う。

　三つ目は、未来に予測される社会を想像して現在の評価をする手法である。マスコミが好んで使うジャーナリスティックな切り口である。「この様な破廉恥な政治情勢について、今の子供達が大人になった時、どんな評価をするでしょうか」などは典型的なマスコミ的表現方法である。ただし、未来の事実については予想できないので、これは言語としての強調表現に活用されることはあっても、歴史的考察には殆ど無意味な手法だと考えたい。しかしながら、過去には社会主義陣営が自由主義陣営を帝国主義と罵る場合に、この手法を頻繁に活用する時期があった。現在も自国の軍拡を棚に上げて日本の軍事国家化を指摘する近隣国の例からも推察されるように、恣意的で攻撃的な主張には効果的な手法である。

　四つ目は、過去を淡々と分析する切り口である。歴史学者である入江昭は、

『歴史を学ぶということ』の中で、「歴史を学ぶことは過去の出来事を型どおりに整理することではなく、過去と自分の対話を重ねることであり、その対話の過程で、他人の書いたものを決して鵜呑みにせず、自分でできるかぎり資料を読んで、自分の言葉で理解するように心がけることが必要」と述べている。入江は大学から米国に留学、その後は米国各地で著名大学の教官を勤め上げて、現在もハーバード大学大学院教授として活躍をしている。入江の手法は、日本語の持つ淡々と言う語感を通り越して、論理的、合理的、中立的な分析手法だと表現した方が的確かもしれない。この手法に叶った最近の文献では、保阪正康の『あの戦争は何だったのか』がある。精度の高い資料をもとに淡々とした分析を行い、その上で太平洋戦争の本当の黒幕を洗い出している。近衛文麿元首相の開戦への決定的関与、陸軍悪者・海軍善人というステレオタイプの考え方の否定などを、論理的な時代考証をもとに説得力のある見解にまとめ上げている。

　このように歴史研究には複数のアプローチ手法がある。そして、これら手法を理解することは、合理的発想を要求される経営コンサルティングの手法とも共通点がある。歴史に対する捉え方は、山本、入江、保阪の各氏のように、手法を意識しながら合理的な分析に取り組む流れが、昨今の歴史研究の大きな潮流になっているように認識している。歴史は暗記物にすぎないという中高時代にトラウマとして植え付けられてしまった歴史研究へのコンプレックスは、全くの的外れの指摘である。歴史研究は合理的でビジネスにも応用のできる普遍的な分析手法が存在していることを堂々と主張するだけの自信を持てるようになった。もし、中高時代に戻ることができれば、大きな声で歴史を学ぶことの意義を両親や恩師に教えてみたい衝動に駆られるが、既に高齢となった彼らに対して、これら歴史の効用を説いても無駄なことであろう。

Ⅲ　思考方法と歴史の捉え方

　政治経済学者のフレードーリッヒ・フォン・ハイエクは、二つの大きな思考体系が存在すると主張している。一つは「記憶型の頭脳」である。これは、多くの書物を読み、詳細な事実や用語を頭の中に詰め込み、必要に応じて臨機応変に知識の倉庫から関連する情報を検索して、既成の学問の地図に則り思考を行なう形態と説明している。二つ目は、「混乱せる頭脳」である。これには言葉の無い思考がまず存在し、それを何とか言葉で表現して理屈付けする思考のプロセスであり、だから読書は知識の補充というよりも自己の思考に対して変更を迫ること、他人の概念を知るのではなく、自己の概念を整理することに重点を置いた思考の形態と説明している。私の世代にとって馴染みの深い思考方法は「記憶型の頭脳」である。「混乱せる頭脳」に対しては、一般的に勘に頼っているというイメージで捉えられることが多いように感じている。整然とした「記憶型の頭脳」と比較して、「混乱せる頭脳」には、格下の思考方法だと決めてかかるような風潮がわれわれの身近には存在する。私も三十代前後に、この考え方を知るまでは、「記憶型の頭脳」しか眼中にはなかった。
　「混乱せる頭脳」は野放図に取り組むと、勘だけの判断になってしまうが、言葉のみで表現の困難な何かを思考の与件として意識する発想は重要だと考えている。先の入江式の思考体系を見ていると、データー分析の初期段階は「記憶型の頭脳」だが、思考段階が徐々に広がってきた段階で「混乱せる頭脳」へと思考体系の転換が図られている。この見方はビジネスの世界にも共通していると考えている。ある仕事を成功させるために、情報収集と分析を行なう。これは「記憶型の頭脳」の典型的な方法論である。分析を介して施策を打ち出す段階に入ると、ちなみに取引関係であれば交渉事、競争関係であれば市場競争の始まりである。交渉事、市場競争には論理的思考は必須の条件だが、論理的思考だけでは成功は覚束ない。俗に人を見る目、人間関係と称

第 4 章　歴史研究の手法とビジネス　　　　　　　　　　　75

される世界に入る。理由は不明確だが、交渉相手の何かが気になる。仮に全ての契約条件に不都合は無くても、この交渉相手から発せられるオーラについて直感する姿勢こそ、「混乱せる頭脳」の役割である。こんな場面に遭遇した場合は、もう一度、自分が何をしたいのかの目的に立ち返る姿勢が重要である。例えば、取引の安全性を重視している時、何か不信感を抱かせるような雰囲気を感じれば、安全性に不安を感じるという解答を前提に論理を整理する方法が、この「混乱せる頭脳」の方法論である。論理を組み立てる中で、相手を合理的に理解できれば契約、反対に不信を合理的に説明できるだけの論理構成ができた場合には、契約を結ばないという考え方はビジネス手法としても有効に活用できると思う。

　オーラという表現は掴み難い表現だと思うが、外国人との取引の場合、頻繁にオーラを意識させられる。顔の色艶や言葉だけで無く、チョッとした表情や態度が日本人とは違うのである。「人間同士だから分かり合えるはずだ」という人は、外国人との取引経験の浅い人だと思う。交渉相手が出身国家の中でも信頼を受けている人物か否かを見極めることは、ビジネス交渉の中では重要だが、相当の経験を積んでも人物の見極めには苦労する。私の経験では、海外事業の立ち上げの場合、日本語が上手で日本人の近くにいる人物に頼ってしまう傾向がある。ビジネスの定石として注意が必要だという認識を持ち、何かの違和感を意識することがあっても、達者な日本語に接すると警戒感を失ってしまうことは多い。人間社会の中で強い訴求力を持つ言語は、顔の色艶の違いを容易に薄めさせる効果を持つ。しかしながら、各国の歴史を通じて自然発生的に生成された国民の表情や態度の中には、言語的に表現のできない別のメッセージが含まれている。これをオーラと表現しており、「混乱せる頭脳」の思考の一面である。これらチョッとしたメッセージが発する印象は、意外と海外ビジネスの中で有効的な判断要素になると考えている。このように「混乱せる頭脳」の中で違和感を持った場合、再調査におけるファクト・ファインディングの重要なポイントは、その国の歴史的背景にまで遡って考えようとする姿勢である。そして、この歴史へのアプローチ手法は、日本人の立場から外国人を見るのでも、外国人の目線に立とうという

のでもなく、先の入江式の歴史研究の手法と同様に、淡々とファクト・ファインディングする姿勢が重要である。次に自分自身の苦い経験を紹介したい。

Ⅳ　韓国プロジェクトでの苦い経験と関西学院エコノミスト・コースとの出会い

　海外事業拠点の立ち上げを、台湾、韓国、中国で経験している。台湾では既に協業先が決定していたので比較的容易な事業の立ち上げであったが、韓国では苦労をさせられた。複数の協業候補先の内、1社との交渉がもつれてしまい、業務妨害をするという脅迫行為を受けた経験がある。仮にこの会社をA社という名前にしておく。最初にA社と面談した際、妙な質問を受けた。一つは、何れの大学のご卒業ですか。ついでに、東大出身者のように見えるという一言も聞いた。これに対しては、そのような著名な大学は卒業していませんと何気なく応えた記憶がある。二つ目は、なぜ新羅ホテルに泊まらないのかという質問があった。これには、利便性を重視して別の五つ星ホテルに泊まっていると応えたところ、あなたは新羅ホテルに泊まる身分だと言われて吃驚した記憶がある。

　ところで、A社との揉め事は、私が協業交渉の切り上げについて手紙で通知したことが原因になった。一般に数多くの候補先と協業交渉に取り組んでいる場合、しかも三回程度の面談回数であれば手紙で断りを入れる事も多い。手紙は丁寧な邦文で書いたつもりだが、A社から届いたファクシミリには、面子を潰されたので営業妨害も辞さないという極めて深刻な内容が書かれていた。私としては、この面子の意味が理解できなかったのである。本案件は、韓国政府の外郭団体の紹介だったことからその外郭団体を通じて非公式に真意を尋ねてもらったところ、40歳前後の若造（つまり、当時の私）に断られた事が気に食わないという。この外郭団体のアドバイスを受けて、年配の役員に私とA社へ同行してもらい、事なきを得た経験がある。韓国社会では、学歴、家柄、年齢といった格式が重視される。東大、新羅ホテル

の質問も、この価値観からだったと思う。台湾事業の立ち上げが簡単に片付いて、韓国でもと軽い気持ちで韓国事業に乗り込んだことが、失敗を招いてしまったものと反省をしている。

　韓国の次に中国事業の立ち上げを計画していた。中国には観光旅行の経験はあっても、社会の仕組みや中国人については、全くの不案内であった。韓国での失敗の二の舞だけは中国事業では避けたいと考えていた。本書を共同執筆することになった仲間との出会いは、この中国事業の立ち上げに向けて関学エコノミスト・コースに入学した縁から始まっている。本コースでは、中国の経済情勢、法制度など中国ビジネスに必要な基礎知識を学び、中国社会についての理解を深めた。その上で、中国ビジネスの立ち上げに取り組んだことは、成功だったと思う。中国とアジア経済をご専攻の伊藤正一教授とその門下生からは、講義と論文指導に留まらず、現実の中国ビジネスで出会った悩み事の相談など、5年余りの在学期間中（1999〜2004年）、費用対効果の大きな大学院生活を過ごすことができた。

Ⅴ　中国ビジネスと中国人に対する理解の深まり方

　中国ビジネスは、立地調査から始まり現地法人の設立手続き、人材の確保など、事実上一人で立ち上げ業務に取り組んできた。最初に面食らったことは、中国人との言語明瞭、意味不明の会話の多さだった。日本語での会話は成立しているのに、依頼した事が思わぬ形で処理されるのである。これは中国に駐在する多くの日本人からもよく聞く話である。最初は言葉の問題と諦めていた。しかしながら、このような鷹揚だった気持ちも同じ事が度重なるに連れて、自分は中国人に騙されているのではないかという疑いの気持ちに変化していった。さらに、誤って悪い人物を雇ったことが、この疑いを決定的にしてしまった。

　最初に雇用した社員の一人は経歴に大きな偽りがあった。戸籍簿や職歴を改竄し、日本の大学・大学院の修了証書を偽造するという日本的感覚では信

じられない事件に遭遇した。人民銀行出身、総務・人事・会計のプロと自称していたが、全く実務を知らない。ある日、資金繰り表の前月期末と当月期首の残高の不一致を指摘したところ、日本と中国では記帳方法が違うと堂々と説明する始末である。管理部門総括として配置したが、従業員の個人給与を社内に公開し、全従業員を巻き込んだ賃上げ闘争の火種を蒔く事件にまで発展した。

　一連の事件は悪い人物が引き起こした個人の事件だが、相手が日本人ではなく外国人の場合、気を付けなければならないのは、個人の問題を国家や国民という大きな対象に拡大して捉えてしまうことである。私もこの轍に填ってしまい、中国人に対して日に日に疑いの気持ちの強まる時期があった。経歴を改竄したこの人物には、即座に解雇を通知したが、その直後は現在も現地法人の主力社員として活躍している従業員や親しい取引先を含めて、中国人の何もかもについて、フラストレーションの原因と感じ始めるようになっていた。殆ど、中国人を見れば泥棒と思えの心境にまで追い詰められた時期があった。

　しかしながら、売掛金回収に関わる重要な課題である「発票（ファーピャオ）」について掘り下げて調査する中で、中国人社会の主張にも一理あることが分かり始めてきた。この事実の発見は、まさに目から鱗の落ちる心境だった。問題の背景が理解できれば、日本人には奇妙に写る行動様式も自ずと納得できるようになる。自分が騙されていなかったことが分かると、相手と同じ土俵で考える気持ちが湧いてくる。お陰様で徐々に中国ビジネスの中で大きなフラストレーションを感じる機会は減ってきた。これは入江式の歴史研究の手法に通じる解決法である。ちなみに、この「発票」の調査結果について紹介したい。

　中国には「発票」という伝票が存在する。日本人の間では領収書と訳している。日本の取引では支払の後に領収書を発行するが、中国では「発票」を支払の前に発行し、入金が後日の取引慣習がある。日本人にとっては理解できない取引である。現地の会計事務所や他社に相談しても、これは中国の商慣習で慣れるより他に方法が無いという回答しかない。仕方がないという諦

めの声を聞く一方で、「発票」の発行後に入金が無く、売掛金の未回収という事件が頻繁に発生している。同様の質問を欧米企業に投げかけると、欧米企業では「発票」の発行前に入金のある会社が多いと言う。正直なところ中国人の日本人に対するパッシングと思い込み、両手で日章旗を翻したくなるような衝動へと駆り立てられたことが何度もある。この日本人への理不尽な行動を白日の下に晒すことを目的に、1年がかりでコツコツと「発票」に関する調査を行った。

　実は「発票」には二つの顔のあることが分かってきた。英語には領収書（レシート）と請求書（インボイス）の二つの訳し方がある。例えば、タクシーや飲食店の発票はレシートという記載がある。一方、メーカーや商社が発行する発票にはインボイスの記載がある。何故なのか。向きになって「発票」について調べていったところ、中国が完全な社会主義だった頃の取引形態と歴史的な「発票」の実務を知る機会を得た。この調査研究を介して意外な事実が分かって来た。実は社会主義時代の国営企業の取引では、製品を自社のトラックに積み込み、納入先まで運ぶことが一般的だった。トラックの運転手は納入先に製品を納入すると同時に現金を受領していた。納品と入金は一緒に実行しており、「発票」はレシート兼インボイスという性格を持っていたことが分かった。従って、レシートとインボイスの何れもが正解なのである。市場経済になって専業の物流業者が営業を拡大し、国営企業の自社物流の仕組みが廃れるのと合わせて、「発票」の持つ二面性が顕在化し、取引上の問題となっただけである。

　物流の面だけを追えば、「発票」はレシートの性格として取り扱えば良いが、増値税制度（三種類ある消費税の一つで日本の消費税と類似した税金）の導入の際、販売と購買の「発票」によって増値税を相殺できる運用則を税制度に盛り込んだことが、「発票」の運用を複雑化させてしまった面がある。この結果、買い手が増値税相殺を目的に、早めに「発票」発行を要求する商慣習が生まれたという事情がある。

　「発票」の歴史を調べれば、決して中国人から騙されていた訳ではないことが合理的に理解できるようになってきた。まさに、入江式の歴史を淡々と

見ることの姿勢との共通点である。事実の背景が分かり、これが合理的な理屈で説明可能であれば、少なくとも人間不信という悪夢の虜からは逃れることができた。

　海外ビジネスの場合、難題に直面すればする程、その経緯を把握し、歴史的背景を遡る考察方法でファクト・ファインディングする手法は、有効に機能すると考えている。相互理解のために効果的な施策だと思う。最近の日中関係は、日本人が中国で「歴史」という単語を口にすることに躊躇いを感じさせる雰囲気が存在している。歴史的考察の手法と、靖国問題に代表される「歴史問題」とを切り離して議論のできる関係へと成熟して欲しい。

　ちなみに、「歴史問題」について政府間でシビアな主張を繰り返しているが、これは歴史を暗記物と見なす偏見と共通するところがある。日中双方の国民の脳裏に焼き付いた記憶は、教育を介して得た知識である。暗記で得た知識を現在の目で評価する限り、双方の国民感情という要素を切り離すことができず、合理的判断の障害になる。現在の日中関係に足りないことは、歴史に対するファクト・ファインディングの考察の手法だと考えたい。

　事実関係を曖昧にしていることが、問題を先鋭化させるような主張を積み重ねる原因になると考えている。これに双方の思惑が重なって問題の複雑化を招いているという意識を強く持っている。「発票」に関する解釈の齟齬では、取引慣習の歴史を紐解くことで、相互理解を深めてくれた。事実を淡々と把握すること、つまり、ファクト・ファインディングという考察の手法は、歴史を見るための有効な手法だと考えている。

まとめ

　歴史は暗記物でも、現実の社会と無縁なものでもない。歴史研究の手法は、企業経営に関わる経営コンサルティングの分野でも応用できるような汎用的なスキルでもある。学生にとっては英語・数学だけが勉強ではない、社会人には業務技術の向上や資格取得だけが勉強ではない。歴史研究に対して抱き

続けてきた長年のトラウマから解放された経験から、歴史の勉強はビジネスの世界、さらに世の中を生き抜く手法として有効に機能するという主張を、本テーマのまとめとしたい。

【参考文献】

毛沢東『実践論、矛盾論』岩波書店、1957年
古賀勝治郎『ハイエクの政治経済学』新評論、1981年
間宮陽介『ケインズとハイエク』中公新書、1989年
山本七平『日本はなぜ敗れるのか ———敗因21か条』角川書店、2004年
入江昭『歴史を学ぶこと』講談社、2005年
保阪正康『あの戦争は何だったのか』新潮社、2005年

第5章 歴史への誘い
——ヘゲモニーは英国から米国へ

> 他の時代を理解しないかぎり、自分の時代を理解することはできない。
> 歴史は全体としてのみ、その調べを聴くことができるのである。
> 　　　　　　　　　　　　　　　　　ホセ・オルテガ・イ・ガセット

中島尚信

はじめに

　関西学院大学大学院の経済学研究科時代に竹本教授の講義を受講する機会を得た。ジェイムズ・スチュアートとアダム・スミスの理論や思想を中心とする内容であり、ヘゲモニーの変遷に思いを浮かべ、オランダのチューリップ投機事件や大英連邦の南海泡沫事件などバブルの存在を再認識することができた。同時に、英国の重商主義の形成や富とは何かについて学び、さらにヘゲモニーは変遷するという歴史的事実を知り、歴史と時間を計測すれば、未来のヘゲモニー国家を推測することもできるかもしれないと感じた。その後、研究機会を逸していたが、KGエコノミスト歴史研究会の誘いを賜り、研究発表合宿にも参加し現在に至っており、藤井教授に深く感謝したい。さて、著者の研究対象として、「世界の債権大国である日本が、なぜ、デフレに陥っているのか」がある。同時に、「債権大国である日本が、世界最大の外貨準備を取り崩し、なぜデフレに陥っている本国に還流させないのか」という疑問も生じてくる。これに対し、「過去に同じような状況に陥った国があり、その国の当時の歴史を学べば、現在及び未来に変化応用することができる」と藤井教授から有益なコメントを頂いた。最近、同じようなことを考

第5章　歴史への誘い　　　　　　　　　　　　　　　83

慮している方を書で発見した。1960 年から 1975 年にかけてイタリア中央銀行総裁を経験したギッド・カルリ氏と面談した三國陽夫氏で、「私が日本で起きている問題点をできるだけ数字とともに説明すると、ヨーロッパの多くの国で起こった過去の出来事を正確に記録しているカルリ氏は、具体的な国の例を挙げながら、分かりやすく説明してくださった」[1]と記載している。まさに、「歴史は繰り返す」（クルティウス・ルーフス）のではないだろうか。歴史を学べば、現在の財政問題、エネルギー問題等にも応用ができるだけでなく、将来を見通すこともできるのではないだろうか。十数年前まで、わが国は世界有数の経済大国として、その繁栄を誇っていた。しかし、歴史を忘れ、浮華の巷に傲然と奢りを貪る時、その民族はかならず滅びる。地中海貿易を手中にした、一大商業国カルタゴも、ローマの農民兵によって滅ぼされた。国家の外交を含めた政治的戦略の設定と、国家資産の形成および蓄積方法は密接に絡むため、両者を中心とした明確な国家戦略を構築しないと国の将来はない。歴史的な例として、英国の金準備、日英同盟の調印および日英同盟の破棄、米国の対日外交戦略等を東郷外相手記と共に述べていきたい。

I　英国の金準備

　英国の金準備制度は、1844 年の銀行特許条例、およびスコットランド、アイルランドに関する 1845 年の銀行条例により大枠を定められた。1844 年以前は、英国が、中心となる金準備を維持することについて、法的根拠はなにも存在しなかった。1844 年の銀行特許条例の立案者の意図は、証券によって担保されるべき最高額を超えた場合、発行された全ての銀行券について金貨準備を保有すべきことを定めることによって、金準備の裏付けなしに銀行券を発行することによって発生する弊害を防止することにあった。しかし、銀行特許条例から 3 年後の 1847 年に恐慌が発生した。そのため、銀行特許条例によって商業恐慌や貨幣恐慌が防止できるということは根拠がないものであることが明白になった。英国では、1857 年および 1866 年にパニック

が発生したが、1857年のパニックの前にある発見があった。その発見とは、英国の「金準備」を保全したり補充したりするために、もっとも効率的な方法は、割引率の中にあるというものである。英国は、ここに基本的な銀行・通貨制度を整備することができ、1844年の銀行特許条例で「金準備」を創設し、そして、金準備を調節する方法として、割引率が見つけ出されたのである。具体的には、金準備を強化し保守するためには、バンク・レートの引上げを行うこととなる。そして、恐慌にあたっては、銀行条例を停止するという超法規的権力を政府が行使することで緊急通貨を創造する手段が発明され、恐慌時における最悪の恐怖を克服することができた。具体的には、1857年および1866年に銀行特許条例が停止し、1857年には最初で最後ながら法定限度を超えた保証発行銀行券が発行されたが、銀行家や商人は、金準備制度を既に確立したものとしてかなり満足したのであった。

II　ロンドンの自由金市場

　1890年、英国のベアリング恐慌の際、フランス銀行はイングランド銀行に300万ソブリン貨を貸し付けた。ベアリング恐慌とは、ロンドンのマーチャントバンクの最高峰、ベアリング商会が引き起こしたものである。ベアリング商会の歴史は古く、ロスチャイルドがフランクフルトでまだ呉服商であった時に、ベアリング商会はすでに王侯に貸していたほどのマーチャントバンクである。ベアリング商会の当主であるレベェルストーク卿は、世界中の同業者を巻き込んだ長期投資熱の犠牲となった。短期返済の条件で借りた資金を使い、アルゼンチンの中央・地方政府が発行した公債を購入した。しかし、アルゼンチンで革命が勃発したため、アルゼンチン公債の価値はたちまち急落し、レベェルストーク卿は、価値も流動性も落ちた資産でカバーしなければならなかった。

　1907年の米国恐慌の際には、イングランド銀行は援助を申し出たフランス銀行の非公式な提案には応じなかったが、英国はパリからかなりの量の金

を確保した。ロンドンを中心とした国内恐慌が起こった場合、その影響は世界規模になるであろう。そのため、フランスなどその他諸国が自国を防衛するための方法は、ロンドンを支援するものになる。まさに、ロンドンが金の自由市場を保持することによって、常に、その他の国々の「金準備」を支えているからである。1890年に、フランスの援助によって、恐慌を迅速に制圧することができ、これはパリにとっても大きな安心であった。

　当時、英国の植民地であったインドは、自国の利益のために、イングランド銀行の「金準備」とは全く別に、その他諸国と同じように「金準備」の大半をロンドンで保管していた。インドの「金準備」がロンドンで保管されていた理由は、それがインドのためと言われていた。インドの金準備がロンドンで保管されていたことが、後年、英国に対し膨大な利益をもたらしたと言える。

III　日英同盟の調印

　1902年、ランズダウン卿（Lord Lansdowne）は、極東におけるロシアの拡張に抵抗する日本との間で協約「日英同盟協約」に調印した。この協定によれば、両国はその一方または両方が2国以上の同盟国により攻撃された場合、両国のそれぞれは他方を援助するために戦争に入ることに同意した。この協約は、1905年に条約になり、日本は英国のインドにおける利権の保証人に、英国は日本の朝鮮における利権の保証人になった。このような日本の外交方針は、日露開戦直前に京都で決定された。当時、京都の南禅寺近くに元老山縣有朋の別荘「無隣庵」があり、その中に煉瓦造2階建の洋館があった。現在も存在するが、この洋館の2階で、1903年（明治36年）4月21日、元老・山縣有朋、政友会総裁・伊藤博文、総理大臣・桂太郎、外務大臣・小村寿太郎の4人によって、日露開戦直前のわが国外交方針を決める「無隣庵」会議が開かれたとされている。

　当時、このような政治的動機もあり、ロンドン貨幣市場は重要な外国から

の預金源泉を持っていた。重要な外国とは日本であり、日本政府と日本銀行は、1913年において、1億170万ドルをロンドンに預金しており、当時の横浜正金銀行は8,680万ドルをロンドンに保有していた。

Ⅳ　ワシントン会議（日英同盟の破棄）

　1921年12月13日、ワシントン会議で「太平洋方面における島嶼（とうしょ）たる領地に関する四ヶ国条約」が調印された。日本、大英連邦（英国）、米国、フランスの間で太平洋水域の島嶼に対する相互の権利の尊重が約束された。日本がミクロネシア諸島を国際連盟の委任統治地にしたにもかかわらず、米国が国際連盟に加入していないために必要になった条約であったが、条約の批准発効とともに日英同盟が破棄される規定があった。当然、日本は日英同盟の継続を希望しており、不可能であれば、日英米三国同盟の締結を要請したが、フランスを入れての単なる四カ国条約にされてしまった。米国外交に対する日本の敗北であり、日本は孤立を深めた。ワシントン会議の最終日である1922年2月6日、「ワシントン海軍軍縮条約」が調印された。調印したのは、日本、英国、米国、フランス、イタリアの5カ国である。内容は、10年間の主力艦建造停止、主力艦および航空母艦の保有トン数は、英国、米国は各々10、日本6、フランス・イタリアは各々3.34の比率にするというものであった。対英国・米国7割を希望した日本が6割に削減されたことで、米国のヘゲモニーが明白となったのである。ワシントン会議の最終日に、「中国に関する原則ならびに政策についての九ヶ国条約」が調印され、中国の主権独立、領土的ならびに行政的保全の尊重、中国における門戸開放、機会均等が主張された。日本は、旧ドイツ権益の返還を約束させられた。

V　ポーツマス会議

　1905年8月、日露戦争の講和会議が、セオドア・ルーズベルト米大統領の仲介で米国ポーツマスにおいて開催された。翌9月締結の講和条約により、日本は中国東北部にロシアが保有していた利権を獲得した。この地で、鉄道建設とその経営のために設立された国策会社が南満州鉄道株式会社（満鉄）である。この満鉄に関心を寄せた米国の鉄道王エドワード・ハリマンは、日米両国による満鉄の共同経営を呼びかけた。日本政府はこの呼びかけに、一旦、合意し、「桂・ハリマン覚書」を交わすが、小村寿太郎外務大臣の猛反対により、最終的に履行されなくなった。ハリマン提案に日本が一旦合意した理由は、ロシアの脅威であり、日露戦争に勝利したとはいえ、北満州にいるロシアの大軍が南進した場合、これを迎え撃つ余力は日露戦争終了後の日本に残っていなかったためである。エドワード・ハリマンの対日説得も、満鉄経営に米国が参画することはロシアの南進への抑止になるという点におかれた。実際、エドワード・ハリマンの狙いは、満鉄からシベリア鉄道を経て、欧州へと繋がる大陸横断鉄道の実現というビジネス上の野望にあり、セオドア・ルーズベルトが、日露の仲介を買って出たのも、エドワード・ハリマンのビジネス計画への配慮だったかもしれない。「歴史は繰り返す」のだろうか、ポーツマス会議から約30年後に米大統領に就任したフランクリン・デラノ・ルーズベルトは、セオドア・ルーズベルトの甥である。フランクリン政権で、駐ソ連大使を務めたのがアベェル・ハリマンであり、エドワード・ハリマンの子息である。参考までに、アベェル・ハリマンの経営する投資銀行（現在のブラウン・ブラザーズ・ハリマン）の最高幹部を経て上院議員になったのが、プレスコット・ブッシュであり、その孫が、現ブッシュ大統領である。桂・ハリマン覚書が反故にされた時、エドワード・ハリマンは「いずれ日本は後悔する」と呟いたと言われる。

Ⅵ　カイロ宣言

　カイロ宣言の名称は、「日本国に関する英、米、華三国宣言」である。この宣言は1943年11月27日カイロにおいて、ルーズベルト大統領、蒋介石大元帥、チャーチル総理大臣により署名された。本宣言は、1943年12月2日付「ロンドン・タイムズ」に掲載された。カイロ宣言の内容は次の通りである。

　　各軍事使節は日本国に対する将来の軍事行動を協定せり。三大同盟国は、海路・陸路・空路によりその野蛮なる敵国に対し、仮借なき弾圧を加うるの決意を表明せり、右弾圧は既に増大しつつあり。三大同盟国は、日本国の侵略を制止し、且つ之を罰する為、今次の戦争を為しつつあるものなり、右同盟国は自国の為に何等の利得をも欲求するものに非ず、又領土拡張の何等の念をも有するものに非ず。右同盟国の目的は、日本国より1914年の第一次世界戦争の開始以後に於いて日本国が奪取し又は占領したる太平洋に於ける一切の島嶼を剥奪すること並に満州、台湾及、澎湖島の如き日本国が清国人より盗取したる一切の地域を中華民国に返還することに在り。日本国は又暴力及貪欲に依り日本国の略取したる他の一切の地域より駆逐せらるべし。前記三大国は朝鮮の人民の奴隷状態に留意しやがて朝鮮を自由且独立のものたらしむるの決意を有す。右の目的を以て右三同盟国は同盟諸国中日本国と交戦中なる諸国と協調し日本国の無条件降伏を齎すに必要なる重大且行動を続行すべし[2)]。

　第二次大戦中、連合国側、特に英米は、ルーズベルト大統領、チャーチル総理大臣の両巨頭を中心にして、緊密に連絡し、政治戦争両方策を着実に展開した。この巨頭会談は、1941年12月下旬から1942年1月にかけて行われたアルカディア会談を第1回として、その後、終戦にいたるまで9回に及

第5章　歴史への誘い

んでいる。中でも、日本に関係をもつものとして、①カイロ会談、②テヘラン会談、③ヤルタ会談、および④ポツダム会談である。

　ルーズベルト大統領は、すでに、1943年1月25日から開かれたカサブランカ会談の終わりの新聞記者会見で、敵国が無条件降伏するまで戦争を続ける、と言明した。その後、1943年5月のワシントン会談、8月のケベック会談等を経て、11月22日からルーズベルト、チャーチル、蒋介石を加えたカイロ会談が開催された。カイロ会談において、米、英、華は初めて、日本領土の処理についての態度を明らかにし、かつ、日本国の無条件降伏を表明した。次いで、同年11月28日からルーズベルト、チャーチル、スターリン三巨頭によるテヘラン会談が行われた。テヘラン会談の最も重要なる議題は、これら三国間における地中海作戦と、北フランス上陸作戦との調整に関する問題であったが、それは別として、この会議で、スターリンは、ドイツ屈服後、ソ連は対日参戦をすることを約した。ソ連の対日参戦は、ついに1945年（昭和20年）8月9日にいたるまで、日本側には諜知し得られなかったところであるが、実は、すでに早く、1942年（昭和17年）8月に、スターリンは、ハリマン米大使に、これを漏らしたといわれており、次いで、1943年（昭和18年）10月には、ハル米国務長官に、かなりはっきり告げたとされているが、テヘラン会談において、ルーズベルトにこのことを約したのである[3]。

　ハリマン米大使とは、ソ連駐在のアベェル・ハリマン米大使であり、ポーツマス会議で「桂・ハリマン覚書」を交わしたエドワード・ハリマンの子息である。「桂・ハリマン覚書」を反故にされたエドワード・ハリマンの言葉「いずれ日本は後悔する」を実践したのが、子息のアベェル・ハリマン駐ソ米大使ではなかろうか。

Ⅶ 東郷茂徳外相手記

東郷茂徳外務大臣の手記に、以下のくだりがある。

　日本に対する米英支の『カイロ宣言』において自国の為に何等の利得をも欲求するものに非ず又何等領土拡張の念を有するものに非ずと言明せるは注目に値するが、往時英米は日本に正当の行為と認めた日清日露の戦役を新しく侵略戦争と看做したのか、清国人より盗取したるものとして支那に台湾及び澎湖島を、又『ソ』連に南樺太を返還せしめ、且又第一次世界戦争に於て同盟国として戦った日本の獲得した権利をも剥奪せむとせるが如きは如何にも論理的に正当とは言い得ない[4]。

東郷外相の手記は正に妥当なことだと思われる。果たして、1902年、ランズダウン卿の手で、英国連邦と日本との間で調印した「日英同盟協約」は何だったのであろうか。日露戦争の講和会議であるポーツマス会議は米国ポーツマスで開催され、会議で日本の正当の行為と認められたのではなかったのだろうか、カイロ会談との大いなる矛盾が認められる。

Ⅷ ジョン・アール・デイン中将口供書

米国のジョン・アール・デイン中将の口述書によれば、以下のようなことが記載されている。

　対日戦争へのソ連の参加問題は早くも1943年11月のテヘラン会談に提案された。ヨセフ・スターリン元帥はその時までに於ける欧州戦争の要求が、対日戦参加を阻止し太平洋戦争に助力出来ぬことを遺憾とする旨を述

第5章 歴史への誘い

べた。更にシベリアに於けるソ兵力は防御作戦には充分であるが攻勢作戦を行うには三倍に増加されねばならず、かかる増加はドイツの敗北後でなければ実施出来ないと続けた。『然らば』『我々は共同戦線に依り勝利を得る』と言った。私はこの時列席して居た。1944年2月2日私がハリマン大使より通告されたことによれば、スターリン元帥はテヘランに於けるルーズベルト大統領の要請に答えハリマンに次の如く語った。ソ連の対日宣戦布告後、米空軍はシベリア基地より米航空機に依る戦を許容されるであろう。又シベリアに米作戦空軍設定を私と打ち合わせるため極東より高級将校が喚問されるであろうと。この打合会は然し実施されなかった。ソ連極東空軍代表との会見は実現しなかったのである。私も列席して居た1944年10月のチャーチル総理、スターリン元帥、ハリマン大使並びにその幕僚間の或る会議で、スターリン元帥はソ連がドイツ敗北三箇月で対日攻勢を執ると述べた。但し必要とする予備資材の蓄積に米国が援助しソ連権益に対し中国の同意を得ることを条件としてである。同時に彼は沿海州に於ける航空基地を海軍基地として提供することに同意を示した。ハリマン大使、スターリン元帥、モトロフ氏と私が参加したその翌晩の会議では対日戦に於ける赤軍の作戦が論議された。この会議でスターリン元帥自ら提案された策を地図上に説明した。即ち満州の北東国境に圧力を加えかたがたバイカル湖地方より高度機動兵力を以て内外蒙古を通り張家口、北京、天津に主力を尽すというにあった[5]。

1941年（昭和16年）4月13日モスクワにおいて締結された「日ソ中立条約」は、有効期間が5年であったが、期限満了前1年以前に締結国の一方より廃棄の通告がなければ更に5ヵ年延長するという内容であった。ソ連政府は、1945年（昭和20年）になっても、中立条約遵守の意向を表明しているが、佐藤駐ソ大使が、1945年2月22日のクリミア会談が極東問題に関係あるかないか問うたところ、モロトフ委員は、日ソ両国は中立関係にある旨を答えたという。しかし、同年4月5日に、モロトフ委員は日本の駐ソ大使に対し、中立条約に関するソ連政府の声明を伝達し、中立条約破棄に関する覚書を手

渡した。このような史実から感じるのは、果たして、騙す方が悪いのか、騙される方が悪いのかということである。騙されてしまえば、国富は消滅しかねない。常に世界情勢の情報を入手し、得られた情報を分析し、そして戦略を練り行動しなければ、国の富すら消滅する可能性がある。現在、世界最大の債権大国である日本は、その富（外貨準備高）のほとんどを米ドル建債権とし米国にて保有している。かたや、資源大国のロシアや隣国の中国は、外貨準備高の構成比率を、米ドル建てから金や米ドル以外の通貨（ユーロ）へシフトし始めたと言われている。今後、日本の国富の行方が気になるところである。

おわりに

　英国から米国へのヘゲモニーの変遷を見る限り、金準備制度、恐慌、戦争国家間の政治的戦略や外交戦略などが、密接に関連しているように思われる。日本は日露戦争の戦費調達のためクーン・ローブ商会の世話になり、日英同盟を結び、戦艦を英国より購入した。第二次戦争の軍事物資購入のためには、1937年から1941年まで、600トンを超える金地金が、日本から米国へ現送された。ドイツの原油など重要物資は、ギリシャのオナシスが運搬していたと言われる。第二次大戦中に米国へ世界から金が集中することにより、米国の1929年大恐慌からの経済復興を可能にしたのではなかろうか。現在、日本は世界の債権大国であるがデフレが継続している。デフレ解消のためには、1929年以降の米国と同じように、富を日本へ取り戻す必要があるのではないだろうか。日本に対し警告をする方がいる。「黒字は増えれば増えるほど、日本が手塩にかえて大切に構築してきた生産能力を、それだけ大きく破壊することになる」[6]と、カルリ元イタリア中央銀行総裁の忠告である。外貨準備の構成が問題であり、米国、フランスやドイツのように、金（ゴールド）に重きを置く必要があろう。石油を確保するだけでなく、安全保障を確立するためには、不動産や預金が資産でなくなる日を考えて、普遍的な国際価値

を持つ金やダイヤモンドに外貨準備を移し変えた方がいいのではなかろうか。イタリアの賢人も説いている。未来の国富を考え、黒字分により国際価値を持つものを購入する必要があると考える。

英国の金準備、日英同盟の調印および日英同盟の破棄、カイロ会談やテヘラン会談等の米国の対日外交戦略を述べてきた。これらの歴史的事実から、国家の外交を含めた政治的戦略の設定と、国家資産の形成および蓄積方法は密接に関連することが理解できる。そのため、両者を中心とした明確な国家戦略を構築しなければ、世界の大国としての将来はない。過去の歴史を俯瞰しながら、将来を見据えた国家の財政戦略と外交戦略を立案できる日本のアベエル・ハリマンの登場を待ちたいものである。

【注】

1) 三國陽夫『黒字亡国』文藝春秋（2005）P.16 から引用。
2) 外務省編纂『第二次世界大戦終戦史録』〈上巻〉山手書房新社（1990）105 ページから引用。
3) 外務省編纂『第二次世界大戦終戦史録』〈上巻〉山手書房新社（1990）103-104 ページから引用。
4) 外務省編纂『第二次世界大戦終戦史録』〈上巻〉山手書房新社（1990）110 ページから引用。
5) 外務省編纂『第二次世界大戦終戦史録』〈上巻〉山手書房新社（1990）110-111 ページから引用。
6) 三國陽夫『黒字亡国』文藝春秋（2005）16 ページから引用。

【参考文献】

藤原肇『石油と金の魔術』カサンドラ・プレス、1982年
外務省編纂『第二次世界大戦終戦史録』〈上巻〉山手書房新社、1990年
鯖田豊之『金(ゴールド)が語る20世紀』中央公論新社、1999年
木内惠「対中事業、日米共同経営案の今昔物語」『通商弘報』No.61、2005年
三國陽夫『黒字亡国』文藝春秋、2005年

第6章 歴史とは何か

和田将幸

はじめに

　「歴史とは何か」。このようなテーマは、経済史という歴史学の一分野の学術論文としてはあまりに一般的過ぎ、専門性に欠けるテーマであるかも知れない。だが一方で、このようなテーマはイギリス産業革命期における地域工業化の展開の意味や、18世紀イギリスの海外貿易の変化と工業化の関係について論じることと同様に、またある意味ではそれ以上に、歴史学を進める上でも重要で、必要であろう。

　『科学から空想へ』とタイトルづけられた本書は、多岐にわたるテーマを持つそれぞれの執筆者の論文を、単によせ集めたものではない。互いに関連の薄い、一見して雑多なテーマと思える各章は、執筆者自身の歴史に深く根ざしているという点で共通している。「歴史とは何か」。本章で取り上げるこのテーマを通して、本書の意義もまた明らかになるであろう。

　筆者は経済史という歴史学の一分野を専攻しており、主に取り扱っているテーマはイギリス産業革命史である。だが、本章では歴史というものを経済という側面にとらわれず、より一般的な観点から考えてみたい。本章では、普段筆者が歴史学の研究テーマとしているものから少し距離を置き、日常そ

の世界にいるが故に見えなくなっている疑問をテーマに取り上げたい。

I　歴史とは何か

　現代では、歴史は科学の一分野として扱われている。自然科学、社会科学、人文科学と分かれる科学の中でも、人間の営みを対象にした人文科学の中に位置づけられる歴史は、例えば物理学や数学のような常に絶対に正しい答えというものはない。それは、物理や数学といった自然科学には、論理という正しさの尺度があるからであるが、科学の普遍的目的が真理の追究にあるとすれば、正しさの裏付けに論理を用いることができない歴史は、いかにして科学たりえるのだろうか。またより根本的に、歴史は科学なのであろうか。「歴史とは何か」という問いかけは、必然的にこのような疑問を生む。

　歴史が何であるのかという問いかけは、歴史学というよりもむしろ哲学の分野で行われてきた。ボルテールによって歴史哲学と名付けられたそのような思索には[1]、現在でもいくつかの立場があり、それはそのどれもが絶対的に正しい答えを持つものではない。

　そもそも「歴史(History)」という言葉は、ギリシャ語の Historia（探求する）という言葉に由来する。この言葉は科学の父ともよばれるアリストテレス以前から存在していたのであり、そのことは、歴史は科学の一分野として発達したものではないということを示している。また、一般的に文字の形で現存する最古の歴史書はヘロドトスによる著作であるとされているが、紀元前5世紀に書かれたとされるその著のタイトルは「歴史」であり、やはり「歴史」というものが、科学がまだ哲学と呼ばれるものに頼っていた時代よりもはるか以前から存在し、人間社会の中で必要とされてきたことを示している。

　音楽や舞踊といったものが、人間が人間として存在し始めた頃から存在したように、歴史というものもおそらく人間の誕生とともに存在してきた。それは、歴史というものが人間が人間としてあるために必要不可欠なものであったからに他ならない。そのことは、科学的に証拠と論理に依拠して証明

することは難しいが、それゆえ「歴史とは何か」という問いかけは哲学として行われてきたのであろう。ここでも同様に、「歴史とは何か」という問いかけに対して科学的な分析方法は持ち得ない。よって、以下では少し科学的では無いかも知れない方法で問題に接近することをお許し願いたい。

　文字もまだ十分に発達していない、古代の人間社会を想像して欲しい。そこは原始的な共同体で、人々は自らが生まれた共同体から出ることはほとんどなく、そこで一生を終えていく。外の社会についての情報は乏しかった。文字も十分に発達したものではなく、そのために記憶が届かなくなる過去の出来事に関しての知識はほとんどない。ただ、自分はいまここにいて、共同体に居て、日々を過ごしている。

　それは現代の情報の満ちた社会からはかけ離れた社会である。現代では、自分は世界の中の日本に住み、両親は誰と誰で、そのまた両親は誰と誰であるかについても自明のこととなっている。故に、自分が誰であるのかという事に関しても疑問の余地はない。だが、古代の素朴な社会では、自分が誰であるのかというアイデンティティを確立するための情報は、必ずしも十分ではなかったのである。

　文字もまだ十分に発達していない、古代社会の共同体。そこに一人の少年が居たとしよう。

　彼はまだ幼く、好奇心旺盛で、ある日自らの共同体を離れて好奇心に駆られるまま、森を越えて遙か遠くまで来てしまった。そして自分の所属するのとは違う、別の共同体に遭遇する。当時は自分の所属する共同体より外のことに関しては、知識はほとんどない。不確かな伝聞の情報があるのみである。そのような世界で、彼は初めて自分の共同体以外の人間と出会った。初めて見るその共同体の人間は、自分とは肌の色が違い、目の色が違い、背丈や身に纏っているものも違う。彼は驚き、こう言うだろう。「お前は誰だ」と。

　このとき実は、同様の問いが自分にも向けられる。もしくは、肌の色が違い目の色が違う別の共同体の人物が、彼に問い返すだろう。「お前こそ誰だ」と。このとき少年は、何と答えるだろうか。

現代の人間であれば迷うことはない。「私は日本に住む誰々であり、両親は誰々で、このような職業に就いている」と。それは現代では自明のことだが、それは現代社会の莫大な情報に支えられているということを忘れてはならない。自分についての情報がきわめて少ない古代社会に生まれた彼には、「お前は誰だ」という問いに答える言葉はあるだろうか。

「自分は何者か」。この問いかけは、人間が人間として理性を持ち、自意識を持つ上で欠くことの出来ない問いである。そして、歴史の発祥は実はこの点に認められる。

「お前は誰だ」という問いに答えられなかった古代社会の少年は、自分の所属する共同体に帰り、共同体で最も昔の出来事を知っている長老に聞くだろう。「自分は一体だれなんだ」と。長老は彼を見て答える。お前の父親と母親は誰と誰であって、そのまた父親と母親は誰であるのか。少年の父親は昔は村で一番力が強く、狩りが上手な人物であったこと。そもそも、ここに住む我々の共同体は、長老の父親の世代にはるか東の土地からやってきた集団であったこと。その東の土地では、我々と同じ部族の人達が今も暮らしていること。

少年はそれを聞いて満足し、次の日にまたあの未知の共同体に出向いていって彼らに言うかも知れない。「自分は遙か東からやってきた部族の一員で、父親の誰々と母親の誰々の息子だ。父親は村で一番狩りが上手かったんだ」と。

これが歴史である。歴史とは、自分の存在を証明し、説明する一つの重要な道具であった。これがまさに his story としての歴史であり、自らの存在を historia（探求）する歴史であった。人は自分が自分であることを意識し、その自意識を確立するために、自らの存在を説明する歴史を必要とする。ここに人間社会において歴史が必要とされ、発生する由来があるのである。歴史における本質とは、このようなものであった。

一方で、人間社会とともにあった歴史は、人間社会の変化とともにその本質から離れ、大きく変化してきた。アイデンティティの拠り所として必要とされてきた歴史は、社会の発展とともに学問としての歴史や、科学的な歴史

といった役割をも担うことになる。これらの役割は、歴史というものに本質であるアイデンティティとは異なった側面をもたらし、そのことが現代における歴史のあり方を複雑化し、また不明瞭なものとしている。

　歴史が科学の中に取り込まれるのは、近代以降のことである。15世紀前後から、ヨーロッパでは歴史が大学の科目の中に見られ始める。だが、ルネサンス以後、自然科学が大きな発展を遂げたにも関わらず、歴史はなお科学の中において副次的な存在として扱われ、それは18世紀のボルテール、19世紀のランケに至るまで続く。ランケは「歴史はただ過去に何があったのかを明らかにすればよい」という立場をとり、「史料学」とも呼ばれる精緻な方法を提唱し、ここに歴史は科学のように考えられるようになる[2]。歴史学は、研究対象となる事物に関する史料を収集し、その史料がいかなる目的で書かれ、どのようなものであるのかを史料批判した後、得られた情報をつなぎ合わせ、客観的にその研究対象の姿を明らかにする。それは「歴史はただ過去に何があったのかを明らかにすればよい」という科学的歴史への一つの試みであり、普遍的に正しい歴史、正しい事実を志向しようとする、まさに科学的態度であった。

　だが、現代における歴史とは、このような科学的な歴史なのであろうか。精緻な科学的方法を用いて作り上げた歴史は、普遍的な真実の歴史を明らかにするのであろうか。次節では、この点についてさらに議論したい。

II　真実と事実 ——認識の可能性

　歴史がアイデンティティというその本質的側面の他に、科学的な学問としての側面を持ち始めたとき、それは普遍的で唯一正しい「科学的歴史」という答えを生み出した。だが、そこには冒頭で触れたような「何をもって正しいとするのか」という疑問がつきまとう。

　イギリスの歴史家、ホブズボームの「歴史論」の中には、この点について示唆に富む記述がある。彼によれば、歴史の中にアイデンティティとしての

側面は確かにあるものの、それだけでは歴史学としては不十分であり、アイデンティティに偏りがちな民族的な歴史を修正し、より普遍的な歴史にしていくことに歴史学の目標と意義がある、と言う。彼の著の中で上げられているのは、1944年に、撤退するドイツ軍によって虐殺が行われたイタリア北部のある村であった。この事件が近年のドイツ軍が行った虐殺についての国際会議で取り上げられた際、被害者の村で伝えられていた歴史は「深い精神的傷跡から、チヴィテラ・デラ・キアナの人々が立ち直るための一つの方法」であり、それは客観的な事実とは異なる、ということを会議に参加した歴史家達は痛感したという。そして、この会議はホブズボームによれば「歴史学における普遍性とアイデンティティ（主体的な独自性）の間の対決」を劇的に表した機会であった。

　アイデンティティと深く関わる歴史というものにおいて、このような機会は少なくはない。我々により身近な例で言えば、昨今の日本と中国を含めたアジア諸国の間にある歴史問題は、このような問題点の好例であると言えるだろう。

　ホブズボームの主張は、アイデンティティとしての歴史を認めつつも、普遍的で、誰にとっても正しい歴史、普遍的歴史を志向する立場であると言える。彼によれば、すべての社会集団はそれぞれ別個のアイデンティティをもっており、そのアイデンティティに偏ったそれぞれの歴史を作りがちであるが、このような社会集団はすべてより大きな世界の一部であり、人間全体の歴史を理解するためにはより普遍的な、一つの社会集団のアイデンティティにとらわれない歴史を知ることが必要だ、ということになる。この立場の中では、特定のアイデンティティにとらわれない歴史が普遍的な歴史であり、個別のアイデンティティによる偏りを取り除いていけば、それは普遍的な歴史になる、ということを示している。

　しかし、そのようなことは実際可能なのであろうか。

　「科学的な歴史」というものが存在するのであれば、このような誰にとっても正しい、普遍的な歴史は存在可能である。可能な限り史料を集め、それを精緻に批判・再現し、そこに見て取れる事実のみから歴史を編み上げれば、

それは正しい普遍的な歴史であろう。だが、そのような歴史が存在するとして、それはイタリア北部のチヴィテラ村や中国の南京で歴史としての意義を持ちえるのだろうか。

例えば日中の歴史問題など、歴史をめぐる問題において議論されるときに、「本当のことは分からない」という言葉がある。それはしばしば解決があまりにも困難な問題に直面したときの免罪符として使われるのかも知れないが、一片の真理を含んでいる。歴史をめぐる問題においては、例えどれほど精緻な史料に基づき、どれほど史料批判を重ねたとしても、アイデンティティを含まない真実に至ることが難しいからこそ問題は解決しないのである。この点から、再びやや非科学的な方法を用いつつ、歴史とは何かという問題について接近を試みたい[3]。

すべての出来事は、誰かによって観察され、書き残されてこそ歴史になる。ある日のある時刻、崖から大きな岩が落下したとしよう。そしてその出来事は、近くにいた人物によって目撃され、記録され、歴史的事実となった。その記述によれば、その時崖から落ちた岩は、赤く、大きく、丸かったという。さて、この歴史的事実は真実なのだろうか。

一見して疑いようのない、このような歴史的事実の叙述にあっても、これは真実とはいえないのである。「赤い」岩は、本当に赤かったのであろうか。書き残された当時「赤い」と言われた色は、現代の基準でいえば「茶色い」かも知れないし、さらに言えば、その岩は、目撃者に見えていなかった裏側まで赤かったのだろうか。もし裏側が黒く、そしてその面積の方が大きかったのであれば、その岩は「赤い」よりも「黒い」と形容されるべきではないのか。

また形についても本当に「丸い」のであったのか。自然の岩が完全に球形であることは考えにくいし、どの程度「丸い」のかは多分に主観的問題であろう。さらに、この目撃者が見た方向からは丸く見えても、他の方向からも丸く見えるとは限らない。逆の方向から見れば、その岩は三角形であったかも知れないし、それとも四角形であったかもしれない。また、言葉ではどう

にも形容しがたい複雑な形状であったかも知れないのだ。「大きい」という表現にも同様の問題がある。

　事物、出来事はすべて、誰かによって観察され、伝達されなければ歴史とはならない。実際に起こった出来事も、誰も認識していなければ歴史とはならないのである。そして、この「観察」と「伝達」には、それが行われた時点で必ず観察者、伝達者の主観が混入する。観察者から見えていない側面は事実から捨象されてしまうし、本当は黒かった岩が「赤い」とされることもある。伝達が文字によって行われるならば、「赤い」の程度は分からない。あるものを文字で表現した瞬間、それはその文字の持つ意味に受け取られてしまい、そのもの自体が伝えられているわけではないのである。

　歴史的事実とは、そのすべてが誰かによって観察され、その観察者の主観が混入し、またその観察者が見たものがすべてとされ、さらにそれが伝達される際にはその伝達方法の持つ限界によって大きく歪められる。言い換えれば、すべての歴史的事実は主観的なのであり、誰にとっても正しい普遍的なものは論理的にあり得ない。逆に言えば、誰にとっても正しい普遍的な「真実」とは、誰に観察されたものであってもならないのである。そのような「真実」とは、その出来事が起こった瞬間に、すべての側面を同時に、そのものそのままで把握したものである。それはまさに、全知全能の神にしか成し得ぬ神の視座であろう。

　このように考えれば、「科学的歴史」の限界が明らかになる。誰にとっても正しい普遍的な歴史など、究極的な意味では存在しないのである。例えどのように公正中立な立場で、可能な限り科学的方法で歴史を書いたとしても、その作業には必ず主観が伴っている。ある意味、歴史学の目標に「科学的」や「普遍的」といったことを置くことは、不可能ごとに挑むことと同義なのである[4]。

　ここで、「歴史とは何か」という議論はまた複雑な局面を迎えることになる。歴史は、いかにすれば歴史足り得るのか。そもそも、真実でもないアイデンティティでもないものは歴史なのだろうか。歴史とは、何なのだろうか。

III　新たなる歴史、または本来の歴史

　ホブズボームは、現代の学問としての歴史のあり方について、アイデンティティに偏ること無く普遍性を求めなければならない、としている。だが、真に普遍的な真実の歴史など存在し得ないことは、前節までの議論で明らかになった通りである。また一方で、現代社会においては歴史が古代の素朴な社会と同じようにアイデンティティとしてのみ存在すれば良い、というわけでもないだろう。現代では歴史は一つの学問分野として扱われ、そのような役割も求められている。だがそれは、歴史がどのようなものとして存在すれば可能となるのであろうか。

　あるいはホブズボームのように、すべての偏りを取り除き、個別の社会集団のアイデンティティにとらわれない歴史を作り上げることができたとする。しかし、その中にまったく誰のアイデンティティも含まないものは、いったい誰にとって、どんな意味があるのだろうか。歴史は全て、主観的であるのに。

　アイデンティティという言葉は、元来哲学の分野で使われてきた言葉である。1960年代あたりから、この言葉がやがて心理学や社会学の分野でも使われるようになり、市民権を得た。このアイデンティティというものが意味するものは何なのだろうか。

　日本語では自己同一性、自我同一性、主体性、独自性などと訳語が当てられる言葉であるが、その意味には明確な定義があるわけではない。意味としては、他者と自己の違いに基づく自己確認や、自分の持つ様々な側面（例えば社会人としての自分と父親としての自分、夫としての自分など）が、自我という意識を通して統合されたもの、またそれと社会との関わり方を指している。それは、前出の古代社会の少年の例で言えば、純粋に彼自身の存在証明、自己の主張となって表れたものであった。そこには必要以上に自己を飾

ることもなく、ただ純粋に「自分は何者か」ということの表現があった。

　アイデンティティの表現は、必ずしも事実をねじ曲げ、明らかに真実と大きく異なったことを事実と主張するわけではない。もしそれがあきらかに事実と異なる歴史を真実と主張するのであれば、そこには歴史をアイデンティティとして捉えようとするのとは、また別の意識が働いている。ありのままの自分、そのもののありのままの姿を表現することが、本当の意味でのアイデンティティの確立につながるのである。このような態度は、科学的方法を用いて真実に近づこうとする態度となんら変わるものではない。その目標は、科学が志向するような真実では無くアイデンティティにあるが、偏りや飾りを排したそれそのものを示そうとする姿勢において、まったく共通しているである。

　歴史の本質はアイデンティティにある。そして、真実というものはいつもたどり着けないものだが、そこに近づこうとする努力は単に科学的方法を用いるということを意味しない。そのもの自身が何であるのか、そのアイデンティティを模索することも、それが真摯な姿勢を持つ限り、真実に近づく方法となる。さらに言えば、普遍的な歴史が論理的に到達不可能なものである以上、精一杯真実に近づこうする偏りを持たない歴史に至るには、純粋にそのもののアイデンティティを示そうとする姿勢から始める以外に無いのではないだろうか。

　歴史が現代社会の中で、学問としての役割、科学としての役割を要求されるのであれば、確かに歴史はその要請に答える必要があるだろう。それは必然的に普遍的な歴史を志向することとなるが、それは不可能であることが明らかになった。誰のアイデンティティも含まない普遍的な歴史は存在しないのであり、そうである以上、真実へと近づく方法はより真摯にそのものが何であるのか、そのアイデンティティを明らかにするという姿勢の中から表れるだろう。アイデンティティと科学的態度は、歴史学という現代の人文科学の一分野において、矛盾しないのである。むしろ、両者の一致したところに現代における歴史学のあり方が見えてくるのだ。

おわりに

　「歴史とは何か」。その疑問の答えは、事物や出来事、個人の存在と時間の関わりについて、多くの示唆を含むものであった。すべての存在は、時間とともにその在り方を変化させ、発生における本質を離れ、時代や社会の要請とともに変化を遂げ、様々な側面を持つ複雑な存在へと変化する。そのような複雑な進化・発展は、「それが何であるのか」という問いかけに対する答えを困難なものとする。そのものが何であるのかというアイデンティティは、すなわちそのものが歩んできた時間によって作られるのである。

　その意味で、本書に収められている各章は、それぞれの執筆者の歴史の一端から生まれたものであり、それは彼ら自身の存在のある一面を示すものであった。人間という個別の特殊な存在においても、アイデンティティはその歴史の中に立ち現れてくるのである。冒頭で触れた本書における本章のテーマは、この点を指すものである。

　歴史とは何かというテーマについて、本章で考えた答えは未だ試験的なものであり、またそれは、時間の中で変化する限り唯一の正しい答えなど無いものであろう。また特に科学的な方法を用いなかった本章の試みは、十分に学術的な分析とは呼べないものである。このテーマは、今後の筆者と歴史学の関わりの中において、繰り返し立ち現れてくる疑問であろう。その意味で、本章の内容は未だ途上のものであることは間違いない。

　最後に、このような機会を与えて下さったKGエコノミスト歴史研究会の方々、藤井和夫教授に心からお礼を申し上げておきたい。筆者は研究会の発足当時から参加していたわけではなかったが、快く本書の執筆者の末端に加えて頂けたことに感謝している。この言葉をもって、本章の結びと代えさせて頂きたい。

【注】

1) 「歴史哲学」という語を初めて明示的に用いたのはボルテールであると言われている。ボルテール（1989）参照。
2) 日本語の分かりやすいものとしては、ランケ（1975）などがある。近代的な学問としての歴史学を志向するにあたり、史料の取り扱いや史料批判ということについて精緻化を要求したものであり、以後の学問としての歴史学の基礎となった。
3) このような問題意識は、文字や言葉といったものを通じて異なる時代、異なる人の間でいかに事象を伝えられるのかといった問題であり、哲学の分野では解釈学として一分野としての確立をみている。テキストをいかに「解釈」し、それを現在のものとして「了解」するのかということは、ディルタイ、ハイデガーらを中心として自然科学のような明確な論理のない歴史において正しさの根拠として位置づけられようとした。詳しくはディルタイ（1981）を参照。
4) このような認識論は、アリストテレスやプラトンの時代にまでさかのぼることができ、様々な議論を経て現代まで科学の基礎をなすものとなっている。比較的近代のものとしてはロック（1978）が代表的。

【参考文献】

ウィルヘルム・ディルタイ著、尾形良助訳『精神科学における歴史的世界の構成』以文社、1981年
エドワード・カー著、清水幾太郎訳『歴史とは何か』岩波書店、1961年
エリック・ホブズボーム著、原剛訳『ホブズボーム歴史論』ミネルヴァ書房、2001年
ジョン・ロック著、大槻春彦訳『人間知性論』岩波書店、1978年
フォルケ・ドヴリング著、神戸大学西洋経済史研究室訳『歴史とは何か：社会科学としての歴史学』晃洋書房、1972年
ボルテール著、中川信・高橋安光訳『哲学書簡：哲学辞典』中央公論新社、2005年
ボルテール著、安斎和雄編訳『歴史哲学：「諸国民の風俗と精神について」序論』法政大学出版局、1989年
マルティン・ハイデガー著、桑木務訳『存在と時間』岩波文庫、1960年
レオポルド・ランケ著、祇園寺信彦訳『ドン・カルロス：史料批判と歴史叙述』創文社、1975年

第 3 部 | 高齢社会と福祉

第7章 有料老人ホームは儲かる仕事？

見市 拓

はじめに

　2000年4月に公的介護保険制度が施行されて以来、有料老人ホームが急増している。いろいろな異業種からの参入が中心である。1994年からこの仕事に携わる筆者にとって、正直なところ、どこか違和感がある状況である。
　有料老人ホームの経営と運営の仕事に関わるようになって以来、友人、知人は異口同音に「高齢社会が進む中で、意義のあるお仕事ですね」「社会貢献の仕事ですね」と声をかけて下さる。筆者もそのつもりで仕事をしてきた。
　高齢社会の中でニーズを感じ、ビジネス・チャンスと捉える人たちがいることは当然の事であり何の問題もない。しかし、最初に述べた"違和感"は、新しい参入事業者が、有料老人ホーム事業を"儲かる仕事"だから、と考えて動いていることに大きなポイントがあるように感じられる。新規事業者が建前でどのように表現しようと、そのように感じられる。仕事をして儲けることを悪いとは、もちろん決して思わない。継続性・永続性を求められる高齢者の生活を支える仕事において、儲からなければ、働いている多くのスタッフのモチベーションを維持し、施設を良好な状態に保っていくことはできない。仕事への意欲を維持し、高めることは難しい。ペイだけの問題で

はないが、精神的・肉体的な負担が大きい介護の仕事の定着率は決して高くない。有料老人ホームには公的な支えがあるわけではない中で、社会的責任が強調され、関係する事業者は悪戦苦闘してきた。そこに介護保険制度が導入された。ある一定の報酬(収入)が保証されるように感じられた。報酬(収入)が計算できれば、経営計画は立てやすく、儲けるための工夫ができる、儲かる筈、と考えたのは外部の異業種の人々だけではなかったが、外部の人々には特に"おいしそうな"事業と見えたのであろうと、理解はできる。しかし、本当に儲かる仕事であろうか。筆者自身が携わるこの仕事の環境を、整理分析してみたい。

まず、異業種参入の大きなきっかけとなった介護保険制度の周辺から見ていこう。

I 公的介護保険制度の誕生とその評価（2000年4月）

I-1 公的介護保険制度のスタート

公的介護保険制度は2000年4月にスタートした。高齢社会を迎えたわが国の今後は、総人口に占める高齢者比率のさらなる増大、そして要介護者の増加が社会問題となりつつある時期であった。核家族化、独居高齢者の増加、そして長寿化の進展、それらは家族介護を中心に考えていくことの困難さを多くの人々に認識させ、介護の社会化を前提にした介護保険制度を誕生させる考え方に、社会的コンセンサスは比較的容易に生まれたように見えた。そして、その高齢化は、その後も予想を上回るスピードで進んできている。

介護保険制度は、"保険"と称され、確かに総費用の半分は被保険者の保険料で賄われるが、残りは税が投入されている。従来型の福祉政策と保険制度の折衷案のようなものと思えた。

被保険者は40歳以上だが、実際に介護サービスの提供を受けることができる被保険者は、一部の例外を除いて「第1号被保険者」である65歳以上

の要支援，要介護者に限定されている（40歳から64歳は「第2号被保険者」として、原則、保険料負担の義務のみ）。制度が創設される前の議論の中では、保険料の負担は全国民とすべきである、要介護者を高齢者だけに限定すべきではない、障害者も含めるべきである等の意見もあった。しかし、ともかく制度の立ち上げを最優先とするために、従来制度との整合性を検討するような時間がかかる議論をできるだけ少なくし、避ける形での制度設計が行われた。このため、そのスタートには色々批判もあった。

Ⅰ-2　有料老人ホームにとっての介護保険制度

　高齢者介護に関わる人々、高齢者を抱える家族、社会福祉事業関係者あるいは一部の政治家などを中心に、多くの人々の中で、「介護は家族の問題である」「保険ではなく福祉制度を堅持すべきである」など、介護保険制度に批判的な意見を含め賛否両方の多くの議論があった。しかし、筆者は有料老人ホーム事業に携わる者として、介護は長期間となる可能性が高く家族だけが担うことは困難であること、頼ることができる家族を持つ高齢者ばかりではないこと、家族と同居あるいは近くに住むことが難しい人も多くいること、価値観・生活観の問題として子供には頼らないと考える人もいること等を実際に見てきた状況から、介護の社会化はこれからのあるべき姿、必然と考えていた。また、介護保険制度は福祉政策のひとつのスタイルとして考えることができると評価する中で、それまで福祉政策のひとつとしての高齢者施策の恩恵に浴することがあまりできなかった中間所得層にも、やっとその光が当てられる制度が生まれたと受け止めた。

　有料老人ホームの事業運営の面から見ても、公費が私たちの提供するサービスに対して"初めて"給付されるという意味で、極めて意義深い制度の誕生であった。もちろん、事業運営にとっては、給付は介護費用の一部であり、給付を受ける高齢者の立場から見れば、有料老人ホーム居住者と介護老人福祉施設（＝特別養護老人ホーム）に居住する高齢者との間では、国民として享受できる社会保障の観点からは、必ずしも公平とはいえないという問題点は、依然残されたままであった。

もともと有料老人ホームは、その建設，運営等に一切の公的補助はなく、すべての経費を入居者（＝利用者）の費用負担によって賄われてきた。もちろん介護サービスも例外ではなかった。しかし、そこに半分だけとはいえ税金という公費が含まれた介護保険給付が介護サービスに対して行われることは、有料老人ホームにとって画期的であり、意義深いものという評価と感想を、有料老人ホーム運営現場に立つものの一人として、筆者自身が感じたことが思い出される。

　しかし一方で、この介護保険制度誕生が明確に"介護"をビジネスの対象とすることができるのではないか、と考える人々を多く生み出したように感じられるのは、ホーム数の急増とともに、有料老人ホーム事業に異業種からの参入が数多く見られるようになったという事実から多くの人が感じる率直な印象である。ホームの急増を数字上で確認すると、介護保険制度がスタートする 2000 年 4 月以前は毎年の増加数が 10 ～ 20 ホームであり、総数でも 300 ホーム程度であった有料老人ホームが、5 年半後の 2005 年 10 月末現在、介護保険の適用を受けている有料老人ホームは 1,318 ホームを数えるまでに至っている。

II　介護保険制度の改定（2005 年 6 月）

II-1　介護保険制度改定の一側面

　「有料老人ホーム居住者と特別養護老人ホーム（特養）に居住する高齢者との間では、必ずしも公平とはいえない」と、前節で記したのは以下のように考えるからである。

　これは、ほとんどの高齢者が受給している年金から考えると分かり易い。すなわち、特養入所者も、もともと住居費、食費を含む生活費は年金のなかに含まれて受給していると考えることができる。それに加えて、特養に入所することは、一般的には四分の三を超える高い比率の補助によって特養は建設されているが、その住居費（家賃相当）とさらには食事代も含めて介護給

付のなかで受給するという、いわば制度的な二重受給を享受していたことになる。これは、もちろん受給者の責任ではなく、制度設計上の明らかなミスであったといえよう。

この点は、何故かそれほど大きく取り上げてこられなかったが、2005年6月に改定が確定した介護保険制度の中で是正が決定され、他の改定項目が06年4月から施行されることに先立ち、05年10月1日から前倒しで施行されることになった。これは、強い財政上の要請があったことはもちろんであろうが、この機会に、厚生労働省が二重給付の是正を少しでも早めたいと考えたのではないかと筆者は考えている。今回の是正により、一般的な特養入所者の個人負担増は、条件によって違いはあるが月間数万円といわれている。視点を変えれば、介護保険制度が生まれてから5年半は、その部分が二重給付となっていたということであろう。社会保障制度の公平性をどこに求め、どのような制度設計とするか、難しい問題であることを感じさせられた一面であった。

今回の介護保険制度改定の主目的は、もちろん、この二重給付の是正ではない。5年間の制度施行によって明らかになってきた不十分な点、特に財政上の問題からの軌道修正、予想を上回る高齢化の進展、介護保険制度利用者の増加等に鑑み、制度発足時からの予定通りの見直し議論が行われ、その案がまとめられた。しかし、そこでは手直し程度の改定ではなく、制度の「持続可能性」の確保を大義として、サービス改革の推進を"量"から"質"へと明確に謳い、給付の効率化と重点化を明示した大幅なものであった。そして、最大のポイントは「"予防重視型システム"への転換」であろう。介護が重度になる前に、しっかりと予防に努めて、広く薄く、そして長くサービスを提供し続けられるようにしようというものである。この考え方自身は、至極当然なものであろう。

有料老人ホームにとっても、もちろん大きな影響を受ける改定であったが、有料老人ホーム事業者とそこに居住する高齢者、あるいはこれから居住を考える高齢者にとってのポイントは、むしろ次章に示す老人福祉法の改定によって、有料老人ホームの定義そのものを変えることを、国は決意した点

と考える。

Ⅱ-2　もう一つの改定＝老人福祉法改定

　05年6月の介護保険制度の改定は、郵政改革法案の議論に世間の耳目が集中し、一部の関係者を除けば、いつの間にか成立したような印象すらあった。実は、その改定と同時に、老人福祉法の改定が国会において成立した。それはもっと目立たないものであったが、その中で、有料老人ホームに関する定義そのものが大きく変わった。有料老人ホームの定義を変えるための改定であったということができる。その概要は以下の表に示す通りだが、国家財政の行き詰まりを象徴する"箱もの公共事業"への批判（と反省？）、急速に進展する高齢社会等が、補助金を大きな原資にして建設されてきた特別養護老人ホームの更なる建設にブレーキをかけざるを得なくなった状況に対応したものであった。しかし、高齢者の増加は確実に要介護者の増加を生み出すことが見通される中、ただ官製介護サービス提供施設建設にブレーキをかけるだけでは、根本的な解決は望めない。そこで、高齢社会から超高齢社会を迎えようとしている日本の近い将来に民間活力を活用する大義名分を、この分野にも示しているように感じられた。すなわち、有料老人ホームという民間事業を、高齢者の住居確保への有力な手段として評価し、そのさらなる拡大＝民間事業者の参入を強く促すため、間口を目一杯広げるものであった。それは、高齢者福祉の概念さえ変えるものといっても過言ではないほどの変化である。もはや、この分野には"福祉"という言葉は今後使用しない方が良いのかもしれないと思うほどである。

　表1に示す見直し概要だけでは理解が難しいかもしれないが、敢えて極論的な表現をするならば、筆者は次のようになるのではないかと感じている。

　すなわち、今回の改定によりアパートを"高齢者向け専門"と称し、食事はコンビニ弁当、介護は必要性が生じたら外部からの訪問サービスを利用します、と約束しておくだけで"有料老人ホーム"を名乗ることがこれからは可能になる、ということである。

　多少穿った見方になるが、旧建設省によって建設された多くの住宅（そこ

には高齢者向け住宅として建設されたものも含むが、それらには介護等のソフト面のサービス提供があまり考えられていない）が、今後高齢化の進展と総人口の減少がはっきり見えるようになり、多くの空室発生がすでに現実問題となりつつある。その空室・空き家の発生はやむを得ない面と政策判断が甘かった面の両方があるが、それらをまとめて高齢者用に転換という大義名分を与えて、甘かった見通しを隠してしまう意図もあるのではないかとも考えられる。いずれにせよ、高齢者向け住居を確保する、という形に変えたアリバイ作りであったのではないかと感じるような内容である。もちろん、見直し内容には「入居者保護の充実」を謳っているが、これを実効ならしめるための都道府県レベルでの認識と準備はかなりお寒い状況である。この結果、純民間の有料老人ホームには、最終的には倒産等による多少の犠牲が出ることがあってもやむを得ないと考えているのではないか、市場原理という名目による淘汰があることによって、優良な有料老人ホームが生き残ることを期待しているのではないか。しかし、それは同時に、頭の良い儲け主義事業者あるいは悪徳事業者の参入を誘引し、入居検討者である高齢者が選択を誤れば、被害者となり、路頭に迷う可能性があることを懸念しなければならない。このことが筆者一人の杞憂であることを願わずにはおれない。

Ⅱ-3 医療費抑制からの有料老人ホーム誕生の可能性

今回の介護保険法等の改定の中での議論ではないが、高騰する医療費の要因のひとつでもある社会的入院用の施設ともいえる「介護型療養病床」を2012年度までに全廃するという方針を、厚生労働省は打ち出してきている。この方針が、有料老人ホーム事業者にとっても小さくない影響を与える可能性があるので、あえて、一言だけ触れておきたい。

すなわち、介護型療養病床の多くを有料老人ホームやケアハウスなど居住系施設への転換を図るという。これによって医療費抑制には効果が期待されるが、介護給付の上昇は避けられないであろう。ただ、介護型病床における利用者一人あたりの費用43.4万円（05年5月時点）に比べれば、有料老人ホームでは月間20万円程度とされており、保険財政上のみならず、国民経済的

にもプラスとなることが期待できる筈である。
　しかしながら、もともと病院系の「療養病床」は、ベッドひとつが利用者の生活の場、一方、個室中心の介護型有料老人ホームとの居住性の差は明らかである。共用部の造りにも違いがあるように思う。このため、有料老人ホームへの転換は、造り替えのための助成措置が取られなければ、簡単に進むとは考え難い。そこに別のコスト発生の可能性も大きく、その動向を注意深く見守っていく必要がある。

表1　有料老人ホームの見直し概要

これまでの定義等	見直し内容（2006.4.1 施行）
・常時10人以上の老人を入所させ、食事の提供その他日常生活上必要な便宜を供与することを目的とする施設で老人福祉施設ではないもの ・都道府県への事前届出が義務 ・都道府県は調査権を持ち、入居者の処遇に問題があるとき等は改善命令等の処置	〈定義〉 ・人数要件の廃止 ・サービス要件の見直し →食事の提供、介護の提供等のいずれかのサービスを行う施設を対象 →サービス提供を委託で行う場合、将来においてサービス提供を約束する場合を対象とすることを明確化 〈入居者保護の充実〉 ・帳簿保存、情報開示義務化 ・倒産等の場合に備えた「一時金保全措置」の義務化 ・都道府県の立入検査権付与、改善命令の際の公表

＊有料老人ホームの新たな定義＝改定「老人福祉法第29条」（下線部分が改正点）
「有料老人ホーム（<u>老人を入居させ、入浴、排せつ若しくは食事の介護、食事の提供又はその他日常生活上必要な便宜であって厚生労働省令で定めるもの（以下介護等という。）の供与（他に委託して供与する場合及び将来において供与することを約する場合を含む。）</u>をする事業を行う施設であって、老人福祉施設、<u>認知症対応型共同生活援助事業を行う住居その他厚生労働省令で定める施設</u>でないものをいう。以下同じ。）を設置しようとする者は、あらかじめ、その施設を設置しようとする地の、都道府県知事に、次の各号に掲げる事項を届けなければならない。」（以下略）

III わが国の高齢化の現状と将来予想
——介護保険制度誕生とその改定の背景

　上述のような急激な方向転換を図らなければならないのは言うまでもなく、厳しいわが国の財政状態に最大の理由がある。わが国の高齢化の急速な進展が、財政のピンチに拍車をかけている。ここで、その高齢化の現状と将来予想を再確認しておく。

III-1　わが国の高齢化見通しと人口推移の予測

　わが国の高齢者（65歳以上）人口は現在2,500万人だが2020年には3,500万人近くまで増加する。その時点で、65歳未満だけの人口をみると、現在の1億人から9,000万人を下回る。若い人の絶対数が減るということである。この結果、高齢化比率では、20％から28％になる。その後、2050年までの予測は、高齢者人口は3,500万人から3,600万人前後までさらに増加し、しばらくはほぼ横ばいで推移する。一方、総人口は1億2,800万人をピークに、ほぼ1億人にまで減少することが見込まれている。高齢化比率では、35％を超える。総人口では、1965年から70年（昭和40年から45年）のそれとほぼ同じレベルである。30数年間で現在の1億2,800万人まで増加し、その後40数年間で再び1億人レベルまで戻るということになる、というのがこれまでの国立社会保障・人口問題研究所の予測（中位推計：年金制度等の制度設計他で最も多く使われている予測）であった。そして、その人口減少は、これまで2007年から始まると予想されていたが、2005年からとなることがほぼ確定的となり、人口減少のスピードも、従来の予測よりも速くなる見通しが強くなっている。

　05年10月に行われた国勢調査の結果（速報値）から、「わが国の人口は減少局面に入りつつあると考えられる」と総務省は分析している。厚生労働省も、2005年の出生数が死亡数を下回る「自然減」の年となったと既に発表しており、出入国による社会増減を含む総人口でも減少に転じたことが確定的となった。少子化と高齢人口の増加による死亡者の増加が、予想を上回

るスピードでわが国の人口構成を大きく変えようとしている。出生率のかなりの回復を前提においた中位あるいは高位推計の実現性にはかなりの無理があるように思える現状では、上記の中位推計である2050年に1億人という予測から、予測の下限である9,000万人強も下回るまで減少すると考える方が、より現実的になってきているように思える。ちなみに、1955年（昭和30年）の日本の人口がほぼ9,000万人であった。

わが国の人口増は先進諸国の中では群を抜いて早いペースであったが、人口減少という社会構造の変化も、戦争、災害などの一時的な特殊条件を除けば、近世になって先進諸国では経験のない事態であろう。わが国に限らず、現代の社会経済構造の変化は、人口増加を前提に考えてきていたが、人口減少という、これまでの経験値が通用しないという状況が、初めて出現する社会となる。

その人口減少の中にあって、確実に増加するのが高齢者人口である。人口増加そのものはビジネス・チャンスであるといえるが、高齢者を対象とするビジネスもご多分に漏れないはずである。多様なビジネスの出現がすでに見られるが、生活そのものを支える仕事、広義の介護事業＝生活支援、介護等を含めた生活の場の提供、即ち、有料老人ホーム事業もビジネス・チャンスと受け止めて多くの人々が参入しつつあることは、既に述べた通りである。

III-2　介護保険制度設計の議論

わが国の高齢者の増加スピードは、他国の例が参考にならないほどのものであったが、公的介護保険の制度設計に当たっては、やはりヨーロッパ先進国の同様の制度を参考としている。できあがった制度そのものは、当然、国情の違いからの差異はあるが、筆者にとって興味深い事実をひとつ指摘しておきたい。それは、わが国が参考とした国のひとつ・ドイツにおけるものである。ドイツでは、1970年代初めには既に将来の高齢社会を予測した制度のあり方の議論が始められた。そして、20数年の国内議論を経て、90年代半ばに介護保険制度を立ち上げているが、その議論の中で、国民が負担を分かち合うという認識を共有することに成功していると筆者は考えている。そ

れは、介護保険料負担のため、世の中の大きな流れであった労働時間短縮を一旦止め、労働時間を長くすることに労働組合も同意したという事実からである。労働者にとって、新しい制度のために増加する介護保険料という負担を、労働時間延長によって得る労働報酬によって充てるというものであった。この点を含めての議論の集大成としての介護保険制度は、ドイツにおいてもいろいろな議論が続いているが、実施に伴う手直しは小さなもので止まっている。

　一方、わが国では、厚生省が学者をはじめとする第三者の委員会を立ち上げ、大筋では役人が書いたシナリオを追認する形で、制度設計が行われた。その結果、人口構造の変化というかなり見通しが立てやすい基礎データがあるにもかかわらず、介護保険制度は実施5年を経て、大幅な改定が実施されることとなった。5年経過時点での見直しは、制度がスタートする時点から介護保険法の中に明記されていたものの、今回の改定は、ほとんど新しい制度の立ち上げと同じくらい大幅な改定であると、厚生労働省の担当官の一人が口にしたのを、筆者は耳にしている。

　もともと介護保険制度は、"介護"の考え方を大きく変えるものであった。すなわち、介護は家庭内の問題という声も根強くあり、家族、家庭内で対応できない場合には福祉施策として社会全体で受け止める、というのが長い間の比較的一般的な考え方であったといえよう。しかし、わが国の急速な高齢化が、そのような考え方を継続することは無理であるという現実を突きつけた。そして、介護保険制度の創設という考え方にハンドルを切り、制度が発足したのが2000年春であった。

　数百万人単位の利用者が一気に生まれる新制度の創設だけに、現実に制度が動き始めた後、想定外の状況や事情発生を踏まえて手直しを行うことを、予め考えておくことは当然のことであろう。従い、介護保険法の中に、見直しを明記していたことに異論をはさむものではない。しかし、今回の改定は、手直しのレベルを超える部分が多いように思う。おそらく、制度発足時の予想を大きく上回る改定内容になったのであろう。

Ⅲ-3　改めて介護保険制度改定の一側面

"手直しを超える改定"手直し以上と筆者が考える例を二点挙げよう。

その一点目は、"介護予防"である。当初、要支援の枠の中の一項目というレベルであった介護予防を、制度全体の柱＝根幹部分に置き直している。そして、その介護予防の一部を保険制度の枠外に出して、制度の運営者である地域が計画実行するものとした。

この点を含めて、地域のあり方、関わり方が大きく変わったことが二点目である。もともと介護問題は地域に根ざして考えなければならないことは明らかである。しかし、介護保険制度としてスタートした時点では、国が制度全体の設計を行うとともに、その実行にも実質的な責任を負っていた。しかしというべきか、やはりというべきか、今後は制度の根幹に押し上げた介護予防に関して、その実行責任を全面的に地方に移管している。といっても、地方自治体が、過去の福祉政策のように、サービス提供も含めてすべてを実際に行うというものではない。従い、実際の介護サービスなり介護予防サービスを提供するのは民間事業者であり、その民間事業者に大きな負担を求めるものになっているのではないかと、筆者には感じられる。それは同時に、利用者にも大きなマイナスの影響を与えることになる。

その点をもう少し具体的に説明するために、介護の最も根幹となるケアマネージメント業務を例に挙げてみよう。

ケアマネージメントは、介護サービスを利用したい、利用しなければならないと自ら考えた、あるいは客観的に考えられる利用者が介護認定を受けた後、実際にどのようなサービスを受けるかを決めるための必要かつ重要な手順である。従い、ケアマネージメントを担当することになったケアマネージャー（介護支援専門員）は、利用者と面談し、利用者の状況と希望を確認した上で、サービス計画を立案、本人の同意を得ながら希望日時にサービスが提供されるように事業者を探し、アレンジしていかなければならない。事前の設営だけではなく、サービスが予定通り提供されているか、所期の計画通りの効果が出ているか等のフォローもしなければならない。

そのケアマネージャーは、従来は月間50件（以内）を担当し、一件あた

り8,500円（地域によって多少の差はある）の報酬を受領していた。最大で（8,500 × 50 =）425,000円の報酬となる。そこには事務所経費、交通費等一切が含まれるものとされている。今回の改定では、一件あたりの報酬は、要介護1、2は10,000円、要介護3、4、5は13,000円となった。担当する利用者の介護レベルによって差が出るが、一般的には平均11,000円位になるといわれている。単価は上がったが、一方で担当件数は40件未満とすることが厳しく求められるようになった。最高限度の39件に11,000円を掛けると429,000円となり、多少なりとも手取りが増えるように見える。しかし、実はそこには落とし穴のようなものがある。

今まで50名を担当していたケアマネージャーが、どうしてもお願いしますと頼まれて40件目を引き受けると、単価は全件6500円になる。従い、総額でも260,000円に激減する。それまでの馴染みの利用者であっても10名以上を断らなければならない。

もう一点。要支援者への対応である。要支援者、すなわち介護予防を受けることが想定される利用者のケアマネージメントを引き受ける場合の報酬は、4,000円、そして、1人のケアマネージャーは8件まで持つことができるとされている。ただし、要支援2件を要介護1件と見なすという。以上を勘案してケアマネージャーの報酬を試算すると次のようになる。

・要介護者のみ担当：最高39件→報酬429,000円
・要介護者35件＋要支援8件（＝要介護4件分）→ 417,000円

この間に収まる筈である。しかし、これは、要支援者のケアマネージメントを引き受けるケアマネージャーが激減する可能性が高いことを示している。しかも、現在要介護1の認定者は、再認定を受ける時点で、その6～7割は要支援2となるとの見通しを厚生労働省は示している。こうなると、現在400万人余の介護保険利用者のうちほぼ4割の160万人余が、要支援1あるいは2に認定されることになる。その利用者にきちんとケアマネージャーが付くことになるのか、かなり大きな不安がある。厚労省は、新たに「地域

包括支援センター」を設けて、そこが要支援者のケアマネージメントを行うとしているが、同センターの必要配置人員とケアマネージメント以外の業務、そしてそのために給付される運営費用とのバランスから考えると、委託を受ける事業者が、要支援者のケアマネージメントにしっかり時間と人を掛けつつ同センターの安定的な運営を継続できるとは考えられない。

　以上の議論は、もちろん行政の考え方・姿勢が大きく影響するため、地域差が出る可能性もあるものと思われる。利用者にとっても、事業者にとっても、その地域の財政状態や、担当官の熱意等による差を考えなければならないことになるかもしれない。

　本項の議論は、本論の有料老人ホームに直接関係するものではないが、今回の介護保険法改定が"改正"ではない要素があまりに多くあると感じられるため、その一例として、あえて紙面を割いたものである。いずれにせよ、ここに示したような、民間事業者にとっては事業の継続性と健全な発展に対して大きな不安を抱かせるような法律改定が、"手直し"との名目の下に数年毎に繰り返されるならば、民間事業者は介護保険関連事業を変動リスクの大きなものとして捉えることになろう。その結果は、本来ならば今後の制度の健全な発展に寄与しなければならない民間事業者が、消極的になってしまうか、悪くすれば撤退を余儀なくされることになり、結局は、利用者である高齢者の多くがその余波を受けて、介護サービスを受けることができなくなる可能性が生まれるという最悪のシナリオが現実化してしまう可能性を考えてしまう。これは、筆者が単に悲観主義的になっているということであろうか。

Ⅲ-4　介護保険利用者の増加と制度の再編

　さて、このわが国の介護保険制度は 2000 年 4 月にスタートしたが、介護保険認定者数はその時点で 200 万人余であった。そして、5 年間が経過した 2005 年 4 月現在で 400 万人余に倍増している。これは介護保険を利用する高齢者の利用率が伸びていること、そして、高齢者の絶対数が増加していることを要因に挙げることができる。

2000年時点の高齢者人口は2,200万人、認定者数200万人余は10%弱。2005年では2,500万人中400万人、約16%である。この比率をそのまま維持したとしても、2020年には介護保険認定者数は560万人余になる。さらに、2022年には団塊の世代が後期高齢者（75歳以上の高齢者）に入り始めることを考慮すれば、その絶対数が急増することは間違いなく、実際に介護保険制度を利用するであろう高齢者数は、制度の考え方や認定方法を大きく変えなければ、認定者数のさらに大きな増加と利用サービス量の拡大を予想することは、極めて容易なことである。

そこで今回の改定は、要介護者数の増加を抑制するため、「制度の持続性を確保する」という視点を強調し、「介護予防」を強く標榜している。この点は、当然の議論であるが、実は介護保険制度のスタート当初から「要支援」というランクを設けており、このレベルの本来の考え方は、家事援助を含めたサービスの提供により自立した生活の継続を考えていた筈であった。そして、実際の保険者となる地方自治体が、地域の実情に応じたサービスの提供を組み合わせることにより、運営されている筈である。しかし、残念ながら実効が十分に上がっていないとの評価を厚生労働省自身が示した。その証左は、要支援から要介護1程度の軽介護者数の増加が顕著に見られる点にある、としている。

表2　要介護認定者数および増加率：

	要介護認定者総数 （増加率）	要支援・要介護1認定者合計 （増加率）
2000年4月末	149万人（100）	84万人（100）
2004年4月末	307万人（206）	185万人（220）

注）厚生労働省編「厚生労働白書」（平成17年版）から作成

要介護認定者総数の増加率206%に対して軽介護の増加率は220%であった。この状況から、改めて、要介護認定者総数の増加を抑制することを目的に、介護予防に力を入れていくことを制度改定の大きな柱とした。

そして、その介護予防への施策を、地域支援事業の中に「介護予防事業」として置き、介護保険制度の延長線の中に組み入れることを明確にした。「延長線の中に組み入れる」とあえて表現するのは、この介護予防事業は、介護保険制度の"外"ではあるが、保険制度から資金投入を行うことを、2006年度予算案においても明確にしたからである。この予算処置により、地方へのインセンティブを示す枠組みを作った。ただ、そこでは、介護保険の認定を受けるレベルではない相対的に元気な高齢者をさらに「特定高齢者」と「元気な高齢者」に区分して、それぞれ向けの施策実施を地方に求めている。
　しかし、もともと介護レベルを細かく分け過ぎているのではないか、それぞれの境目が曖昧であるという感じは否めないとの批判があったそのランク分けを、さらに細かくしようというのである。介護給付、予防給付、そして地域支援事業としての介護予防事業に分けられることになる。さらにそこにも入らない多数の元気な高齢者もいる訳で、その人々を念頭に置いた介護予防一般高齢者施策も実行されることになる（図1）。
　以上の説明から、結局は制度全体が大きくなり、複雑になるであろうと筆者が考えることはご理解が得られるであろう。もちろん、その運営に関わる人々が増大することにより間接経費が増える懸念を含め、その肥大化は止まり得ないものとなりつつある。現時点で、介護保険事業は6兆円の規模、利用者は400万人余、今後も、利用者は増加し、それに伴う自然増も含めて事業規模拡大は続く。従い、公務員削減の方向が具体的になりつつある中で、介護保険関係の公務員だけは、これからも当然のように間違いなく増加するであろう。それは当初から予想されていたところであった。この点に関する議論は、この論文の目的ではない。従い、これ以上は踏み込まないが、団塊の世代が65歳以上となり利用者に加わり始める2012年以降には、保険料支払者の負担感が大きくなり、それを支える立場ではあるが、直接保険利用の実感が伴い難い若い世代からの不満の声が高まる可能性が大きくなるのではないかと懸念している。
　今回の制度改定は、まさにその状況を見据えたものである筈だが、近い将来にも再び三度の制度改正が求められるようになり、有料老人ホーム業界に

とっても、先行きの見通しが難しくなったと感じられることを率直に述べるにとどめたい。

図1　改定介護保険制度における介護保険給付と介護予防給付、要介護区分のイメージ図

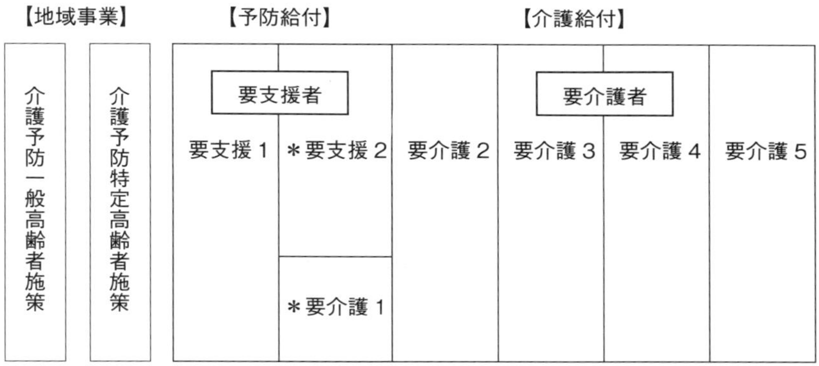

【地域事業】	【予防給付】	【介護給付】
介護予防一般高齢者施策 / 介護予防特定高齢者施策	要支援者（要支援1／＊要支援2）／＊要介護1／要介護2	要介護者（要介護3／要介護4）／要介護5

＊従来の「要介護1」は、新「要介護1」と新「要支援2」に分割される
注）厚生労働省・全国介護保険担当課長会議資料から作成

Ⅳ 有料老人ホームはどこへ行く

Ⅳ-1 急速な高齢化の進展が与える影響と有料老人ホームの将来

　これまでに述べてきたことの中で、有料老人ホームの今後に影響を与えるであろうことを整理し、同時に関連する事項を補足すると、以下のようになる。
(1) 高齢者人口の増加は、そのままマーケットの急速な拡大となるが、保険あるいは福祉政策（もちろん、その組み合わせでも良い）によってその人たちを支えるだけの十分な財政的な裏付けを、これからのわが国に期待することはかなり難しい。その最大の理由は、人口の減少。これは同時に、労働力が不足する社会となる可能性が高いことになろう。産業界はもとより、高齢者の生活を支える政策の実行には、安定した労働力の確保は特に重要な要素となる。

　製造業においては、生産設備の高度化による省人化や新しい技術開発の可能性はまだまだ続くと考えられ、生産設備を海外に移転することも含めて考えれば、企業の生産高を維持・発展させることは十分に可能であろう。しかし、介護の仕事において省人化は、そのままサービス低下となる。また、サービス拠点を海外に移転させることは、現状からはほとんど考えられない。海外労働力、ロボットの導入等の可能性はこれからの検討課題であろうが、サービスを受ける利用者側の意識転換、価値観の変化という予測の難しい面が、その実現に大きな影響を与える可能性が高く、近い将来に、それらの導入がサービス提供の中で大きなウエートを占めるようになるとは考え難い。
(2) 一方、有料老人ホーム事業者の立場から考えた場合、介護保険給付が大きな収入源になると期待する向きもあるが、今回の介護保険制度改定に見られるように、高齢者人口の増加＝高齢化比率の上昇は、当然のごとく、給付の減額に結びつくものであり、安定収入としてそこに大きく依存することは

リスクが高い。特に、労働力不足となれば、労務費コストの増大は避けられないところである。また、介護の質の確保・向上のため、介護職の資格制度をより高いレベルにする方向が打ち出されている。もちろん、これは歓迎すべき面を持っているが、同時にそのまま労務費上昇要因となる。事業者にとっての収入の低減傾向の可能性が考えられるときに、そのコストに占める比率が極めて高い労務費の上昇が避けられない要素がいくつも数え上げられ状況になってきている。事業環境として、明るい見通しを持ち難い最大のポイントである。

(3) 上記の総論的な議論とは異なる視点となるが、以下の点も有料老人ホーム事業の今後に不安を抱かせる要素と考えられる。

すなわち、有料老人ホーム事業は、労働集約型事業であると同時に、一種の装置産業である。一定の広さの土地にそれなりの建物を建設しなければならない。やや単純化したモデルケースで試算してみよう：

①前提：入居者50人の介護専用型ホーム。
②全室個室を前提にすると土地：2,000〜3,000㎡、建物：1,500〜2,000㎡
  ・取得費：土地＝5〜10万円／㎡
  ・建物（建設費＋設備費）＝15〜20万円／㎡
  ・職員募集、入居者募集等の費用を含む事前準備費用：？
  ・初期費用合計：3〜7億円＋α
③総労務費（平年度）：
  常勤換算20〜24人×500万円＝1〜1億2,000万円／年
④その他運営費：
  1〜1億5,000万円／年
  （運営費全体に占める労務費を4〜5割として逆算）
⑤経常支出合計：
  ③＋④＝2〜2億7000万円／年
⑥収入：
  ・家賃相当：10万円／月×50人×12ヵ月＝6,000万円
  ・管理費（水光熱費等）：10万円／月×50人×12ヵ月＝6,000万円

・介護保険給付：200万円／年×50人＝<u>1億円</u>
・収入合計：<u>2億2,000万円／年</u>

⑦食費は収入とコストは同額として、上記計算には含まず。

以上から、経常収支は何とかバランスが可能であるように読むことができる。しかし、このモデル計算には、以下の問題点が隠れている。

i　収入を安定して確保する事が難しい：

　入居者50人の介護専用型ホームという前提を置いたが、民間事業の常として入居募集活動は、自らの手で行わなければならない。常に満室状態を維持することは難しい。入居者の入院あるいは死亡による退居という事態も当然想定しておかなければならない。いずれもが、収入のマイナス・アルファー要素である。

ii　労務費用拡大のリスクがある：

　介護に直接携わる要員は、介護保険上常勤換算で最低「要介護者3人に対して職員1人」の確保は義務付けられている。今後その資格要件も厳しくなる傾向にあり、また、多様な職種、介護士、看護師に加えて、一部兼務は可能であるが、ケアマネージャー、リハビリ担当、社会福祉士、精神面のフォローができる人材、設備の日常的な維持管理ができる要員等が管理者の他に求められることになる。そして、この事業は優秀な人材の確保が生命線である。競争の激化と労働力不足を考えると、給与上昇の可能性は高い。また、小さなホームほど、職員の入れ替わりが早く、募集にかなりの手間（費用）と時間を掛ける必要性が出てくる。さらに、サービスの質を確保するためには、教育研修費用の増大も考えられる。

iii　月額費用が高額となる：

　経常支出は年間2億円余と試算しているが、家賃相当部分を除く経常収入は2億円に満たない。上記のモデルケースでは、入居者の月間負担額が、介護保険の自己負担分、食費を含めると30万円近くになる。これ以上の費用負担を入居者や家族に求めることは、入居募集を困難にするだけで、机上の計算だけが合うという議論になりかねない。

iv 初期費用の確保、償却をどのような形で図ることが可能であるかが不明：
　土地を新規に確保した場合、土地代は償却できないため、土地代に充当した資金は実質的に眠ることになる。資本金の充当は当然考えられるが、この事業規模で1〜3億円の資金が眠ることは、運転資金等に大きな影響がありうる。また、事前の職員募集等の費用を"？"としたが、規模によるが、事前準備の人件費を含む初期費用は数千万円から数億円必要であろう。この償却処理も大きな負担となる。

v 損益が黒字でも、キャッシュフローが赤字となる可能性がある：
　家賃部分は、建設費用と建物維持管理費用の回収が本来の目的であるが、このモデルケースの場合、鉄筋コンクリート作りであれば、建設費用3〜4億円の年間償却額は1,000万円に達しない。建物の償却年数が47年だからである。もちろん設備費用は数年のものもあり、単純に4億円÷47年ではないが、建物設備の維持管理費用を差し引いても、家賃収入にはかなりの見做し利益が発生し、全体の損益状況にもよるが、そこには税金がかかることになる。従い、満室状態で、損益上は黒字を計上できても、キャッシュフローに赤字が生じる可能性があるということになる。

Ⅳ-2　有料老人ホームは儲かりますか？　―将来像を考える―

　前述のモデルケースは、儲からないことを示すために作ったものではない。現に数多くの有料老人ホームが経営を続けているし、2ホーム目、3ホーム目の開設をしている事業者がいる。ということは、知恵を出し、努力をすれば事業として成立することを示している。しかし、当然ながら、安易には儲からないことは確かである。

　独身寮やビジネスホテルを買い取り、改修して利用する形の有料老人ホームがここ数年数多く出現している。初期費用を抑える工夫のひとつであろう。食事をセントラルキッチン方式として、各ホームにデリバリーし、食費コストを抑えることから、収益のチャンスを広げている会社もある。これらは利

用者の費用負担を小さくすることにより、マーケットを大きくし、事業基盤の拡充に寄与するであろう。しかし、これらは廉価な庶民的なものとなるであろうが、高級感がある有料老人ホームとすることは難しいものであろう。

　一方、規模の拡大によるスケールメリットをねらう例もある。あるいは、建物設備を立派なものにし、サービスの質も高め、付加価値の高さを示して収入の拡大を図ることによって収益性を確保しようとしている事業者もいる。従来の福祉政策の枠外にいた中高所得者層を対象にした戦略であろう。

　もともと有料老人ホーム事業は、昭和20年代後半に、福祉の恩恵を受けにくい中間所得層の高齢者のニーズに応える形で始まったものである。この時代の老人ホームは、高齢者数人が相部屋で生活する形が当たり前であったようだが、個を尊重し、プライバシーに配慮するという新しいニーズによって生まれたホームは、4畳半あるいは6畳一間であっても個室で生活できるようにした。それによって、ワンランク上のサービス提供という評価を受けて、その存在が認められるようになってきたと聞く。その原点に返ることも考えなければならないように感じるところである。

　すなわち、老人福祉法の中に定められた有料老人ホームではあるが、そこには「老人福祉施設でないものをいう」と明記されている。この文言は、昭和38年に老人福祉法制定当初からあったものであり、もちろん今回の改定においてもそのままである。

　「福祉施設でない」と明記しているのだから、もっと思い切って各種の規制を外し、"官"の関わりは、建物の安全性を確保するための建築基準法と消防法程度の規制、チェックのみに止めるようにしてはどうだろうか。

　しかし、有料老人ホームの入居規約は"民・民"契約とはいえ、そもそも契約というものを実質的には未経験の人も多く含まれる高齢者や判断能力に衰えが見え始めている人が、"命"を預けるのと同じくらいの意味を持つ契約を結ぶのである。入り口のところ＝契約締結時点で、しっかり第三者が関わる方が、結果的にはトラブルを無くしていくことが可能になるのではないかと考えられる。その第三者としては、契約に通じた弁護士（会）、国民生活センター、あるいは社会福祉士会のような第三者の性格を持つ個人や団体、

さらには地域包括支援センターなども含めても良いかもしれない。もちろん、ある一定の立ち会い手数料を、契約当事者双方が支払うこととする。このような第三者が契約に立ち会うことにより、不心得な事業者が"有料老人ホーム"を名乗って儲けようとする行為にも、歯止めができるものと思う。

その結果、一定レベル以上の高い品質が確保されるホームと、低価格であるが低品質でもあるホームに2極化するのではないか、というのが筆者の予測であり期待でもある。高いものには高いだけの、安いものには安いだけの理由がそれぞれあるということになろう。

この文章をまとめている間に、同じ"有料老人ホーム"という言葉で、目指すところが異質なものをひとくくりにしていることが、多くの誤解を利用者にはもちろん事業者にも、さらには行政にも与えているのではないかという疑問が強くなってきた。それならば、思い切って名称も分けることによって、従来型の有料老人ホームと異なるものが生まれてきていることを明確にする方がよいのではないだろうか。

たとえば、サービスの質と量を勘案して、追加的な費用を頂戴するが、安心もしっかり提供するのが"有料老人ホーム"とする。介護保険以前に生まれた多くのホームが中心である。一方、介護保険施行後のいくつかに見られるような、費用は安くするが、サービスも限定するタイプは、特別養護老人ホーム等の不足に対する補完的役割が設置の主たる目的であることを明確にして、別カテゴリーと考えた別名称を与えては如何だろうか。名称もストレートに「簡易支援型高齢者施設」とでも呼ぶことにすれば、利用者も過度の期待はしないであろう。差し詰め、今回の介護保険制度改定によって新たに認められるようになる外部サービス利用型有料老人ホームは、その典型であろう。

いずれにせよ、上記の「第三者による契約立ち会い制度」の実現はかなり難しいであろう。しかしその実現が無い限り、当分は、従来の枠組みで有料老人ホームを考え高品質サービスにこだわるホームと、儲けることに力点を置くお手軽サービスホームとのサバイバルレースが展開されるのではないだろうか。本来、同じ土俵の上で勝負をするようなものではないが、広義の"有

料老人ホーム"として、その名称から同じ範疇のものとして考えてしまう利用者が存在する限り、サバイバルレースが繰り広げられるように思われる。そして、そのレースが落ち着くまでには、残念ながら、利用者にもその影響を受ける、いわば犠牲者も出るのではないかという懸念を持つ。その過程で「角を矯めて牛を殺す」ようなことにならなければ良いが、と不安を捨てることができないのは筆者の考え過ぎであろうか。

おわりに

　「儲かる」か「儲からない」か。結局はやり方次第であろうと思う。しかし、その議論が有料老人ホームのあり方を考える中心的テーマとなること自身が、間違いであろう。筆者自身が、このテーマを選び書き始めたが、すっきりした気持にならないまま最後まできてしまった。
　もともと有料老人ホームへの入居希望者は、社会福祉のお世話に依存し過ぎないで、心身共に自立した生活を自ら求める高齢者である。その人々の思いに応えていくのだから、事業者も志を高く掲げて、真っ直ぐにその人々と向かい合う姿勢・気概を持ち、この事業に関わっていってほしいと強く願い、ペンを置きたい。

【参考文献】

厚生労働省編『厚生労働白書』平成17年版
内閣府『高齢社会白書』平成17年版
高齢者介護研究会『2015年の高齢者介護』2003年6月
(社) 全国有料老人ホーム協会『有料老人ホームの現状と今後』平成17年9月
厚生労働省『全国介護保険担当課長会議資料』平成17年4月、6月、9月、10月
その他最近のニュースは新聞報道による

第8章 在宅での要介護認定調査の実施状況に関する検討

中村亜紀

はじめに

　介護保険制度は施行後5年を経過して見直し後の改正がこの4月から実施される。高齢者介護の社会化を目指した第4の社会保険制度は当初から批判もあるが、実際に制度を利用してサービスを受けている高齢者や家族へインタビューをしてみると、「介護保険があって本当に助かっている」「この制度がなかったら、私は今家にいられなかったと思います」といった感想が多く聞かれ、満を持しての制度の設立だったと思われる。制度の周知とともに要介護者数が増え、介護サービスの利用が始まる。自治体によっては見直しのたびに保険料の大幅な上昇がはじき出され、今後はいかに無駄を省いた効果的な適正配分を行うかが制度を維持していく上でも要となる。
　正確な要介護認定調査の実施により、要介護度が測られ、適正な保険給付が決定される。保険給付を決定付けるこの調査には公正さを図るために中立的な公的機関が行うことが望ましいが、現行制度では居宅介護支援事業者等への認定調査の代行委託が認められている。居宅介護支援事業者は認定により決定された給付費からサービスの対価を受け取る立場にあり、認定調査員として給付の決定に、また介護支援専門員としてサービスの消費の決定の両

第8章　在宅での要介護認定調査の実施状況に関する検討　　135

側から関わることになる。このことから事業者への調査委託では要介護認定結果が高くなる傾向があるとの厚生労働省の報告もある。実際の在宅場面では要介護認定調査はいかに実施されているのだろうか。

　私が高齢者の介護システムに関心を持ったのは、大学学部の指導教授の影響による。当時関西学院大学では3回生からゼミが始まるが、ちょうどその年に赴任していらしたO教授のゼミに入った。社会保障論が専門のO教授は介護保険制度立ち上げのための厚生省のワーキンググループのメンバーとしてかかわっておられた。本稿では、社会人が経済学部から経済学研究科、そして医学系研究科を渡り歩き研究に携わるようになったきっかけ、研究を進める際の人間関係などを含めながら、東大阪市で実施されている介護保険実態調査から、訪問調査の実施に関するデータをとりあげ、居宅介護支援事業者等への代行委託による要介護認定調査の実施状況を明らかにし、問題点の検討を行う。

I　方法

I-1　大学院への進学

　研究をしてみたい、具体的には論文を書いてみたいと思えば、大学院へ入学するのが一番の方法である。

　1995年、就職して6年が過ぎたころに、当時はまだ数が少なかった社会人入試で関学の経済学部に入学し、2回目の大学生となった。仕事を辞めて全日制の学校へ入学するというのは当時周囲にはとても思い切った行動のように映っていたと思う。私自身何かしら一時期の思いつきと勢いで行動していた時期であったようにも思うが、私の最初の仕事場では学卒でとった資格で数年仕事をして、次のステップの資格をとりに専門学校へ進学し、資格取得後に元の職場へ復帰する、というコースをとる人が年間に数名いたので、似たようなパターンであるという程度に思っていた。私が退職した後、同じ職場の後輩が社会人入学で全く仕事とは別分野の大学へ進学したし、この研

究でお世話になっている市役所の50代の女性も大学院へ進学、今は後期課程へのチャレンジをしておられる。身近に社会人学生がいれば、意外とすんなり選択できるものだと思う。後先考えない性格でもやはり心配なのは経済的な問題だった。結果的には4年間分の学費を準備しておいて、その後当初予想もしていなかった長い長い学生生活を送ることになるのだが、後は何とかなった。

社会人入試で入学するのは年に3～4人で、私達は関学の社会人入試3期生だった。経済学部の入学者数が700名ほどであり、その内の数名であるから、とても自分たちで同じ境遇の同級生を探し当てることは難しく、学部の配慮で社会人入学者の集まりを設定していただいていたことに感謝している。

27歳になって高校を卒業したての人達と一緒の教室に入り、授業では語学も一から、体育も社会人だからといって別扱いは無く一緒にやった。私より1年前に入学した社会人の先輩方は1年間の体育の授業があったようである。私たちの年度より、体育の必修は半期になっただけ恵まれていたと思う。社会人入学者の集まりを設定していただいた以外何ら特別扱いのない大学生活では、自然と歳の離れた同級生たちと交わっていった。幸いなことに（？）外見上も同級生たちに馴染んでしまっていたので、社会人入試がない他学部の学生と知り合った時には彼らは当然のごとく同年代であると思いこんでいるので、年の差があることを話すべきかどうかと心苦しくなることもあったくらいである。経済学部の友人たちとは4年間の苦楽を共にし、今でもいい付き合いが続いている。

2度目の大学生を私は多くの人たちにお勧めしたい。社会に出て数年し、自分の未熟さを痛感したときに毎日その分野の専門家である教授の話に浸れる贅沢は、1回目の大学時代には実感できない。教授の研究活動や社会活動は、一般に学生が社会のしがらみに出て行く前の最後の幸せな数年を過ごせる場だとして、いわば社会と対極にあるといえる大学の中で世の動きの最先端への参加を疑似体験させる。社会人学生は1回目の大学生よりそこのところがずっとよく見える。社会人が大学にはまってしまう理由はそのへんにあ

第 8 章　在宅での要介護認定調査の実施状況に関する検討　　　137

るのだろう。社会人学生の大学院進学率は例年非常に高い。私の同期は 4 人中 3 人が大学院へ進学したのである。

　大学院ではエコノミスト・コースという社会人のための夜間の大学院生の方々（後に KG エコノミスト歴史研究会のメンバーとなる）と合流することになった。学卒で大学院に入学するものと、社会人が仕事を続けながら大学院で学ぶこの 2 つの大学院生は昼の院生、夜の院生といった呼び名で呼ばれていたが、昼の院生も夜の授業を履修することができ、その逆もありのため、交流は年齢も立場も昼夜も超えて広がっていった。夜の院生パワーには圧倒されるものがあった。役職もお持ちで、就業時間内は目いっぱいの仕事をこなし、大学院の講義に駆けつけたら現場での問題意識を教授の理論にぶつけて討論していく。課題をこなすスピードも読書量も時間を縫うからこそ驚くばかりであった。私も学部時代から社会人学生として過ごしてきたつもりだったのだが、大学で吸収したものを反映させる現場を持たず、大学へ現場からの持込をできない私は、学卒の院生と何ら変わらないことを思い知らされた。大学の中は進んでいるようで遅れているような、とにかく元の職場にも戻れない、どっちつかずの自分を自覚した。結局、昼の院生の 1 人として、研究というものを手がけながら生活をしていけるようになるよう 2 人の O 教授に頼っていったというのが本稿のような研究をすることになったいきさつである。かなり消極的理由のようでもある。

I-2　介護保険実態調査

　自治体は市民へのサービス向上のために数々の調査を行うが、その実施にあたって大学と共同していることがよくある。行政の各課は事業の執行を審議するにあたり、学識経験者として大学の教員を加えることがあり、そのような繋がりから調査の際にはその教授の講座に所属する大学院生が調査のあらゆる段階に関与する。大学院生は個人では得がたいデータを研究のために利用することができ、行政側からすればデータの整理や分析、報告書の作成の手間をかなりの部分で任せることができ、お互いに得るところのある関係性にある。

東大阪市では市独自の事業として、介護保険事業の実態を把握し、認定調査、サービス計画、サービスの提供状況、契約の履行等の状況を把握するとともに利用者の意見等を聞き取ることを目的として、平成12年から利用者宅を訪問してアンケート形式の聞き取り調査を行う介護保険実態調査を行っている。
　この調査には大学の研究室がかかわることはなかったが、高齢介護課職員に加え、調査の公平性を保つために当該市の介護保険事業に直接携わっていない者として弁護士、医師、看護師、あん摩マッサージ指圧師等7名が調査員となっている。調査員は弁護士以外はケアマネージャー（介護支援専門員）の研修を終了していることを条件としている。私は平成15年度調査より調査員として加わっており、大学院の指導教授とは兄弟弟子の関係でいらっしゃる国立病院の医師の後に続く形で、という繋がりである。
　調査対象は、介護保険の認定を受け、かつ保険給付実績があり介護保険による在宅サービスを利用していると思われる方の中から無作為に抽出している。抽出者数は平成12年度341人、平成14年度306人、平成15年度360人、平成16年度343人であった。抽出された対象者へは調査目的の説明と協力依頼の文章が役所の担当課から郵送され、その後調査担当者により電話連絡を行い、自由意志で同意の得られた方に対して訪問を行い聞き取り調査を行う。調査は利用者本人からの聞き取りを基本とするが、認知症の程度が重い等心身の状態により本人からの聴取が困難な場合には、通常介護を行っている家人等から聞き取りを行っている。
　訪問調査をするにあたって問題になったのは、この調査の調査員は市内在住の方がほとんどであったが、私は北に三つ市をはさんだところからの参加であったので、どうやって回るかということだった。市役所にある公用車の数は限られているため、市役所の職員の方たちは市民宅の訪問に際しては自転車で移動することが良くあるらしい。駐車場の確保が不要で、渋滞の心配もない。高齢福祉課の方からは、車で役所まで来て、役所の自転車に乗り換えて回ることを薦められた。世の大学院生の運動量はどの程度であろうか。多くは運動不足であろうと思う。私は車で通学していたため、平均して1日

第 8 章　在宅での要介護認定調査の実施状況に関する検討

の歩数は 100 歩未満だったように思う。一日中研究室に篭って作業を進める私の所属していた研究室では、研究室の椅子でお尻に床ずれを作ったものが何人かいたくらいである。日々の鍛錬もなにもない体力で訪問調査を自転車で回るという話になり、かつ日焼けなどもってのほかの年齢の私に、研究室の仲間たちは自転車に傘を取り付ける大阪名物「サスベー」と顔全体を黒いフィルムで覆うようになったサンバイザーを購入する算段を立ててくれていた。

調査初日、高齢福祉課の職員の方が付き添ってくださることになっており、その日は大雨だったため、合羽と長靴を用意して待っていてくださった。そんな装備でいつもお仕事をされているのかと頭が下がる思いだったが、雨の中 1 件目の訪問先へたどりついたとしても 3 件目の訪問先から帰ってくる自信は到底なく、車で回ることをお許しいただいた。市内の住宅道路は狭いところが多く、職員の方の話によると戦災が少なかったため戦前の区画のままになっているところが多いのだそうだが、小さな車で走っていてもカーブを走るのに苦労したり、道に迷うこともしばしばだったが、訪問した先々のお家では駐車場所をそれぞれ心配いただき、調査期間にわたって問題になることはなかった。本当にいい人の住む町だと思う。

各年の調査結果は介護保険実態調査報告書としてまとめられ（平成 14 年度は報告書作成が行われなかったため欠如）、本研究では実態調査を単純集計した報告書結果を用いる。

Ⅰ-3　調査対象

平成 12 年度、平成 13 年度、平成 15 年度、平成 16 年度の東大阪市介護保険実態調査に協力いただけた方。

Ⅰ-4　調査項目

介護保険実態調査の質問項目のうち、基本属性（年齢・要介護度）及び認定調査の実施にかかわるもの。

(1) 訪問調査にどれくらい時間がかかったか

(2) 訪問調査はどこで行われたか
(3) 訪問調査時に同伴者はいたか
(4) 訪問調査時に心身の状況を十分に聞いてもらえたか
(5) 認定の結果は適切だったと思うか

ケアマネージャーの対応に関するもの。
(1) ケアマネージャーの訪問の頻度
(2) ケアプランに対する満足度
(3) 担当ケアマネージャーの対応に対する満足度

表1　質問項目原文

1．訪問調査にどれくらい時間がかかりましたか。
　　ア．30分未満　　　　　　　　イ．30分～1時間未満
　　ウ．1時間～1時間30分未満　　エ．1時間30分以上

2．訪問調査はどこで行われましたか。
　　ア．居宅　　　　　　　　　　イ．デイサービス
　　ウ．デイケア　　　　　　　　エ．病院
　　オ．その他

3．訪問調査時に同席者はおられましたか。（複数回答可）
　　ア．配偶者が同席した　　　　イ．子供が同席した
　　ウ．子供の配偶者が同席した　エ．親戚が同席した
　　オ．知人が同席した　　　　　カ．だれも同席しなかった
　　キ．その他

4．調査で自分の心身の状況を十分聞いてもらえたと感じましたか。
　　　ア．もらえた　　　　　　　　イ．分からない
　　　ウ．もらえなかった

5．認定の結果は適切だったと思いますか。
　　　ア．適切だった　　　　　　　イ．思ったより高かった
　　　ウ．思ったより低かった　　　エ．分からない

6．担当ケアマネージャの訪問・面接についてお尋ねします。
　　　ア．少なくとも月に1回は居宅へ訪問し、面接がある
　　　イ．2～3ヶ月に1回は居宅へ訪問し、面接がある
　　　ウ．6ヶ月に1回は居宅へ訪問し、面接がある
　　　エ．ほとんど訪問はないが、居宅以外の場所で面接がある
　　　オ．ほとんど訪問も面接もない
　　　カ．その他

7．ご本人やご家族はケアマネージャが作成した居宅サービス計画
　　（ケアプラン）に満足していますか。
　　　ア．満足している　　　　　　イ．やや満足している
　　　ウ．やや不満である　　　　　エ．不満である

8．担当ケアマネージャの対応に満足していますか。
　　（何でも相談ができて助言や対応をしてくれますか）
　　　ア．満足している　　　　　　イ．やや満足である
　　　ウ．やや不満である　　　　　エ．不満である

II　結果

II-1　基本属性

　抽出者のうち調査への協力が得られたのは平成12年度233人（実施率76％）、平成14年度246人（実施率72％）、平成15年度282人（実施率78％）、平成16年度255人（実施率74％）であった。調査に協力が得られない理由としては「辞退」が各年約10％あり、その他「介護施設及び医療施設への入所中」により在宅サービスを利用していない、「他市への転出」、「不在」による連絡不通、「死亡」となっている。

　年齢分布は平成12年度は「65歳以下」11人（5％）、「65歳以上75歳未満」63人（27％）、「75歳以上85歳未満」93人（40％）、「85歳以上95歳未満」62人（27％）、「95歳以上」4人（2％）であった。平成14年度「65歳以下」14人（6％）、「65歳以上75歳未満」60人（26％）、「75歳以上85歳未満」99人（42％）、「85歳以上95歳未満」67人（29％）、「95歳以上」6人（3％）、平成15年度「65歳以下」13人（6％）、「65歳以上75歳未満」79人（34％）、「75歳以上85歳未満」108人（46％）、「85歳以上95歳未満75人」（32％）、「95歳以上」7人（3％）、平成16年度「65歳以下」16人（7％）、「65歳以上75歳未満」73人（31％）、「75歳以上85歳未満」107人（46％）、「85歳以上95歳未満」56人（24％）、「95歳以上」3人（1％）であった。

　要介護度分布は平成12年度は「要支援」40人（17％）、「要介護1」が80人（34％）、「要介護2」が52人（22％）、「要介護3」が32人（13％）、「要介護4」が21人（9％）、「要介護5」が8人（3％）であった。平成14年度「要支援」33人（13.4％）、「要介護1」が96人（39％）、「要介護2」が60人（24％）、「要介護3」が26人（10.6％）、「要介護4」が24人（9％）、「要介護5」が7人（3％）、平成15年度は「要支援」31人（11％）、「要介護1」が111人（39％）、「要介護2」が60人（21％）、「要介護3」が36人（13％）、「要介護4」が25人（9％）、「要介護5」が19人（7％）、平成16年度「要支援」44人（17％）、「要介護1」

が115人（45％）、「要介護2」が40人（16％）、「要介護3」が33人（13％）、「要介護4」が14人（6％）、「要介護5」が9人（4％）であった（図1）。

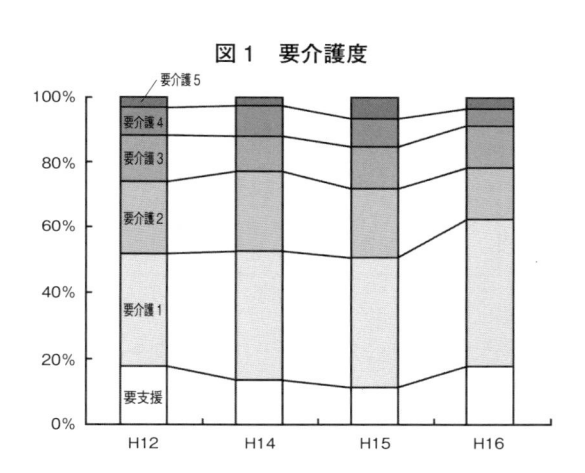

図1 要介護度

Ⅱ-2 認定調査の実施について

訪問調査にどれだけの時間がかかったかの問いに対して、平成12年度は「30分未満」18.5％、「30分〜1時間」54.1％、「1時間〜1時間30分」12.9％、「1時間30分以上」2.6％、「無回答」12％であった。平成14年度は「30分未満」27.6％、「30分〜1時間」48％、「1時間〜1時間30分」8.5％、「1時間30分以上」0.4％、「無回答」15.4％、平成15年度は「30分未満」23％、「30分〜1時間」57.4％、「1時間〜1時間30分」6.4％、「1時間30分以上」2.1％、「無回答」11％、平成16年度は「30分未満」31％、「30分〜1時間」47.1％、「1時間〜1時間30分」5.9％、「1時間30分以上」0.8％、「無回答」15.3％であった（図2）。

図2　訪問調査所用時間

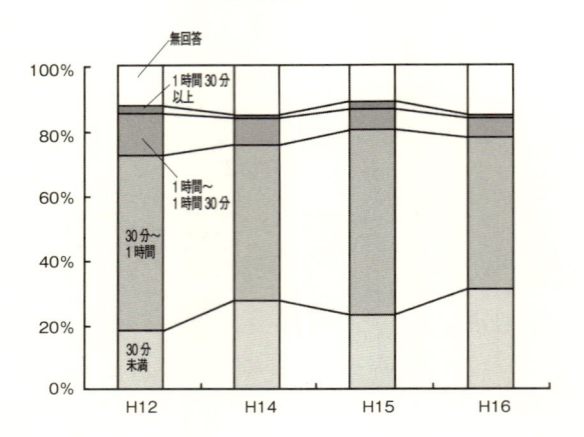

認定調査を行った場所は平成12年は「居宅」80.7%、「居宅以外」9.9%、「無回答」9.4%であった。平成14年度は「居宅」83%、「居宅以外」6.9%、「無回答」10.1%、平成15年度は「居宅」86.9%、「居宅以外」5.7%、「無回答」7.4%、平成16年度は「居宅」81.6%、「居宅以外」7.5%、「無回答」11%であった（図3）。

図3　訪問調査実施場所

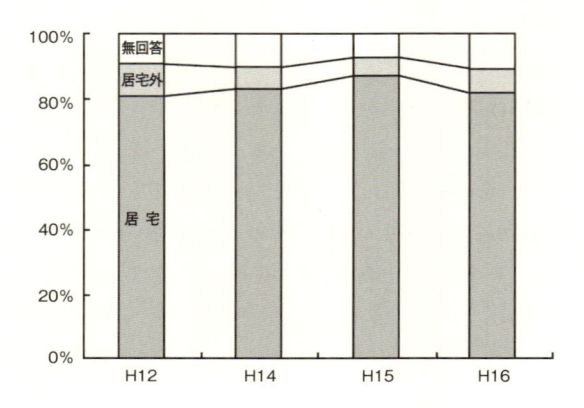

第 8 章　在宅での要介護認定調査の実施状況に関する検討　　145

　認定調査を受ける際に利用者に同伴者があったかどうかについては、平成12年度は同伴者「有り」が63.1％、「無し」27.9が％、「無回答」9％であった。平成14年度は同伴者「有り」55.9％、「無し」28.6％、「無回答」8％、平成15年度は同伴者「有り」66％、「無し」25.1％、「無回答」6.9％、平成16年度は同伴者「有り」59.4％、「無し」27.7％、「無回答」10.6％であった（図4）。

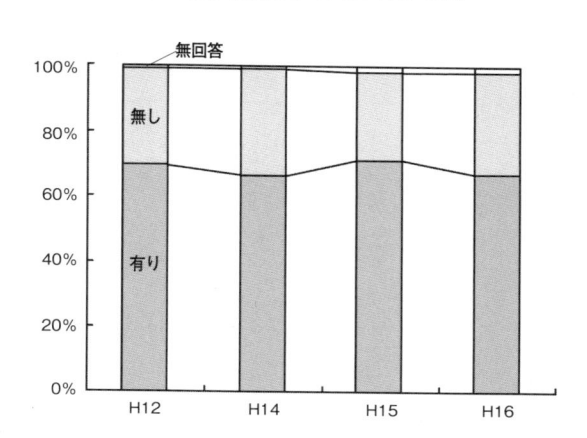

図4　訪問調査時の同伴者の有無

　認定調査時に心身の状況を十分に聞いてもらえたかどうかについては、平成12年度は「もらえた」が81.5％、「もらえなかった」6.4％、「無回答」12％であった。12年度については上記3段階の設問であった。平成14年度は、「もらえた」82.1％、「分からない」7.3％、「もらえなかった」1.6％、「無回答」8.9％、平成15年度は、「もらえた」87.2％、「分からない」3.5％、「もらえなかった」1.4％、「無回答」7.8％、平成16年度は、「もらえた」80.4％、「分からない」5.9％、「もらえなかった」1.2％、「無回答」12.5％であった（図5）。

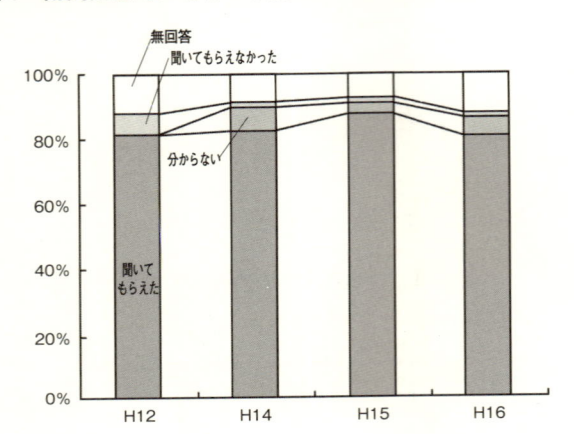

図5 訪問調査時に心身の状況を十分に聞いてもらえたか

Ⅱ-3 ケアマネージャーの対応について

設問の開始が平成15年度調査からであるため、15年度及び16年度調査の結果のみ得られた。

ケアマネージャーの訪問の頻度については、平成15年度は「月1回」79.1％、「2～3ヶ月に1回」6％、「6ヶ月に1回」0.4％、「訪問はないが居宅以外で面接がある」3.5％、「訪問も面接もない」3.5％、「その他」5％、「無回答」2.5％、平成16年度は「月1回」87.1％、「2～3ヶ月に1回」3.1％、「6ヶ月に1回」0％、「訪問はないが居宅以外で面接がある」1.6％、「訪問も面接もない」3.9％、「その他」2.4％、「無回答」2％であった。

本人や家族はケアマネージャーが作成したケアプランに満足しているかどうかについて、平成15年度は「満足」75.2％、「やや満足」11.3％、「やや不満」5％、「不満」2.1％、「無回答」6.4％、平成16年度は「満足」69％、「やや満足」14.9％、「やや不満」2.7％、「不満」0.8％、「無回答」12.5％であった。

担当ケアマネージャーの対応に満足しているかどうかについて、平成15年度は「満足」80.1％、「やや満足」12.8％、「やや不満」3.9％、「不満」1.8％、「無回答」1.4％、平成16年度は「満足」76.5％、「やや満足」15.7％、「やや不満」4.7％、「不満」0.8％、「無回答」2.4％であった。

III 考察

　東大阪市は平成17年度より中核都市になった人口約51万人の自治体である。高齢者化率は約18%、うち要介護者数は平成12年には8,714人であり、平成17年3月には16,508人となっている。本調査は、要介護者数の約2〜4%をサンプルとしている。

　認定調査の実施状況では、認定調査にかかる時間において、30分以上の時間をとっているとの回答が平成12年度では69.6%であったが、平成16年度では53.8%と減少している。逆に30分未満との回答が平成12年度では18.5%であったのが、平成15年度では31%となっていた。制度発足当初は介護支援専門員の誰もが不慣れなため、調査に要する時間が延長する傾向にあり、その後熟練とともに短縮していったと推察される。しかし、心身の状況に関する79項目について適切に調査を行うためには30分から1時間程度の時間を要するとされており、30分未満で調査が終了しているとすれば、調査の簡略化が進んでいると思われる。また、調査にかかった時間に対して無回答となっているものについて、当該課職員と調査員で年1回行っている調査報告会において行った検討では、制度発足後間もない頃には利用者自身が介護保険制度の仕組みへの理解が不十分であり、訪問調査を実施している認識に欠けていることから回答の欠損があるとのまとめであったが、平成16年では調査時点で利用者自身が数回の認定調査を経験したうえで、前回の認定後、再認定のために調査を行わないままに新たな認定結果が届いた、と返答しているものが増加しているとの認識が示された。

　認定調査の実施場所は原則として日頃の状況を把握できる場所で行うこととされている。本調査では在宅サービスを受給中であることが前提となっているため、基本的には居宅で行われているはずであるが、居宅での実施は約8割強にとどまっている。その他の実施場所としては、多い順に病院（診療所含む）、デイケア、デイサービスとなっている。高齢者の自立度は障害物

のない施設では高いが、段差や床の条件などが様々である個人の家屋では低くなることがあるというように動作の場所によって変動するため、居宅を原則とすることが遵守されなければならない。

　認定調査のうち、認知に関する聞き取りの正確さを確保するためには、本人に対する質問に加えて、日頃介護を行っている者に対する聞き取りも必要である。調査に際しての同伴者の有無では平均して約6割が同伴者を伴っていた。平成12年の調査では同伴者を伴わなかった理由を問うており、「同席する人がいない」が61.5%で最も多く、次いで「必要が無い」が13.8%との結果であった。また調査時に同席者はいた方が良いかどうかについて、「必要」と59.2%が返答している。利用者本人が希望する場合や本人の状態により必要と思われる場合には、日ごろ訪問を行っているヘルパー等が調査に同席できるよう調整を行うといった手配が望まれる。

　ケアマネージャーの訪問は「月1回程度ある」というのが2回の調査でそれぞれ79.1%、87.1%であった。認定調査を事業所委託で実施している自治体では、ケアマネージャーと認定調査実施者が一致することになるため、ケアマネージャーの訪問頻度は認定調査者と利用者との普段の面接状況を示すものとして考えられる。言い換えれば、認定調査の補完機能を持つような観察が行われているかどうかということである。ケアマネージャーの訪問時の内容は調査項目に含まれてはいないが、利用者の自由発言から拾い上げれば、多くは利用票の配布が主たる目的になっている現状が伺われた。1割については、自宅への訪問が月に1回の頻度でも行われていないということである。実態調査により、無訪問などケアマネージャーの対応として悪質と思われるケースについては、高齢福祉課から事業所への指導が行われるようになっている。

　作成されたケアプランや担当ケアマネージャーの対応についての満足感は高い。利用者からみてケアプランやケアマネージャーの評価は、日ごろのニーズへの対応、提供を受けるサービスの質や量によって変化すると思われるため、定期的な訪問があると答があった以上に「満足である」と回答する割合がある。基本的な考え方としては認定調査の結果を踏まえてのケアプラ

ンの作成であるが、認定調査の実施状況如何にかかわらずケアプラン自体への不満はより希薄である。このような不一致があれば、ケアマネージャーのスキルアップに対するインセンティブに結びつきにくい一要因であると考えられ、また介護保険制度の給付対象者と給付額を決定する公正な手続きであるべき要介護認定調査が現場サイドからの確立しにくさを示していると言えるだろう。

　2005年度の介護保険法改正では、介護予防策が取り入れられた。要介護認定についても、居宅介護支援事業者等による認定申請の代行や認定調査が利用者の意思に反した過度の掘り起こしを惹起しているとの指摘を踏まえ、サービス事業者の代行のあり方の見直し、新規認定については市町村実施の原則を徹底することとなった。しかしながら、実態調査からみれば再認定調査が正確さを持って実施されているかという点について懸念がある。介護予防を謳ったとしても要介護度を測る認定調査が正確でなければ、介護予防の効果も悪化についても評価しえない事態となる。介護給付費の適正化を実現するためには、調査の公平・公正を図るべく、サービス事業所と認定調査の実施者とは分離する必要がある。

Ⅳ　結語

　東大阪市の介護保険実態調査からは、要介護認定調査において適切な時間の確保により適切な認定調査が保障されるとするならば、十分な時間をかけて調査が行われているのは平均すれば約6割であることが確認され、その割合は近年減少傾向である。調査が実施される場所は日常の状態を把握できる場所であることについて約2割、日頃介護を行っている者を同伴しての聞き取り調査の実施についても約4割が原則を適用していないことが明らかとなった。

　調査の公平を期すために、サービス事業所と認定調査の実施者とは分離する必要がある。

おわりに

　前述の年に1度行われる調査報告会では、協力してくださった利用者の方からの多くのコメントを中心に話し合いがもたれる。上手く制度を利用していらっしゃる、という方も大勢おられるが、とても生活しにくい状況でお過ごしの方や、質の悪い事業所にあたってしまったと思われる方も散見される。つくづく当事者のご意見を聞いてみなければ分からないことがあると実感することもあり、得られた視点は次回の訪問調査の時の参考にするとともに事業にはメンテナンスが必要だと考えさせられる。

　私は研究と称し、ゴッタな中の一部分を取り出してああだこうだと言っている。時々この労力は何のため？　と立ち止まりそうになる。本結果について報告会で報告をしたが、「認定については認定課の方になりますから…、でもちょっと言っとこうか」とのお返事。本結果に限らず、当市にかかわる内容の場合、既出のこの市役所の女性にコメントをもらうのだが、いつも「そうやろな、カンでは分かってた」との反応。そして「研究ってのはいつも遅いねん、現実の対応はデータをいらわなくてもカンで理解して動いていかな間にあわへんのよ」と厳しい。大先生と違って私は小物ですし、作業能力も高くはない。ご批判は甘んじて受け止めますが、そう言いながら大学院へ進学されたじゃないですか。一部を掬い取りながら吟味していく作業は何かワクワク感を伴うものなんです。

　前年度からは調査で報告された内容により、高齢福祉課の職員が悪徳事業所への監督にのりだして行っているそうである。ああ、頼もしい。

【参　考　文　献】

「介護保険実態調査報告書」東大阪市健康福祉局福祉部高齢介護室高齢介護課平成13年4月

「介護保険実態調査報告書」東大阪市健康福祉局福祉部高齢介護室高齢介護課平成15年4月

「介護保険実態調査報告書」東大阪市健康福祉局福祉部高齢介護室高齢介護課平成16年4月

「介護保険実態調査報告書」東大阪市健康福祉局福祉部高齢介護室高齢介護課平成17年4月
「介護保険事業状況報告」厚生労働省
「認定調査員テキスト」厚生労働省老健局老人保健課平成14年12月

第9章 高齢社会に活用したい成年後見制度

南畑早苗

はじめに

　現在の消費者は多様な商品・サービスがあふれる中で、情報収集と適切な判断が必要とされており、自己責任に基づいた行動がより強く求められている。急速に進む少子化や高齢化によって、一人暮らしや夫婦のみで暮らす高齢者が増えている。高齢者も地域社会で暮らし続ける場合は、自ら商品やサービスを購入しなくてはならない。高齢者は、個人差が大きいとはいえ一般に心身機能や判断能力の低下は避けがたく、トラブルに巻き込まれる危険性が増え、生活の質の低下を招くことがある。そのうえ長期の老後生活のために蓄えられた資産を有することから悪質業者のターゲットになりやすく、被害を受けやすいのである。近年は特に高齢者を当事者とした消費者問題・取引上の問題が顕著である。筆者が勤務する消費生活相談窓口にも高齢者をターゲットにした悪質商法の相談が後を絶たない。例えば、「健康になると、高額な健康器具を購入したが効果がない」「認知症の妻が高額な鍋を購入して、隠していた」「認知症の母がリフォーム業者に次々高額な契約をさせられていた」等の相談が多く寄せられている。国民生活センターも再々高齢者の消費者トラブルについて報告・注意を喚起しているが、十分な効果が上がって

いないのが現状である。

Ⅰ 高齢者の消費者被害の問題点

　国民生活センターの相談事例のよると60歳以上の相談の大きな特徴のひとつは、苦情の申し出が本人からではなく、家族など第三者から寄せられていることである。また、介護保険制度が制定されてから、居宅介護サービス業者からの相談も増加している。居宅介護サービス業者から派遣されたヘルパーが、一人暮らしの高齢者が不必要な高額商品の契約をしていることを発見し、消費生活センターに相談を持ち込むケースがある。第三者が高齢者の被害に気づき相談を寄せているのである。

　なぜ高齢者が特に被害者となりやすいかという理由について、筆者の苦情相談体験をふまえ考えてみた。

① 核家族化が進展し、1人暮らしや夫婦のみの高齢者だけで暮す所帯が増えている。また高齢者を含む他の親族所帯においても、昼間は高齢者のみが在宅する家庭が多くなっている。

② 高齢者は活動範囲が限られていて在宅率が高く、家庭訪問販売や電話勧誘販売など問題のある商法の被害にあう可能性が高い。

③ 高齢者は商品やサービスの適切な情報に接する機会が少なく、商品などの選択のための知識が十分でない。そのためセールスマンのセールストークを信じやすい。

④ 加齢に伴う高齢者の心身能力の低下に付け込んだ悪質業者の被害者となるケースが多い。高齢者の判断能力の低下を知った事業者が高齢者宅を度々訪れ、次々と高額な契約させるケースである。

⑤ 高齢者は他の年齢層の消費者と比較して生活や健康に不安を抱えていることが多く、こうした不安に付け込まれる傾向がある。

⑥ 契約購入総額が他の年齢層に比べて高額である。これは高齢者の預金高に関係があるかもしれないが、事業者から高額な契約をさせられる

ケースが多い。
⑦ トラブルが起こった時、自分自身で解決することがなかなか難しい。高齢者は被害にあった時、誰に相談したらよいか、どこに相談すべきか知らない場合が多い。

　以上のように考えているが、高齢者の能力については個人差が大きく一概には言えないのが現状である。実際の契約場面では、クレジットの契約書面の活字が小さかったり、表現がわかりにくいため「契約書面をよく読まずに契約してしまった」とか、長時間にわたる執拗な勧誘に根負けして契約してしまうケースも見受けられる。

　高齢者相談事例に多い商品・サービスは、「ふとん類」「健康食品」「家庭用電気治療器具」「サラ金」「リフォーム工事」「浄水器」「紳士録・名簿」「新聞」「屋根工事」「和服」があげられる。「ふとん類」「健康食品」「家庭用電気治療器」など健康に関した商品があがっているのは、高齢者の健康への関心や不安が強いことを反映していると考えられる。ひとつ契約をすると、同じ事業者が次々と来訪して商品等を販売する次々販売[1]も多くみられる。次々販売で被害にあうと、ひとりの消費者の被害額が高額となり、生活まで脅かすことになる。特に最近は、認知症の高齢者に不必要なリフォーム工事を次々と契約する業者のことが社会問題となった。

　高齢者の取引や財産管理についての問題は、今後ますます急増・深刻化することが予想されている。こうした契約弱者である高齢者に契約をサポートし、権利を擁護する仕組みが必要となってきた。高齢者の契約を支援するしくみのひとつに成年後見制度がある。この制度は介護保険制度とともに制定され、高齢社会制度の車の両輪と期待されている。

II　成年後見制度とは？

　成年後見制度とは、主として判断能力不十分な成年者（認知症高齢者・知的障害者・精神障害者）を支援・保護する制度である。つまり判断能力の不

十分な人々は、財産管理や身上監護（介護、施設入居などの生活について配慮すること）についての契約や遺産分割を自分で行うことが困難であったり、悪質商法の被害にあうおそれがある。このような判断能力不十分な人々を保護し支援するのが目的である。改正前の民法では、禁治産・準禁治産者の制度があったが、かねてから利用しにくい制度になっているという指摘がされていた。活用しやすい制度とするために成年後見制度として改正し、2000年の介護保険制度とともに制定された。

　成年後見制度は、自己決定の尊重、残存の能力の活用、ノーマライゼーション等の理念と従来の本人保護との調和を旨として柔軟かつ弾力的な利用しやすい制度を構築するという方針に沿って立法されている。制度は大きく「法定後見制度」と「任意後見制度」の2種類に分けられる。

　法定後見制度は、現に判断能力が不十分な状態にある本人について、主として本人や家族（配偶者や4親等内の親族）の申し立てにより、家庭裁判所が適任と認める者を成年後見人等に選任する制度であり、成年後見人等は、法定の事務について法定の権限が授与されている。成年後見人等の仕事は財産管理と身上監護があり、判断能力に応じて3類型に分かれている。

　補助＝判断能力が不十分な人が対象。申し立て範囲で家庭裁判所が定める特定の法律行為[2]について代理権や同意権を補助人について付与すれば、本人に代わって契約を締結したり、同意なく締結した契約を取り消すことができる。

　保佐＝判断能力が著しく不十分な人が対象。保佐人は民法12条1号に定められている行為について同意権・取消権を有する。申し立ての範囲内で裁判所が定める特定の法律行為について代理権を保佐人に付与することができる。

　後見＝判断力を欠く常況にある人が対象。後見人には広範囲な代理権と日用品の購入、その他日常生活に関する行為を除く法律行為に取消権が与えられている。

　任意後見制度は、将来、判断能力が衰えた場合に備え、自らが選んだ人と任意後見契約を結び、自己の判断能力が不十分になった場合の財産管理や身

上監護についてサポートして欲しい内容を決めておくことができる制度である。契約は公証人の作成する公正証書で行う必要がある。元気なうちに契約を結び、判断力が不十分になったら、家庭裁判所に任意後見監督人の選任の申し立てし、選任されると任意後見人による後見事務が開始される。

以下、成年後見制度の概要について表にした。

成年後見制度の概要

	補助	保佐	後見	任意後見
対象者	精神上の障害により判断能力が不自由分な人	精神上の障害により判断能力が著しく不十分な人	精神上の障害により判断能力を欠く常況に在る人	契約締結能力がある段階で契約し、判断能力が不十分の状態で開始
申し立て権者	本人、配偶者、四親等内の親族、検察官、区市町村長、任意後見人、任意後見受任者、任意後見監督人等			本人、配偶者、四親等内の親族、任意後見受任者
開始手続きの本人同意	必要	不要	不要	原則は必要
本人	被補助人	被保佐人	成年被後見人	被任意後見人
保護者	補助人	保佐人	成年後見人	任意後見人
同意権・取消権の範囲	申し立て範囲内で家庭裁判所が定める「特定の法律行為」	民法12条1項各号所定の行為	日常生活に関する行為以外の行為	同意権・取消し権はない
取消権者	本人・補助人	本人・保佐人	本人・後見人	
代理権の範囲	申し立て範囲内で家庭裁判所が定める「特定の法律範囲」		財産に関するすべての法律行為	契約で付与した範囲
監督人	補助監督人	保佐監督人	成年後見監督人	任意後見監督人
援助者の一般的義務	本人の心身の状態及び生活状況に配慮する義務			

＊法務局民事局資料をもとに作成

Ⅲ 高齢者の消費者被害についての実例

　実際の消費者被害はどのようなものか、高齢者をターゲットにした悪質商法の相談事例について3ケースを取り上げる。なお下記の3ケースは筆者が実際に経験した苦情相談から高齢者に多い典型的な相談をアレンジしたものである。

ケース1

　相談者は、A子さん76歳。3年前、子供たちも独立し、夫婦二人暮らしをしていたところに、訪問してきた販売員に「もしもの時、連絡があればすぐに駆けつけます」と緊急通報装置の契約を勧められた。夫が病弱で、いざという時に役に立つならとその場で4年間のサービス契約をした。3ヵ月前、夫が突然苦しんだので通報ボタンを押して事業者に連絡したところ「忙しくて今すぐにはそちらへ行けない」と言われたため自分で救急車を呼んで入院させた。その後、夫は他界したが、いざと言う時に役に立たないものなら必要ないと思い、契約時の説明とは違うので解約したいと事業者に申し出たが、事業者は4年間の契約と書面に記載してあるので中途解約には応じられないと解約を拒否した。

（相談者：女性、無職、76歳、契約金額45万円）

ケース2

　相談者B夫さんは45歳の会社員。B夫さんは80歳の母親C子さんと同居しており、C子さんは、昼間はいつも1人で留守番をいる。C子さんよると事業者から電話があり、「奥様、ただいま、特別体験セール中です。1,000円で台所や浴室の掃除を致します」と勧誘があった。C子さんは1,000円ならと掃除を依頼したところ2時間ほどして男性が来訪し、台所に入り込み、いきなり蒸気式の掃除機で掃除を始めた。掃除は10分ほどで簡単に済ませ、

その後は掃除機の性能の良さについてばかり1時間以上も説明受けた。金額は30万円と言われたが「そんなお金はない」というと、今日は1万円だけ支払えばよいと説明され1万円を渡し、クレジットの契約書面に書名・捺印をしたとの事。B夫さんは、母親が掃除機を購入した事はすぐには知らなかったが、クレジット会社からの支払い明細が届き、母親に問いただしたところ「購入したが1万円だと思っていた。クレジット契約など知らない」と話した。すでにクリーング・オフ[3]期間は過ぎていた。B夫さんは「収入がわずかな年金だけの高齢者に、高額な商品を強引に売りつけクレジット契約をさせるのは許せない」とセンターに相談を寄せた。B夫さんによると高齢になってきたためか、母親は最近判断能力が低下してきたかもしれないとの事である。

（相談者：男性、給与所得者、45歳、契約金額30万円　契約当事者：女性75歳）

ケース3

相談者D子さんは、2ヵ月ぶりに実家に1人暮しの母親を訪ねたところ屋根が新しくなっていた。母親に事情を聞くと突然業者が来て「今、無料で耐震診断をしている」というので診断を依頼し、「このまま放置すれば、地震があれば家が倒れる」と言われたので耐震工事をしてもらったとの事。他にも新しい羽根布団や補正下着が見つかったので、母親に問いただしたが要を得なかった。家中を捜しまわったところクレジット会社の契約書面が8通もあり総額で約800万円もの契約をしていた。以前にも母は高額な布団や健康器具を購入していたことがあった。半年ほど前から、まだらボケのような症状ができきたのでかかりつけの医者にみせたところ「軽い認知症が始まっているようです」と診断されたが、日常生活には支障が無く、本人も同居を望んでいなかったので1人暮らしをさせていた。契約をしている事業者に電話で事情を説明したが、「とても認知症であるようには、見えなかった」と事業者に非はないと主張している。

（相談者：女性、主婦、48歳、契約金額800万円　契約当事者：女性80歳）

上記3ケースは、典型的なモデルケースであるが、各々に高齢者特有の課

題とそれに対応していない法的課題が含まれている。各々のケースにおける解決方法について解説したい。

　ケース1の緊急通報装置は、高齢者が特に不安を感じる犯罪や事故を抑制・予防する上で便利である。高齢者の不安を狙った販売業者によるトラブルである。具体的には販売員が高齢者だけが住んでいる家庭を訪問し、世間話を交え話し相手になりながら長時間にわたって勧誘を行なっている。特に一人暮しの高齢者は何か事故が起こった時、どこにも連絡ができない不安をもっている。販売員はその不安に付け入り緊急時にはすぐに警備員が駆けつけることや通報装置が簡単に操作できることを強調し、高齢者に安心感を与えている。また、時には警備員の服装をして高齢者一人暮らしの家に訪問し、「日常の小さな悩み事の相談も受けます」といって勧誘する場合もある。しかし実際には通報装置が作動しなかったり、警備員がすぐに来なかったりするのである。高齢者は昼間の在宅率が高く話し相手が少ないため、商品購入や契約のトラブルについて相談できないため業者に狙われやすいのである。特定商取引法[4]で指定されている商品・役務の場合は、契約日を含む8日以内であればクーリング・オフが行使できるが、クーリング・オフ期間を過ぎていると、事業者との個別の解約交渉が必要である。また事業者によってはセンターとの交渉に応じようとしない場合もある。こうした高齢者被害を未然に防ぐためには、高齢者自身が訪問して来た事業者を安易に家の中に入れない、長期間にわたる契約は信頼のおける人に相談してから契約する。特に契約を急がせるような事業者には注意が必要である。緊急通報装置に関しては、市町村や社会福祉協議会が一人暮らしの高齢者対象にサービスを実施している場合があるので、まずそういったところに相談することが望ましい。

　ケース2は、軽度の認知症高齢者の相談事例である。クレジット契約は現金を持つことなく高額な商品の購入ができる点が消費者にとって利便性がある。その反面、必要性の低い商品を安易に購入できるという問題点がある。判断能力が低下してきた高齢者が、販売業者の巧妙な勧誘によって高額な商

品を購入させられるのである。高齢者は稼動収入がないのでクレジットの与信がそれほど高額でないのが通常であるが、販売業者の中には契約金額が高額すぎるためクレジットの与信が通らないことが最初からわかっており、数社のクレジット会社に契約書面を分けて契約させたりする場合もある。クレジット会社にとって年金生活者は安心できる顧客でもある。一般的に言うと収入の少ない年金生活者はよい顧客とはいえないように思えるが、2ヵ月毎に決まった収入が国庫から得られるので返済が確実である。また高齢者は自己破産を安易にしないので、その点についても安心できる顧客である。この事例とは反対に自宅に高額な現金を置いている場合も多く、全額現金で支払いをしてしまっていた、というケースも見受けられる。高齢者が自宅に現金を置いている事を狙って来訪する悪質な業者もある。このケースは、クーリング・オフ期間を過ぎているので無条件解除が困難であるため、販売業者と解約交渉することになる。契約時、判断能力が不十分であったという客観的証拠がない場合は交渉が難航することがある。客観的証拠とは契約当事者の判断能力が低下しているとの医師の診断書等のことだが、販売業者がその解約理由を受理すれば解約となるが、そうした診断書等の取得が困難な場合は合意解約の交渉をする事になる。たとえば、既払い金を放棄して商品を返品するという解約条件となってしまうこともある。このケースでは今後は法定後見制度を利用することも考える必要性がある。

　ケース3は、ケース2と同様に判断能力が低下している高齢者に対して、訪問してきた事業者が次々高額な契約をしたケースである。契約以前に、軽い認知症の症状があったため医師の診断を受けていたので、医師から診断書を出してもらうことが可能であった。診断書を持参し、個別の業者に診断書を提示して、判断能力不十分者の契約であると契約の取り消しを申し出て解決はできる。こうした場合でも個別の業者に交渉しなければならないので時間がかかるうえ、業者の立場からみれば契約者の判断能力が不足していることがわからなかったと主張して交渉が難航する場合もある。また通常の日常生活に支障がない高齢者が多いため一人暮しも可能であり訪問販売の被害に

第9章　高齢社会に活用したい成年後見制度　　　　161

も遭いやすくなる。このケースのような軽度の認知症のケースでは、医師の診断書をもって法定後見制度の補助を申請することが考えられる。

　ケース２やケース３は成年後見制度の法定後見を利用して登記[5]をしていれば、高齢者が自分自身の判断で高額な契約をしていた場合、特定商取引法によるクーリング・オフ期間が過ぎても、補助人の申し出によって業者と交渉して契約の取り消しを申し出て解決することもできる。高齢者をターゲットにした事業者から守ることが可能である。消費生活センターの個別事業者に対する交渉もより容易になる。

　ケース１のように、相談者本人も判断能力に問題はないが、将来に対して、財産管理や取引に問題が起こる可能性もある。今後に備え任意後見制度を利用することも考えられる。高齢になって判断能力が低下していくことは避けられない現実であるかぎり、制度を積極的に利用し判断能力の低下した場合においても自らの権利を擁護するよう務めるべきである。

　各地の消費者センターなどの行政の窓口による斡旋には、限界があることも現実である。相談窓口で解決できるのは、事業者側に指摘を受け止めて誠実に対応する姿勢があることが前提となっている。事実関係や法律の解釈などの考え方に対立がある場合には、話し合いによる解決は困難である。特に判断能力の低下した高齢者などを次々と狙って多額の被害に引きずり込む悪質性の高い事業者との交渉による解決は困難であるケースが多く見られる。良心的な事業者との問題については、行政の窓口における斡旋によって解決するケースがある一方で、悪質性が高い事業者による被害者についても救済できるようにしなければならない。

Ⅳ　成年後見制度を活用した消費者保護

　具体的な相談事例にみてきたが、現実的な解決策として成年後見制度を利用することにより、高齢者や知的障害者の消費者としての権利を擁護するこ

とがより容易になりその有効性も報告されている。全国の消費生活センター等における相談事例でも、催眠商法[6]・点検商法[7]・送りつけ商法[8]・次々販売等による高齢者被害の事例が多く報告されている。こうした相談事例は、クーリング・オフ期間を経過している場合が多く、事実の把握が困難であり、解約をめぐるトラブルが深刻な問題となり、解決が非常に難しい状況である。

　判断能力が不十分な消費者の不利益を解消するためには、成年後見制度の活用が有効であると考えられる。法定後見制度は本人保護の実効性を図るため、後見・保佐・補助の各制度を利用することができる。つまり後見人等に必要な範囲で代理権と取消権を付与することが可能になる仕組みになっている。成年後見人は、本人（被成年後見人）の日常生活に関する行為以外の法律行為を取り消すことができる。保佐人は本人（被保佐人）の同意を得ないでした不動産その他の重要な財産の売買等の行為を取り消すことができる。また補助人は、本人（被補助人）が同意権付与の審判の対象とされた特定の法律行為を補助人の同意を得ないでした契約は、これを取り消すことができる。このように本人の利益を保護するとともに契約上のトラブルを防止することが可能になる。

　成年後見制度は、包括的には判断能力不十分者に対する保護のための制度であるが、消費者保護の機能を十分に果たすことができる制度でもある。今後も認知症高齢者の増加は必至である。その中でも特に軽度の認知症高齢者の増加が予想されている。新設された補助の利用が有効であると考えられている。つまり補助の制度は、旧法の下では、保護の対象にならなかった軽度の障害がある人々を対象としている。法定後見制度を利用し、軽度の認知症になった場合に家庭裁判所に申立をし、補助人をつけておくのである。家庭裁判所が補助開始の審判を下し、本人のために補助人を選任し、申し立てにより選択した特定の法律行為に制限を加えるのである。すなわち特定の法律行為とは、貯金の管理、重要な財産の処分、介護等について、補助人に代理権または同意権（取消権）を付与することができる。もし同意権が付与されていれば、補助人の同意を得ずにした法律行為は取り消すことができる。たとえば悪質商法の被害にあって高額な商品の購入契約をしたとしても、本人

または補助人はその契約を取り消すことができることになる。

　成年後見制度の法定後見制度を利用することによって、判断能力が不十分となった高齢者をターゲットにした悪質商法等の被害者を救済することが容易になる。事業者にとっては、高齢者との契約を安易にすると法定後見の登記によって契約が取り消される可能性があることが一般的になれば、事業者も高齢者に対する契約には慎重になるであろう。つまり成年後見制度は事業者に対する抑止力となる効果を併せ持っているのである。特に補助の場合は日常生活にはなんの制約も受けずに自立した生活を送ることができる。重要な契約のみ補助人に代理権が授与されていれば、日常生活の個人の意思決定は制限は受けない。判断能力不十分な高齢者にとって、成年後見制度は有効な支援策として考えられている。

おわりに

　現在の高齢者は、戦後の経済発展の中で個人資産の貯蓄が進むことにより、自立した経済活動をしている人々が増加している。平成16年度の「高齢社会白書」によると、65歳以上の世帯の貯蓄状況によると、1世帯平均の貯蓄残高は、2,420万円となっており、全世帯（1,688万円）の約1.4倍になっている。こうした潤沢な貯蓄を狙った悪質商法が後を絶たないのである。人口構成の変化、高齢化の進展は、国民の生活様式に大きな影響を与え、経済や社会の構造を変えていくことが予想されている。その中でも、いわゆる「団塊の世代」が高齢者になる時には、高齢者は社会的・経済的弱者であるという認識を払拭して、新しい「自立した高齢者像」をつくるに違いない。団塊の世代は、その人口の多さから時代の流行や消費を先導してきた。今後はこの世代の社会保障の面においてどのような処遇をするか大きな課題となっている。団塊の世代の高齢化は、巨大な高齢者の消費市場の形成を意味している。購買力が大きく、人口の多い中年世代が、高齢者になっていくことは高齢者が消費や流行に大きな影響を与える可能性があることを意味している。

現在の中年世代は、今の高齢世代と比較すると、子供のころから豊かな消費生活を享受してきた経験をもつ世代である。こうした世代が高齢者になる時期には、現在とは違った新しい消費者になっていくのではないだろうか。こうした未来の高齢者が、より豊かな消費生活を送ることができるようにするためには、いままで以上に「消費者主権の確立」が要求されている。つまり、高齢社会の自立した消費者が求められているのである。人口に占める高齢者比率の高まりが国民負担を高めるという発想は、高齢者がすべて他に扶養されているという前提に基づいている。しかし、経済成長の中で個人資産の蓄積も進み、社会保障制度の充実のなかで、家族の支援なくとも安定した暮らしができる「自立した消費者」が増加することが予想されているのである。これまでのように弱者保護という形から、高齢者の自立を支援するための制度整備が進められている。自立を確保するためには、個々の努力だけではなく社会環境も確立していくことが欠かせない。自立した高齢者のために、成年後見制度の任意後見制度を利用することは非常に有用なことではないだろうか。任意後見制度を利用する高齢者が増加することが期待されている。

　最後に、制度が制定されてからまだ5年しか経過しておらず、まず制度がもっと多くの人々に認知される努力が必要である。制度の実質的な活用のため取り組みや制度を支える組織の整備も必要である。最高裁判所事務総局家庭局「成年後見関係事件の概況」によると、徐々に利用者が増加しているが、まだまだ十分であるとは言いがたいのが現状である。成年後見制度の普及のための努力を継続し、問題点を解決しながらいっそうの拡充が望まれている。ぜひ、成年後見制度の認知度を高め、高齢社会を支える制度として活用したいものである。

【注】

1) 消費者の断りきれない性格等に付け込み、短期間に多回数、数百万円にも及ぶ販売をする場合をいい、多重販売または次々販売を呼ばれている。販売員が特定の消費者をターゲットにして、親切を装い、あるいは威圧的に消費者宅を何度も訪問し、販売員の意のままに屋根補修工事や布団等を契約させるのが特徴である。
2) 同意権（取消権）の付与の対象となる法律行為は、民法第12条第1項に定める行為。①元本の領収または利用、②借財または保証、③不動産その他重要な財産に関する権利の得喪を目的とする行為、④訴訟行為、⑤贈与、和解または仲裁行為、⑥相続の承認若しくは放棄または遺産分割、⑦贈与若しくは遺贈の拒絶または負担付の贈与もしくは遺贈の受諾、⑧新築、改築、増築または大修繕、⑨民法602条に定める期間を超える賃貸借のうちその1部を選択することになる。
3) 訪問販売や電話勧誘販売といった特定の取引について、一定の期間内であれば、消費者から一方的に解約できる規定。
4) 従来の「訪問販売法」を2001年6月より「特定商取引に関する法律」として整備され、改正された。
5) 成年後見登記事務は、東京法務局が登記所として指定され、全国の成年後見事務を集中的に取り扱う。
6) SF商法ともいう。消費者を閉鎖的な販売会場に誘導し、安価な商品を無料で配るなどして消費者の関心を引きつけ、ある種の興奮状態に導いて、合理的な判断能力が困難になった状況に乗じて販売する方法。
7) 「点検にきた」と来訪し、事実と異なる説明をし、商品等を契約させる商法。
8) 注文してない商品を一方的に送りつけ、消費者が受け取った以上は、代金支払いの必要があると勘違いして支払うことを狙った商法。「特定商取引法」では、商品が送られてきた日から14日間、業者に商品の引き取りを請求した場合は、請求してから7日間を経過すれば、業者は商品の返還請求はできないと定められている。

【参考文献】

新井誠著『成年後見 ―法律の解釈と活用の方法』有斐閣、2000年
田山輝明著『成年後見制度の研究　上・下巻』成文堂、2000年
田山輝明著『続・成年後見法の研究』成文堂、2002年
最高裁判所事務総局家庭局「成年後見関係事件の概況」2004年
圓山茂夫著『詳解　特定商取引法の理論と実務』民事法研究会、2005年

第10章 高度成長期における人口移動

—— 中国と日本の比較

楽 君傑

はじめに

　「改革・開放」によって、中国は、目覚しい成長を遂げ、世界中に最も注目される開発途上国となった。1982-1992年と1992-2002年の2期間、中国の実質GDPの年平均成長率は、それぞれ9.7%、9.0%であり[1]、同じ発展水準の国に比べ、その成長率は著しく高い[2]。一方、日本では、1955年から第1次石油危機が起こった1973年まで、それに匹敵する高成長率を見せた（1956-1970年：平均9.7%、図1参照）。その急速な経済成長に伴い、両国の人口移動はともに大規模化した。中国では、第5次人口センサスによれば、1995年11月から2000年10月までの5年間、全人口の1割強が地域間を移動している。他方、日本では、昭和45年国勢調査によれば、1965年1月から1970年9月までの約6年間、全人口の2割が自市区町村外の他地域へ移住している[3]。

　二重経済論が説明したように、農村部門から都市部門へ（Lewis、1954）、農業部門から工業部門へ（Ranis=Fei、1964）の転化は、世界各国の経済発展過程において共有の流れである。日中両国における大規模な人口移動も例外ではなく、本質的には国民経済構造変化の1つの現象として捉えることが

できる。しかし、中国と日本は、制度・政策をはじめ、風土環境、経済基礎条件、発展経路などそれぞれ異なるため、高度成長期に両国における人口移動の特徴、およびそれに影響する経済的な要因は大きな違いが見られる。本稿の主な目的は、こうした相違を比較することによって、中国における人口移動の問題を展望することである。ただし、考察の期間について、データの都合で日本に関しては1956-1970年とし、中国に関しては1990-2000年（一部の経済指標については1990-2002年）とする。

　本稿の構成は、以下の通りである。第1節では、高度成長期における日中両国の経済発展の共通点および違いを概観する。第2節では、高度成長期における日中両国の人口移動の実態を考察し、その移動の特徴を比較する。第3節では、高度成長期における日中両国の地域間人口移動に影響する経済的要因を調べる。最後に、考察結果をまとめ、今後の課題を提起する。

I　高度成長期における日中両国の経済発展状況

I-1　経済成長の共通要因

　図1に示しているように、日本と中国は、それぞれの期間（日本：1956-1970年、中国：1990-2002年）において、ともに年平均10％近い成長率で高度成長を実現した（日本：9.7％、中国：9.3％）。このような高度成長をなぜ遂げることができたのか、両国の間にいくつかの共通な要因が見られる[4]。

　第1は、高い投資率（資本形成率：GDPに対する資本形成総額の比率）が経済成長率を押し上げた。高度成長期において、日本と中国の年平均投資率は、それぞれ29.4％、38.4％である（図1）。中国のほうが約10％高いが、上昇幅については日本のほうが急激である。ただし、この高い投資率における外資の役割に関して、両国は大きく異なる。日本（1960-1970年）の外資依存度（資本形成に対する外国直接投資の割合）はゼロに近いのに対して、中国（1992-2002年）のそれは11.4％に達していた[5]。

　第2は、高い貿易依存度（貿易額のGDPに対する比率）である。高度成

第10章　高度成長期における人口移動　　　169

図1　日中両国の実質GDP成長率、貿易依存度、投資率

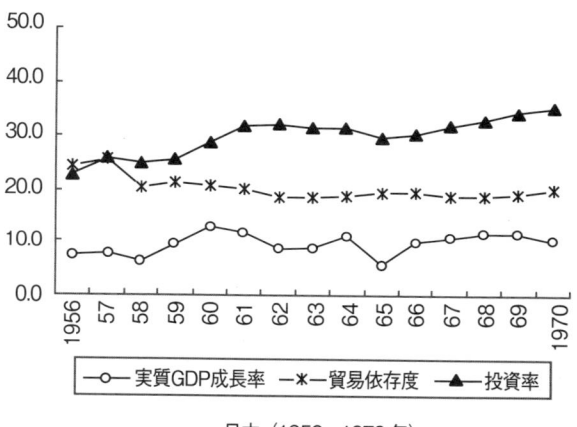

日本（1956-1970年）

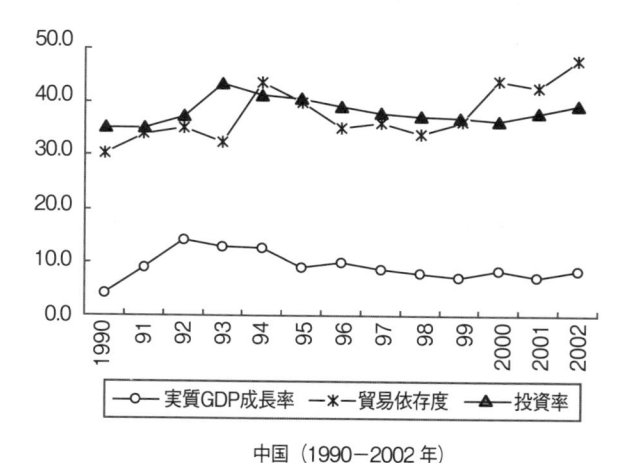

中国（1990-2002年）

出所）
① 日本の実質GDP成長率は、内閣府経済社会総合研究所「国民経済計算統計・長期時系列」により、http://www.esri.cao.go.jp/jp/sna/qe011-68/gdemenuj68.html
② 日本の貿易依存率と投資率は、総務省統計局「日本の長期統計系列」により筆者計算
　 http://www.stat.go.jp/data/chouki/index.htm
③ 中国のデータは、『中国統計年鑑』2003年版により筆者計算

長期において、日本の貿易依存度は20.5%であり、中国の37.9%に比べそれほど高くない（図1）[6]。ただし、この期間における日本の実質輸入成長率と輸出成長率はそれぞれ14.7%、15.3%であり[7]、実質GDP成長率より50%以上も高いし、そして当時の歴史条件を考えれば、日本の貿易依存度はその当時において相対的に高いと言える[8]。

第3は、工業化による経済成長である。それぞれの期間（日本：1960-1970年、中国：1992-2002年）において、日本と中国のGDP増加額に占める第2次産業の平均割合は、それぞれ54.8%、56.2%に達し（表1）、経済成長に大きく貢献した。こうした生産構造の面から見れば、高度成長期において、日中両国の経済構造変化は、ともに「ペティ＝クラークの法則」の第1段階（第1次産業から第2次産業へ移動する段階）に位置していた。

I-2　経済発展状況の違い

前述のように、高度成長期における日中両国の成長要因に共通点が多く、類似したメカニズムが存在するものの、両国における経済発展の初期条件と経済発展の結果については、大きな違いが見られる（表1）。

(1) 初期条件の差異：まず、GDP（2002年を基準とする購買力平価で換算した実質GDP）について、2002年、中国のGDP（6.1万億ドル）は日本の1.8倍となっていたが、1人当たりのGDPから見れば、それ（4,489ドル）が日本の1959年の水準にしか過ぎない。そして、産業構造について、2002年、中国における第1次産業の生産比率（15.4%）と就業比率（50.0%）は、それぞれ1960年、1930年の日本に相当する。ただし、統計上中国の第1次産業就業者の中に都市部の第2次・第3次産業に従事する農村外出労働者（約6千万人）も含まれているので、それを除けば、2002年中国における第1次産業の就業比率（41.7%）は、大体1955年日本のそれと変わらない。このように、日本の経済発展の水準は、高度成長が始まる段階ですでに21世紀初頭の中国のそれに相当し、ないしは越えていた。

(2) 発展結果の差異：それぞれの期間において、日本と中国はともに高度成長を遂げてきたと言っても、上述のように発展の初期条件に大

表1　日中両国の主要経済指標

	日本 1960	日本 1970	中国 1992	中国 2002
実質 GDP（10億ドル）	471	1238	2504	6105
1人当たり実質 GDP（ドル）	5053	11961	2137	4489
3次産業の生産構造（%）	14.9：38.5：46.6	6.4：48.6：45.0	21.8：43.9：34.3	15.4：51.1：33.5
3次産業の GDP 増加率	1.2：54.8：44.0		10.9：56.2：32.9	
3次産業の就業構造（%）	30.2：28.6：41.2	17.4：35.8：46.8	58.5：21.7：19.8	50.0：21.4：28.6
3次産業の就業者増加率	−69.8：84.6：85.2		−24.1：18.8：105.3	
失業率（%）	1.7	1.1	2.3	4.0
非農家/農家の所得格差	1.53	1.17	2.58	3.11
人口（百万人）	94.3	104.7	1171.7	1284.5
人口の増加率（%）	11.0		9.6	

注）
①実質 GDP（1人当たり実質 GDP）は、購買力平価表示であり、以下のように算出した。実質 GDP =2002年を基準年として算出した実質 GDP/（2002年の為替レート×2002年の内外価格差）。ただし、2002年の為替レートは、1ドル =120円 =8.277元とし、2002年の日本と中国の内外価格差は、それぞれ1.24、0.213とする。
②両国の統計方法を統一するため、電気・ガス・水道は第2次産業に計上する。
③3次産業の GDP（就業者）増加率は、3次産業それぞれの GDP 増加額（就業者増加人数）対全産業の GDP 増加額（就業者増加人数）の割合である。
④日本の非農家/農家の所得格差は、勤労者世帯1人当たり実収入対農家1人当たり可処分所得の比であり、中国の非農家/農家の所得格差は、都市居民1人当たり可処分所得対農村居民1人当たり純所得の比である。

出所）
① 2002年の内外価格差は、世界銀行 "International Comparison Program" のデータにより筆者計算、http://siteresources.worldbank.org/ICPINT/Resources/Table1_1.pdf
②中国のその他のデータについては、図1に同じ。
③日本の完全失業率は、『労働経済白書』平成15年版により、その他のデータについては、図1に同じ。

きな差が存在したため、経済成長がもたらした結果も大きく異なる。特に、失業率と所得分配に関しては、両国が全く逆の方向に変化していた。まず、失業率について、日本では、1955年の2.5%から1963年の1.1%に低下し、その後低い水準で推移した。一方、中国では、登記失業率は1992年の2.3%から2002年の4.0%に持続的に上昇し、レイオフ者を含めれば1997

年以後8%前後となっている(丸川、2002：67頁)。さらに、日本の農業過剰労働力は1960年半ば頃ほぼ消滅し、経済構造の転換を実現したのに対して、中国の農村過剰労働者数は10年間ほとんど減少しなかった[9]。日本の工業化が多くの労働力を吸収したのに対して(第2次産業の就業者増加率：84.6%)、中国の工業化がわずかな労働力しか吸収できなかった(18.8%)ことは、その差異をもたらし最も大きな原因であると考えられる。そして、所得格差について、日本では、勤労者世帯1人当たり実収入対農家1人当たり可処分所得の比は、1960年の1.53から1970年の1.17に低下した。一方、中国では、都市居民1人当たり可処分所得対農村居民1人当たり純所得の比は、1992年の2.58から2002年の3.11まで上昇した[10]。その格差は、今後さらに拡大していくと考えられる。

II 人口移動の実態

II-1 人口移動の捉え方
(1) 人口移動の概念

人口移動の種類は、一般的に移動の性格あるいは移動の空間によって区分される。

移動性格の角度から見れば、人口移動は、戸籍(住民登録)の変更の有無によって遷移人口と流動人口に分けられる(図2)。また、流動人口は、非就労型人口と就労型人口(通勤や出稼ぎなど)に分けることができる。日本では、人口移動の研究は主に遷移人口を対象にしているのに対して、中国では、その研究対象が就労型流動人口に属する農村出稼ぎ労働者に集中している。このように、日中両国における人口移動の研究対象は基本的に異なる。

移動空間の角度から見れば、日本では、全移動を府県間移動と府県内の市区町村間移動に分けられる。一方、中国では、全移動を省間移動と省内移動(省内の県市区間移動＋県市区内の郷鎮間移動)に分けられる[11]。

図2 移動性格による人口移動の概念図

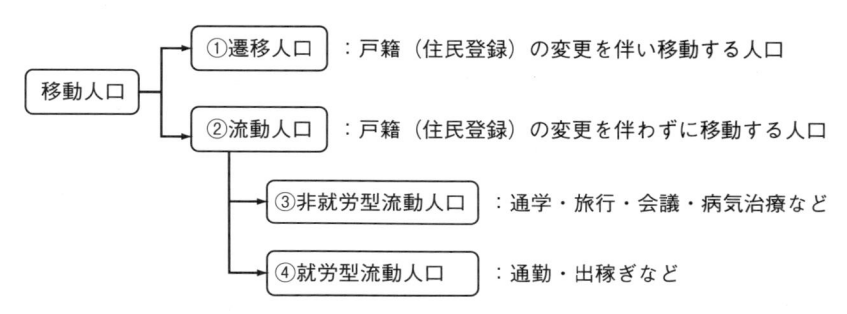

```
移動人口 ─┬─ ①遷移人口　：戸籍（住民登録）の変更を伴い移動する人口
          └─ ②流動人口　：戸籍（住民登録）の変更を伴わずに移動する人口
                      ├─ ③非就労型流動人口 ：通学・旅行・会議・病気治療など
                      └─ ④就労型流動人口　 ：通勤・出稼ぎなど
```

出所）筆者作成。

（2）人口移動の統計

人口移動は、一般的に常住地あるいは戸籍登録（住民登録）地を基準にして統計される。

常住人口を対象とする人口移動についての統計は、日本と中国がそれぞれ「国勢調査」、「人口センサス」という全国人口調査から得られる。日本の「国勢調査」は5年ごとに行われる（ただし、人口移動統計は、10年ごとの大規模調査年次のみ作成される）。また、ここでの「常住人口」とは、当該住居に3ヵ月以上にわたって住んでいるか、あるいは3ヵ月以上にわたって住もうと思っている者を言う（外国人を含むが、外交員と軍隊およびその家族は除外）[12]。一方、中国では、1980年代以降、計3回の「人口センサス」（1982年第3次、1990年第4次、2000年第5次）と2回の1％人口抽出調査（1987年、1995年）を実施した。ここでの「常住人口」とは、当該郷・鎮・街道に戸籍を持ち、且つ半年以上離れていない者（国外に行く者除外）、あるいは戸籍登録地を半年以上離れて当該郷・鎮・街道に住んでいる者を言う（中国国籍者のみ、軍人除外）[13]。それ以外、中国では、戸籍登録地から離れて現住居に住む人を「暫住人口」として統計される。常住期間の定義が異なるため、「人口センサス」から得られる中国の移動人口数は、日本の基準から見れば過小に評価されている。

戸籍（住民登録）の転出入者を対象とする人口移動についての統計は、日本では、毎年刊行される「住民基本台帳人口移動報告年報」(1954-1967年：「住民登録」）から得られる。ただし、住民基本台帳による人口統計は、いくつかの問題点が存在する。第1、移動人口の属性は男女別のみであり、情報量が非常に少ない。第2、統計されている移動人口量は、「移動者数」ではなく、「移動件数」である。そのため、1年期間の統計では、「国勢調査」による府県間移動者数は住民基本台帳の約9割であるが、5年期間の統計では、前者は約後者の6割に過ぎない（大友、1996：35-43ページ）。一方、中国では、戸籍の移動を伴う移動人口数は、公安部門の業務統計において把握、公表される。しかし、この統計は、"OD（Origin and Destination）クロス集計表や性別、年齢階級別のデータが一切公表されていないので、利用の価値が高くはない"（厳、2003）。

Ⅱ-2 人口移動の規模

表2には、常住人口を基準とした日中両国の高度成長期における人口移動の規模と移動率を示している。昭和45年の国勢調査によれば、日本の年人口移動率（1969.10～1970.9）、5年平均人口移動率（1965.1～1970.9）、生涯移動率は、それぞれ7.2%、20.0%、69.1%である。一方、2000年第5次人口センサスによれば、中国の年人口移動率（2000.1～2000.12）、5年平均人口移動率（1996.1～2000.12）、生涯移動率は、それぞれ2.9%、10.3%、30.0%である。日本と比べ、中国の人口移動率が低く、とくに省間移動率は日本の府県間移動率の3分の1に過ぎない。農村・都市二重戸籍制度が中国の人口移動を大きく制限したことは[14]、その最も主要な原因であると考えられる。それ以外、移動距離や交通インフラの状況などの要因も中国の人口移動を難しくした。ただし、前述で指摘したように、両国における人口移動の統計方法（定義）が異なり、日本の統計基準で計れば、日中両国の人口移動率の差は統計数字ほど大きくない。

表2 常住人口を基準とした日中両国の人口移動規模と移動率（単位：万人、%）

日本（昭和45年国勢調査）

期間	1969.10～1970.9			1965.1～1970.9			生涯移動		
	人口数	構成	移動率	人口数	構成	移動率	人口数	構成	移動率
府県内	370.6	49.5	3.6	1,100.7	53.3	10.6	—	—	—
府県間	377.7	50.5	3.7	965.5	46.7	9.3	—	—	—
全体	748.3	100.0	7.2	2,066.2	100.0	20.0	7,139.09	—	69.1

中国（第5次人口センサス）

期間	2000.1～2000.12			1996.1～2000.12			生涯移動		
	人口数	構成	移動率	人口数	構成	移動率	人口数	構成	移動率
省内	—	—	—	9,370.2	73.4	7.5	29,598.0	79.3	23.8
省間	—	—	—	3,399.8	26.6	2.7	7,720.0	20.7	6.2
全体	3,581.9	—	2.9	12,770.0	100.0	10.3	37,318.1	100.0	30.0

出所）
日本：総理府統計局『昭和45年国勢調査：全国都道府県別結果速報』（1971）により作成。
中国：国務院人口普査弁公室ほか（2002）により作成。

　図3と図4には、それぞれ住民登録（戸籍登録）地を基準とした日本の人口移動率と中国の移動人口数の年次推移を示している。日本の人口移動率は1956年の5.43%から1970年の8.03%に、中国の移動人口数は1990年の約1千万人から2000年の4300万人（3.39%）に、ともに大幅な上昇（増加）を見せた。高度成長期における両国の人口移動率の差があるものの、経済成長に伴い人口移動の規模が年々拡大していくことは共通である。

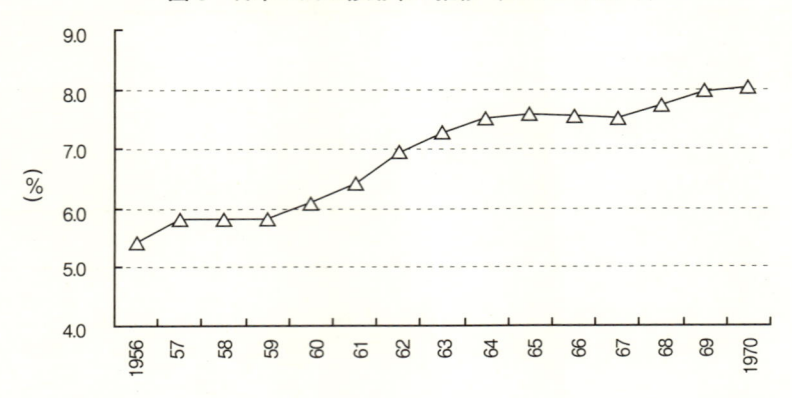

図3　日本の人口移動率の推移（1956-1970年）

出所）総務庁統計局『住民基本台帳人口移動報告総合報告書：昭和29年〜平成7年』（1997）により作成。

図4　中国の人口移動（戸籍登記地ベース）の年次推移

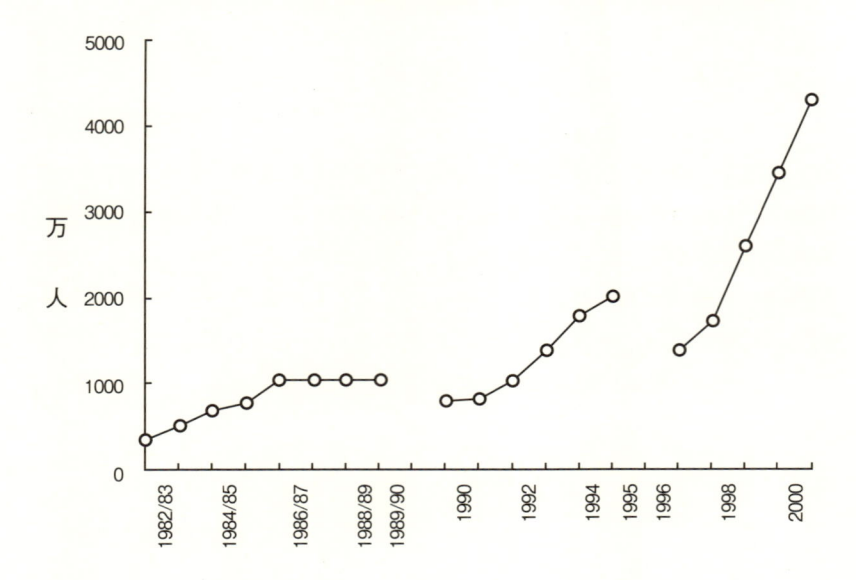

出所）厳（2004）、38ページ、図2より引用。

Ⅱ-3 人口移動の特徴

（1）**移動人口の年齢**：図5は日中両国の年齢別人口移動率を示している。日本では、府県間移動数259万人（昭和34-35年の1年間）のうち、27.1％が15-19歳、23.0％が20-24歳で、この年齢層でほぼ移動数の半分を占めている。一方、中国では、全移動数（1996-2000年の5年間）のうち、19.5％が20-24歳で、18.0％が25-29歳で、19.1％が30-39歳で、この年齢層で移動数の過半数を占めている。全体として、日中両国とも若い人口の移動率が高いと言える。ただし、日本における15-24歳年齢層の高い移動率は、主に大学進学や大卒後新規就職によるのに対して、中国における20-39歳年齢層の移動率が高い原因は、農村から都市への外出労働者が青壮年層に集中しているためである。

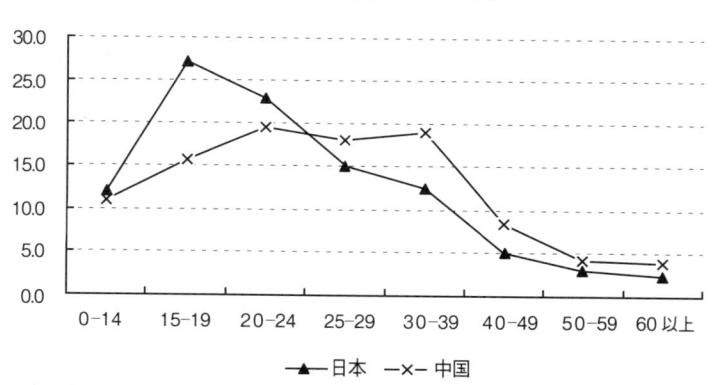

図5　年齢別人口移動率

注）日本の年齢別人口移動は、昭和34-35年の1年間の府県間移動であり、中国のそれは、1996-2000年の5年間の全移動である。
出所）1日本：『昭和35年国勢調査』により、2中国：表2に同じ。

（2）**移動人口の性別**：人口移動率を男女別にみると、日本では、昭和40年、45年の府県間移動（府県内移動）の性比（女性を100とする）は、『住民基本台帳人口移動報告年報』によれば、それぞれ128.7（103.8）、126.5（102.6）

である。府県内移動の場合は男女の差がわずかであるが、府県間移動の場合は男性が著しく多い。一方、中国では、1996-2000 年における移動人口の平均性比は 91.2 であり、女性のほうが多い。ただし、年齢層別にみると、15-19 歳（性比：83.4）、20-24 歳（71.3）、25-29 歳（71.8）の年齢層においては女性のほうが多く、他年齢層においてはすべて男性のほうが 1-2 割多い。こうした人口移動の性比における両国の差は、主に社会慣行の違いによると考えられる。例えば、日本では、府県外への転勤者はほとんど男性であり、中国では、女性が結婚すると、男性の住居に転居することが一般的である[15]。

(3) **移動の空間動向**：高度成長期における日中両国の人口移動の空間動向に多くの共通点が見られる。表 3 に示しているように、両国とも経済発展水準が相対的に進んでいる地域（日本：3 大都市圏；中国：東部地域）に人口は流入超過であり、経済発展水準が相対的に遅れている地域（日本：地方圏；中国：中部・西部地域）に人口は流出超過である。また、日本では、中心都市（東京・大阪・愛知）の平均人口純流入率は、1960 年の 2.2% から 1970 年の 0.2% に低下し、中心都市周辺地域のそれは、1960 年の 0.7% から 1.4% に上昇した。一方、中国では、市区への人口流入の割合は、1995 年 1% 人口抽出調査の 61.4% から 2000 年第 5 次人口センサスの 36.4% に低下し、鎮のそれは 10.0% から 52.7% に急上昇した。経済成長に伴い、両国における人口の主要な流入地は、ともに都市から都市の周辺地域に移した。

ただし、その流れの背景について、両国は大きく異なる。日本では、都市の住みにくさや工業中心地が都市の周辺地域に集中していたなどを背景に、都市から都市周辺地域への人口移転が急増した。そのため、都市の周辺地域は人口の最も主要な流入地となった[16]。一方、中国では、都市における人口吸収能力の制約と制度差別の両方は、移動人口の多くを都市の周辺鎮に押し止めた（厳、2003）。しかし、日中両国の人口移動の空間動向に共通点がある一方、違いも大きい。日本では、経済成長に伴い、大都市圏から地方圏への人口移動率（地方圏から大都市圏への人口移動率）は、それぞれ 1960 年の 14.9%（36.8%）から 1970 年の 19.8%（29.5%）に上昇（低下）し[17]、都道府県間人口移動の効果指数も 1960 年の 0.227 から 1970 年の 0.137 とな

り、人口移動の地域集中度が低下した[18]。一方、中国では、経済成長に伴い、人口流入は上位地域への集中が進み、北京・上海・広東への人口流入構成比は、1990-95年の31.4%から1995-2000年の48.2%に上昇し[19]、省間人口移動の効果指数も1990-95年の0.435から1995-2000年の0.625となった。

表3 日中両国における人口移動の空間動向

日本	平均流入率 1960年	平均流入率 1970年	平均流出率 1960年	平均流出率 1970年
3大都市圏	4.0	5.2	2.9	4.2
地方圏	1.7	3.0	2.9	3.7
東京・大阪・愛知	5.2	5.0	3.0	4.8
中心都市の周辺地域	3.5	5.3	2.8	3.9
中国	1990-95年	95-2000年	1990-95年	95-2000年
東部地域	2.1	6.2	0.8	1.4
中部・西部地域	0.7	1.5	1.1	3.1
北京・上海・広東	4.5	14.3	0.7	1.0
市区・街道(割合)	61.4	36.4	30.9	31.5
鎮(割合)	10.0	52.7	9.3	9.9

注)
1 日本の3大都市圏は、東京圏(埼玉、千葉、東京、神奈川)、中京圏(岐阜、愛知、三重)、阪神圏(京都、大阪、兵庫)を指し、地方圏はそれ以外の地域である。
2 中国の東部地域は、広東、北京、上海、天津、浙江、福建、海南、江蘇、遼寧、山東、河北を含む。
出所)
日本:総務庁統計局(1997)、『住民基本台帳人口移動報告総合報告書:昭和29年—平成7年』。
中国:全国人口抽様調査弁公室(1997)、国務院人口普査弁公室ほか(2002)。

(4) 移動の理由:人口移動は、経済的、社会的、文化的、人口学的要因など色々なものに影響されるが、経済的な要因が最も重要であると考えられる。日本では、人口問題研究所が1971年度に実施した調査によれば、地方圏から大都市圏に移動する場合、「仕事が見つかったため」と「転勤のため」という職業上の理由が最も主要な移動理由として55.7%を占めていた。また、時期が異なるが、1981年度に国土庁が実施した調査によれば、3大都市圏間移動と県間移動に関して、職業上の理由が最も重要な移動理由としてそれぞれ77.5%、65.0%を占めていた(大友、1983)。一方、中国では、2000年人口センサスによれば、雇用勤務と商売の目的で省間に移動する人口は省間全

移動人口の64.8%を占めていた。このように、日中両国における府県間（省間）人口移動の中心的なものは経済的性格が強い労働移動であると言える。

Ⅲ 人口移動に影響する経済的要因

Ⅲ-1 人口移動の経済学的理論枠組み

上述のように、日中両国における人口移動の中心的なものは労働移動である。労働移動の現象を解釈・解決するため、今まで様々な理論モデルが展開されている。厳(2000)によれば、主に以下4つの労働移動理論が整理できる。(1) 二重経済モデル（Lewis、1954；Ranis and Fei、1961）は、労働移動を決定する要因が主に賃金格差にあると考える。近代部門が伝統部門の生計を維持する低い「制度的固定賃金」を上回る賃金を支払えば、無制限な労働供給が得られる。(2) ハリス＝トダロ・モデル（Harris and Todaro、1970）は、期待賃金仮説を提起し、労働移動の要因が地域間の賃金格差、移動先での就業確率および移動のコストにあると解釈した。(3) 人的資本投資モデル（Sjaastad、1962）によれば、労働力移動が人的資本投資の1つの形であり、移動してからの就職期間と強く関係し、移動の期待収益が移動コストより大きい時に労働移動が発生する。高年齢者と比べ、若年者の移動コストが少なく、期待収益が多いため、労働移動の総純便益は移動時の年齢の増大に比例して減少する。(4) NELM（the new economics of labor migration）モデル（Oded Stark、1991）は、分析対象が個人から世帯に拡大し、労働移動の意思決定が個人の純便益の最大化でなく、世帯全体の所得最大化とリスク最小化を同時に実現するという理論仮説を提出した。上述の労働移動理論のほかに、労働市場の階層化理論、ネットワークの理論、制度理論などの労働移動理論も提起されている。

こうした労働移動の理論に基づき、マクロデータによる地域間の人口移動を数量分析するためには、一般的に重力モデルとトダロ・モデルを結合した重力・賃金格差モデル、あるいはトダロ・モデルと人的資本投資モデルを結

合した便益・費用モデルを用いる[20]。重力・賃金格差モデルは、以下のように表示される：

$$M_{ij} = k \, \frac{U_i}{U_j} \, \frac{W_i}{W_j} \, \frac{L_i L_j}{D_{ij}}$$

ここで、M_{ij} は地域間の人口移動量、U は失業率、W は賃金率、L は人口数、D は地域間距離である。一方、便益・費用モデルは、効用関数を導入した確率モデルである。i 地域から j 地域に転入する確率を

$$P_j = e^{V(X_j)} \Big/ \Big(\sum_j e^{V(X_j)} + e^{W(X_i)} \Big)$$

とすれば（ここで、P_j は目的地 j に移動する確率、$V(X_j)$ は目的地の効用関数、$W(X_i)$ は移出地の効用関数、X_j と X_i はそれぞれ目的地と移出地の社会的経済的特徴を表す変数である）、目的地 j を選ぶ確率と地元 i に留まる確率のオッズ比を対数変換し、以下の実証分析モデルが得られる：

$$\log(P_j/P_i) = V(X_j) - W(X_i)$$

Ⅲ-2　人口移動の経済的要因

　前述の計量モデルを用いて、日本における都道府県間人口移動の要因を分析した代表的な研究としては、石川（1994、第5章）が挙げられ、中国における省間人口移動の要因を分析した代表的な研究としては、厳（2004）が挙げられる。以下では、これらの先行研究を整理することによって、マクロ的な側面から日中両国の人口移動に影響する経済的要因を比較・検討する。

　表4には前掲研究の分析結果をまとめている。両研究における被説明変数の定義は一致ではないが、ともに流出人口数に出発地・目的地の人口数を加味したものであるので、比較するには問題がないと考えられる。また、主な説明変数については、両研究とも経済格差要因（中国：1人当たりGDP格差；日本：地域所得格差）、就業機会要因（中国：登録失業率；日本：雇用増

加率と農業人口比)、移動コスト要因(空間距離)、および人的ネットワーク要因(中国:チェーン指数;日本:累計移動量)を含む。

(1) 経済格差要因:表4に示しているように、高度成長期の初期では、地域間の経済格差は日中両国の人口移動に影響する最も重要な経済要因である。しかし、経済成長に伴い、その要因が日中両国の人口移動に与える効果は大きく変化した。中国では、1990年代以後地域格差が拡大し続けたため、1995-2000年間において1人当たりGDP格差の係数は5年前と比べ大きく上昇し、人口移動に与える影響を一層増した。一方、日本では、経済発展につれ地域格差が縮小したため、1970年において地域間所得格差の係数は統計的に有意でなくなり、中国と異なる変化を見せた[21]。それは、第3節で説明した人口移動の空間動向の変化と深く関連している。

表4 日中両国における人口移動の要因[22]

| 中国(厳善平、2004) ||| 日本(石川、1994:第5章) |||
| 被説明変数:i省からj省への流出率 ||| 被説明変数:i県からj県への流出率 |||
説明変数	1990-95年	1995-2000年	説明変数	1955年	1970年
経済成長率格差	—	-0.104***	地域所得格差	0.19**	-0.02
1人当たりGDP格差	0.267***	0.438***	雇用増加率	-0.04**	0.07**
登録失業率格差	—	-0.054**	空間距離	-0.40**	-0.43**
非国有部門従業者比率格差	-0.137***	-0.056**	非農業人口率	0.10**	-0.01
空間(鉄道)距離	-0.078**	-0.173**	農業人口比	-0.12**	0.19**
チェーン指数	0.805***	0.685***	累計移動量		0.39**
地域ダミー(略)	—	—	その他(略)		
調整済み決定係数	0.80	0.87		0.24	0.38
観察値	356	507		2070	2070

注) 中国の人口流出率:i省からj省への流出人口数×2/(i省常住人口+j省常住人口)。
日本の人口流出率:i県からj県への移動者数×全国人口/i県人口×j県人口。
出所) 中国のデータは厳(2004、表4)、日本のデータは石川(1994、表5-1、5-2)より引用。

(2) 就業機会要因:中国では、登録失業率は人口流出に有意な負の影響を与える。このことは、失業率が相対的に高い地域にはそこへの人口流出が少ないことを示しており、経済格差と同様に、就業機会も中国の人口移動に影

響する重要な要因であることを確認した。一方、日本では、目的地雇用増加率と移出地農業人口比の係数符号は、ともに 1955 年のマイナスから 1970 年のプラスになり、そして統計的に有意である。経済成長に伴い、経済格差要因は日本の人口移動に対する影響力が弱まったのに対して、就業機会要因は日本の人口移動に対する影響力が高まりつつある。

(3) **移動コスト要因**：空間距離（県庁所在都市間の鉄道距離）は、日中両国の人口移動にともに負の有意な影響を与える。理論通り、空間距離が長ければ、移動費用も増えるので、他の条件が一定であれば、遠方への長距離移動は合理的であるとは言えない。

(4) **人的ネットワーク要因**：厳の研究におけるチェーン指数は、前回の人口センサスで観察されたある省からの省間移動人口の流入先構成比であり、石川の研究における累計移動量は、過去における出発地・目的地間の移動者累計数である。目的地に家族・親戚や同郷人にいると、移動行動に対する抵抗は和らぎ、安心して移動することができる。また、仕事が紹介されるため、目的地での就業機会も多くなる。従って、すでに移動した家族・親戚や同郷人は、その人の人的ネットワークであると見なすことができる。表 4 に示しているように、人的ネットワーク要因は、日中両国の人口移動にともに有意な正の影響を与える。とくに、中国の場合、公的労働市場が十分機能していないため、血縁・地縁による人的ネットワークは、人口移動に対して一層重要な役割を果たしていた。

おわりに

　本稿は、マクロ集計データを利用して、高度成長期における日本と中国の都道府県間（省間）人口移動の実態、および両国の人口移動に影響する経済的要因を簡単に考察・比較した。考察の結果は、以下のようにまとめられる。
　(1) 高い投資率、高い貿易依存度および工業化など、高度成長期における日中両国の成長要因に共通点が多く、類似した成長メカニズムが存在してい

た。しかし、両国における経済発展の初期条件に大きな差が存在したため、経済成長がもたらした結果は大きく異なる。とくに、失業率と所得分配に関しては、両国が全く逆の方向に変化していた。

(2) 高度成長期において、日中両国の人口移動率は、ともに大幅な上昇を見せた。また、人口移動の特徴にもいくつかの共通点が見られる：①両国とも若い人口の移動率が高い；②両国とも経済発展水準が相対的に進んでいる（遅れている）地域に人口は流入（流出）超過である；③経済成長に伴い、両国における人口の主要な流入地は、ともに都市から都市の周辺地域に移した；④日中両国における府県間（省間）人口移動の中心的なものは、ともに経済的性格が強い労働移動である。

(3) 日中両国に人口移動の違いも多い：①日本における若年層の高移動率は、主に大学進学や大卒後新規就職によるが、中国のそれは、農村から都市への外出労働者が青壮年層に集中していたためである；②府県間（省間）人口移動の性比に関して、日本では男性が著しく多く、中国では女性のほうが多い；③経済成長に伴い、日本では人口移動の地域集中度が低下し、中国では逆に人口流入の上位地域への集中が進む。

(4) 経済格差、就業機会、移動コスト、および人的ネットワークは、日中両国の人口移動に影響する最も重要な要因である。ただし、経済成長に伴い、中国では、人口移動に対する経済格差要因の影響力は高まり、日本では、経済格差要因を代わって人口移動に対する就業機会要因の影響力は高まりつつある。

本稿は、1960年代の日本と1990年代の中国における人口移動を比較した。しかし、第2節で説明したように、日本の経済発展の水準は、高度成長が始まる段階、つまり1950年代後期ですでに21世紀初頭の中国のそれに相当しないしは越えていた。その経済発展水準に照準すれば、1960年代の日本の人口移動と比べるには、中国の場合、21世紀最初の10年のデータを利用することはより適切であるかもしれない。日本では、高度成長期が終わる頃から人口移動の動向は大きな変化が見せた。中国では、経済成長が今後も続ければ、そして農村・都市二重戸籍制度が撤廃されれば、現在のような人口移

動の一極集中の傾向はいずれも変化すると予想される。こうした人口移動の動向を追跡・把握することは、筆者の今後の課題である。

【注】

1) World Bank, "China at a glance", http://www.worldbank.org/cgi-bin/sendoff.cgi?page=%2Fdata%2Fcountrydata%2Faag%2Fchn_aag.pdf を参照。
2) 中兼（2002：第2章）、36ページを参照。中兼は、国際比較の視点から、中国における経済発展の成果とその特徴を詳しく分析している。
3) 中国の人口センサスと日本の国勢調査における移動人口の定義はやや異なるので、一概に比較することはできないが、おおまかに見るには問題がないと考えられる。その定義に関する詳しい説明は、本稿の第2節を参照されたい。
4) 日中両国における高度成長の要因について、南（2004）は次のように論じた：急速な技術革新と旺盛な資本形成、そして資本形成を支える旺盛な貯蓄意欲は両国に共通しているが、資本形成の外国資本への依存度と国民経済の貿易への依存度においては大きな違いが存在する。この主張に筆者は概ね同調するが、賛成しかねるところもいくつか残っている。例えば、南は、1990年代以後中国も日本に劣らず急速な技術進歩を進行していると論じているが、用いる推計式と資本弾力性の仮定などはかなりおおざっぱであるため、正確性が欠け、現実とかけ離れていると言わざるを得ない（中国における企業のR&D投入率は0.56%しかない）。また、南は、1999年世界各国のデータによる推定結果を用いて、高度成長期における日本の貿易依存度が低いと主張しているが、国際情勢が大きく変わったため、1999年の基準で1960年代の状況を評価するには妥当ではない。それ以外に、南の論文に示されているデータの中で正確でないところも何箇所か見られる。
5) 日本の外資依存度は図1の出所②により、中国のそれは『中国統計年鑑』2003年版により計算。ただし、中国の本当の外資依存度は統計数字ほど大きくない。外資の優遇政策を利用するための「偽外資」（外国直接投資額の約3分の1を占める）や融資に近いインフラ・プロジェクトの投資額も外国直接投資額に計上されているため、外資依存度が過大評価された。
6) 中国の高い貿易依存度は外資企業によることが大きい。2002年、中国の輸出入額に占める外資企業の輸出入額の比率は53.2%にも達している（『中国統計

年鑑』2003 年版)。
7) 図1の出所②に同じ。
8) これについて、南(2004)は、まったく逆の結論を主張している(前掲注4を参照)。
9) 1990年中国の推計農村過剰労働力数は約1.23億人であるが、2001年のそれは1.17億人となり、わずかしか減らなかった(楽、2005)。
10) 都市居民1人当たり可処分所得の中に、住宅・社会保険・医療保険などの企業・政府の移転支払いや現物給与が含まれていず、一方、農民の純所得の中には食糧や衣服などの現物所得が約30%占めている。それをプラスマイナスすれば、都市居民・農民間の実質所得格差は、統計数字より少なくとも30%ぐらい拡大すると考えられる(楽、2005)。
11) 行政レベルから言えば、日本の都道府県、市(町)は、それぞれ中国の省(直轄市、自治区)、市(県)に相当する。ただし、人口規模の差が大きすぎるので、一概に比較することができない。
12) 『昭和45年国勢調査;全国都道府県別結果速報』(1971、1ページ)による。
13) 中国国家統計局、「第五次全国人口普査办法」による。
http://www.stats.gov.cn/was40/detail?record=124&channelid=6697&presearchword=%B3%A3%D7%A1%C8%CB%BF%DA
14) 中国の戸籍制度について、厳(2002)、前田(1993)を参照されたい。
15) 厳(2003)は、中国における人口移動の性比を詳しく分析している。
16) 総務庁統計局『住民基本台帳人口移動報告年報』によれば、1970年大都市周辺県への流入者の約半数は、大都市からの者であった。
17) 表3に同じ。
18) ここでの移動効果指数は、地域間純移動数の絶対値の合計を総移動数(流入数と流出数の合計)で除して計算したものである。移動効果指数は、0から1までの数値となるが、1に近いほど流入か流出かの一方に偏した移動流であることを意味し、0に近いほどそれらのどちらにも偏らない均衡的な移動流であることを意味する(大友、1996:68ページ)。
19) 表3に同じ。
20) 詳しくは、厳(2005、25-27ページ)を参照されたい。
21) ただし、地方圏から大都市圏への移動については、地域間の所得格差は依然として人口流出率に正の有意な影響を与える(石川、1994:表5-2)。
22) 被説明変数と説明変数の定義に関する詳しく説明は、原文を参照されたい。

【参考文献】

Harris, John R. and Todaro, M. P. (1970), "Migration, Unemployment and Development：A Two-Sector Analysis," *American Economic Review*, vol.60 No.1.
Lewis, W.A. (1954), "Economic Development with Unlimited Supplies of Labor," *Manchester School of Economic and Social Studies*, Vol.22 No.2.
Rains, Gustav and J.C.H.Fei (1961), "A Theory of Economic Development," *American Economic Review*, Vol.21 No.4.
Sjaastad, Larry. A. (1962), "The Costs and Returns of Human Migration", *Journal of Political Economy*, Vol.70 No.5.
Stark, Oded (1991), "Migration in LDCs：Risk, remittances, and the Family," *Finance and Development*, Vol.28 No.4.
石川義孝『人口移動の計量地理学』古今書院、1994 年
伊藤正一「高度成長期における労働市場の日中比較」『独協国際交流年報』第 11 号、1998 年
大友篤「日本における国内人口移動の決定因」『人口学研究』第 6 号、1983 年
大友篤『日本の人口移動———戦後における人口の地域分布変動と地域間移動』大蔵省印刷局、1996 年
厳善平「労働移動の理論と実証研究：展望———都市・農村間の労働移動を中心に」『桃山学院大学経済経営論集』第 41 巻第 3 号、2000 年
厳善平『シリーズ現代中国経済 2：農民国家の課題』名古屋大学出版会、2002 年
厳善平「中国における省間人口移動とその決定要因———センサスの集計データによる計量分析」日本現代中国学会関西部会報告論文、2003 年 11 月
厳善平「改革時代の中国における地域間人口移動」『桃山学院大学経済経営論集』第 45 巻第 4 号、2004 年（a）
厳善平「中国における省間人口移動とその決定要因———人口センサスの集計データによる計量分析」『アジア経済』第 45 巻第 4 号、2004 年（b）
厳善平『中国の人口移動と民工———マクロ・ミクロ・データに基づく計量分析』勁草書房、2005 年
厚生労働省『労働経済白書』平成 15 年版、日本労働研究機構、2003 年
総務庁統計局『住民基本台帳人口移動報告年報』各年版、日本統計協会。
総理府統計局『昭和 45 年国勢調査；全国都道府県別結果速報』日本統計協会、1971 年
総務庁統計局『住民基本台帳人口移動報告総合報告書：昭和 29 年～平成 7 年』日本統計協会、1997 年

中兼和津次『シリーズ現代中国経済1：経済発展と体制移行』名古屋大学出版会、
　　2002年
前田比呂子「中華人民共和国における戸口管理制度と人口移動」『アジア経済』第
　　34巻第2号、1993年
丸川知雄『シリーズ現代中国経済3：労働市場の地殻変動』名古屋大学出版会、
　　2002年
南亮進「中国高度成長の要因と帰結―――日本との比較」『中国経済研究』第2巻
　　第1号、2004年
楽君傑「中国沿海農村における労働力外出の決定要因に関する分析―――浙江省舟
　　山市宮門村の事例を中心として」『アジア研究』第48巻第4号、2002年
楽君傑「中国東部沿海農村の労働市場に関する数量分析」関西学院大学博士学位
　　論文、2005年
渡辺真知子「国内人口移動と地域経済格差」『人口学研究』第12号、1989年
国家統計局編『中国統計年鑑』各年版、中国統計出版社
国務院人口普査弁公室ほか編『中国1990年人口普査10％抽様資料』中国統計出版社、
　　1991年
国務院人口普査弁公室ほか編『中国2000年人口普査資料』中国統計出版社、2002年
全国人口抽様調査弁公室編『1995年全国1％人口抽様調査資料』中国統計出版社、
　　1997年

第 4 部 現代経済社会の諸相

第11章 経済団体とは何か

羽田良樹

はじめに

　企業は、経済団体に組織される。あるいは経済団体を組織する。わが国で最初の経済団体は1878年（明治11年）に東京、大阪、神戸の3主要都市で商法会議所として組織された。現在の商工会議所の前身である。明治維新後の殖産興業のリーダーたちである各地域の商工業者を組織したものであるが、背景には条約改正問題に取り組む明治政府が、英国に示唆されて民間企業家たちの意見を集約する場として設立を勧めたものであった。その意味から企業は経済団体に組織される側面を持つものといえる。
　一方で、組織された経済団体は、企業の共通の利害を代表し、政府、地方自治体など「政」あるいは「官」に対抗する目的ももつはずである。企業の自由な活動を規制し、課税する政府官僚に対し、企業個々では対抗できない。労働者が労働組合を作るように、企業は経済団体を作るのである。つまり企業は自ら経済団体を組織する側面もある。
　とはいうものの、政府と経済団体は常に角突き合わす関係にあるわけではない。わが国の労使関係が対立よりも協調を旨とするように、政府と経済団体もいかに協調関係を結ぶかに力点が置かれている。政府側から企業に対し

て団体を組織するように要請することもある。政府が様々な産業施策を立案するに際し、企業側の意見を聴取するにしても、公に「産業界の意見」として取り上げるには、個別企業の意見としてではなく、企業を組織した経済団体において「産業界を代表する意見」として取りまとめられたものであるほうが好ましい。

　そのためには、適切な経済団体が組織されていない場合は、政府が経済団体の組織化を企業に働きかけることもある。現在の業種別経済団体は、70年前の戦時経済統制下においてまとめられた経済団体の延長上に存続しているところが多い。戦後日本経済の再建が、政府官僚主導の下で中央集権化をめざして進められた中で、政府と企業の意思疎通をスムーズにし、産業政策の浸透を図るための機関としての役割を果たすべく各業種別経済団体は本部を東京に集中した。

　以上のように企業が組織され、組織する結果、わが国には多種多様な、規模も様々な経済団体が存在することとなった。経済団体は、政府や地方自治体の関連団体ではなく、純粋に民間組織である。営利を目的とする企業を構成員にし、企業活動の円滑化を図る非営利組織として存在する。だが経済団体が何かということについては、一般に十分に理解されているとは言いがたい。具体的に経済団体にはどのようなものがあるのか、経済団体は社会に対しどのような活動を行っているのか、海外の事例から見た経済団体の必要性は何か、経済団体はどのように経営されているのか、を見ることによって経済団体とは何かを述べてみたい。

I　経済団体の種類

　わが国には多種多様な、規模も様々な経済団体が存在している。代表的なのは財界3団体と称される日本経済団体連合会（日本経団連）、日本商工会議所（日商）、経済同友会である。2002年5月に経済団体連合会（経団連）と日本経営者団体連盟（日経連）が統合され日本経団連になってから財界4

団体から3団体になった。

　日本経団連は、その使命として「『民主導・民自律型の経済社会』の実現に向け、企業の付加価値創造力の向上、その活動を支える個人や地域の活力の向上を促し、わが国経済ならびに世界経済の発展を促進すること」を挙げ、「経済・産業分野から社会労働分野まで、経済界が直面する内外の広範な重要課題について、経済界の意見を取りまとめ、その実現を働きかける」ことを活動内容としている。会員数は2006年5月現在で企業会員1,346社、団体会員177団体、推薦および特別会員135人となっている。

　日商は、全国522商工会議所を会員として組織した経済団体の連合体で、①市域を基盤とした地域性、②業種・業態を超えた商工業者を組織する総合性、③公益法人として組織や活動における公共性、④世界共通の商工会議所制度として組織されている国際性をその特徴としている。全国の商工会議所が組織する会員数は約145万（平成17年3月現在）を数えている。各地の商工会議所については後に商工会とともに触れる。

　経済同友会は、企業経営者が個人として会員となっているところに最大の特徴を持つ経済団体である。「自由社会における経済社会の主体は経営者であるという自覚と連帯の下に、一企業や特定業種の利害を超えた幅広い先見的な視野から、変転極まりない国内外の経済社会の諸問題について考え、議論していくところに最大の特色がある」と自ら規定している。2006年3月現在の会員数は1,402名である。

　会員数およびその構成から見て、日本経団連、経済同友会がわが国を代表する大企業およびその経営者を組織しており、日商がその傘下の各地商工会議所を通じて大企業のリーダーシップの下に全国の中小企業を網羅的に組織しているといえる。

　さて、3団体以外の多数の経済団体を分類すると、おおまかにいって同業者を組織する団体、一定の地域内の企業を規模の大小にかかわりなく組織する団体、企業規模別にグループ化した団体などが代表的なものとなる。最後の場合は業種、地域性が加味されることもある。経済団体は、どのような企業が組織されているかによって分類されるが、そのことは、経済団体の組織

目的に応じて分類されていることを意味する。

　まず、同業者で組織する「業種別経済団体」の目的は比較的はっきりしている。同業者同士はもともと最大の競合相手であり、最も協調しにくいはずであるが、他方、政府および社会一般に対しては、もしくは他業界に対しては同業者としての利害は一致する。その一致する利となることを共同して主張し、一致する害となることを共同して防ぐことを業種別経済団体はその組織目的とするのである。

　ひとつ例を挙げる。全国銀行協会（全銀協）は、銀行を組織した業種別団体である。全銀協ホームページ http://www.zenginkyo.or.jp/index.html に全銀協の果たすべき役割が次のように述べられている。

(1) 全銀協は、銀行業界の共通の問題意識に基づき、個々の銀行が自由で公正な業務展開をしていく上で必要な基盤を整備・構築することに重点をおいた活動を行っていく必要があると考えています。
(2) 金融界が大きな変革期を迎えているなかで、銀行業界が自らの声を自らの手で対外的に伝えていく必要性は一段と高まっています。このため全銀協は、銀行業界の代表として、銀行業務に係わる様々な事項の調査・研究・企画や政策提言・情報発信等の活動に関する機能を積極的に担っていく必要があり、かつ、一層強化していく必要があると考えています。
(3) 決済システム等銀行業界全体にとっての共通の業務インフラ部分に関する企画・運営を行う機能は、全銀協の中核的機能であり、その重要性は今後も不変であると考えられます。このため全銀協は、この分野において、わが国の銀行業界のみならず、すべての金融機関のために、中心的な役割を果たしていく必要があると考えています。

　つまり、同業者は同種類の問題を持つので共同で解決をはかること、共同して対外的に業界意見を主張すること、業界共同インフラを建設することの3点が組織目的になっている。この3点は業種別経済団体に共通する目的である。ただ、業種別経済団体は、同種類の問題を共同で解決するに当たり、

行き過ぎて「談合」事件を起こす基盤となることがある。

次に、一定の地域内の企業を組織する経済団体として代表的なのは、市単位に設置されている商工会議所および町村単位に設置されている商工会である。2006年3月末現在523商工会議所、2,670商工会が、商工会議所法および商工会法に基づいて組織されている。

商工会議所および商工会の設立目的は、商工会議所法第6条および商工会法第3条に「その地区内における商工業の総合的な改善発達を図り、兼ねて社会一般の福祉の増進に資することを目的とする」と定められている。

その目的を達成するために商工会議所の事業としては、①商工会議所としての意見を公表し、これを国会、行政庁等に具申し、または建議すること、②行政庁等の諮問に応じて、答申すること、③商工業に関する調査研究を行うこと、④商工業に関する情報または資料の収集または刊行を行うこと、など18項目を挙げており、商工会の事業としては、①商工業に関し、相談に応じ、または指導を行うこと、②商工業に関する情報または資料を収集し、および提供すること、③商工業に関する調査研究を行うこと、④商工業に関する講習会または講演会を開催すること、⑤商工会としての意見を公表し、これを国会、行政庁等に具申し、または建議すること、⑥行政庁等の諮問に応じて答申すること、など10項目を挙げている。

商工会議所、商工会とも市町村単位の地域内で規模の大小に係わらず、業種を特定せず商工業を営むものすべてを会員対象とする。そのため会員に占める中小企業のウェートが非常に高く、商工会議所は大企業も組織しながら中小企業を代表する経済団体とみなされている。商工会は、さらに地方中小零細企業を代表する団体との色彩が濃くなる。ただ商工会議所、商工会ともに法的基盤を持つだけに地域内の商工業者の組織率は高く、また地方自治体の商工行政との結びつきは強い。

もうひとつ地域と結びつく代表的な経済団体としては、地域経済連合会、すなわち北海道、東北、北陸、中部、関西、中国、四国、山口、九州といった都道府県市町村などの行政区域を越えた広域経済圏をマーケットとする代表的企業＝大企業のみを組織した8つの経済団体がある。目的は、地域経

済の発展に寄与することとされているが、会員構成からみて大企業の意見を代表すると見られている。
　以上のように業種、地域、企業規模が経済団体を分類する基準となっているのである。

II　在阪経済団体の活動略史

　経済団体はどのように社会に働きかけているのだろうか。身近な在阪の経済団体が、どのような働きかけをしてきたのかを追ってみる。
　戦後、日本経済が再建され、高度成長を遂げる中で東京への一極集中化が進み、戦前には、経済の中心地として繁栄を誇った関西経済圏は、戦災からの復興過程で相対的な地位低下に悩まされることとなった。そのため在阪経済団体の共通の目的は、関西経済の復活に置かれた。
　在阪経済団体を代表するのは広域経済圏を対象に大企業を主たる構成員とする関西経済連合会（関経連）と大阪市域に基盤を置く企業を業種、規模を超え組織する大阪商工会議所（大商）である。この両団体が、戦後に関西経済同友会、関西経営者協会、大阪工業会とともに在阪経済5団体として関西経済界のリーダーシップを握った。
　大商は1953年（昭和28年）にいち早く大阪経済振興審議会を設置し、「大阪経済の振興方策」を取りまとめ、地方自治体、在阪企業に関西経済復興の道筋を示した。1957年（昭和32年）には関経連が、わが国初の地域間産業連関表である「昭和26／近畿地域産業連関表（200部門）」を、1962年（昭和37年）には特別調査「西日本工業配置試案」を発表し、関西経済の地盤沈下を止めるための公共投資、民間企業活動の方向を示唆した。
　1960年代後半、関西経済再興の起爆剤となることを期待して、大阪万国博覧会の開催、新空港の建設が在阪経済団体の一致した目的となった。万博誘致活動、新空港建設に向けての地元意見集約活動が、官民を挙げて展開された。

第11章　経済団体とは何か

　大阪万博は、1970年（昭和45年）に開催された。万博協会は会長に石坂泰三経団連会長を据え、事務局は通産省官僚が中核となっていて、国を挙げての体制で臨んでいたが、地元として大阪府、大阪市等の自治体および在阪の経済団体も、こぞって大阪万博を成功させるため力を注いでいた。関経連と大商は、開催前年から事務局内に専任の担当部署、スタッフを置き、参加国の勧誘、参加企業への情報提供、万博協会や地方自治体との連携、支援に努めていた。

　3月から始まった万博は予想を超える関心を集めた。9月の終幕まで延べ6,400万人の入場者を数え、日本中が万博ブームに沸き立った。この間経済団体は、参加国のナショナルデーにおける企業代表者および経済団体の代表者の出席の割当、万博を機会に来阪する世界各国政府関係者、ビジネスマンとの交流会の設定と集客、内外からの来客者の接遇に追われた。

　この万博に関しては、大阪への誘致の段階から、地方自治体との協力体制作り、政府への働きかけと国家事業としての承認、企業の参加決定といった各段階において、民間企業の意思決定に果たした経済団体の役割は大きかったと言えるであろう。万博開催は、関西経済にとって相対的な長期経済地盤沈下傾向に歯止めをかける契機とすることが真の目的であった。

　日本経済の戦後高度成長は、東京経済圏一極集中で進められ、戦前まで日本経済の中心として繁栄を享受していた関西経済圏はその反動から戦後一貫して相対的地位を低下させていた。1964年（昭和39年）のオリンピック開催による東京の新しい街づくりに対抗して、万博開催によって大阪を新しい街にしようと試みられた。千里ニュータウンを核とする大阪北部の開発はその中心であった。

　同時期、騒音問題による伊丹空港の発着時間、発着量の限界から、在阪経済団体の悲願である関西経済復活にとって新国際空港の建設は緊急の課題となっていた。関経連をリーダーに在阪経済団体は政府、地方自治体に強力に働きかけるとともに民間企業の協力体制の構築を図った。

　この動きを受けて1968年（昭和43年）には運輸省が新空港設置場所の調査を開始した。関経連は1970年（昭和45年）に関西新国際空港建設促進協

議会を発足させ、地元政財界が一丸となって新空港建設にまい進することとなった。1974年（昭和49年）には航空審議会が泉州沖を最適地として運輸大臣に答申、1978年（昭和53年）に運輸省の調査が開始された。1984年（昭和59年）には関西国際空港株式会社が設立され、1987年（昭和62年）着工、1994年（平成6年）開港となった。

　もうひとつこの時期に在阪経済団体が大きな役割を果たしたのは、1971年（昭和46年）秋に、関西とは歴史的に関係の深い中国との友好関係を回復すべく、在阪経済団体の総力を上げて関西財界訪中団（団長、佐伯勇大商会頭）を組織し、翌年の日中国交正常化のさきがけとなったことである。この成果を受けて1974年（昭和49年）には万博記念公園内でわが国初の中華人民共和国展覧会が開催され、260万人を超える入場者数を記録した。

　1950年代から80年代にかけて在阪経済団体は戦災による壊滅的な状況から関西経済の地位回復を目指しさまざまな活動を続けてきたが、相対的な地盤沈下を止めることはできず、一時言われた日本経済を東京経済圏と大阪経済圏の競合で支えようとする二眼レフ論も東京一極集中化の進展の下に空しいものとなった。

　1990年代に入って、バブル崩壊後の長期不況が続く中で、関西経済は一層の弱体化に見舞われた。関西の中心的な地位を占めていた繊維産業の衰退、商社の業績低下、さらには金融業界の再編による大手銀行本店の消滅、加えて大手企業の本社機能は一段と東京集中の傾向を強めた。その結果として在阪経済団体の首脳は、地域に密着した公益企業、鉄道産業によって専ら担われることになった。それでも経済団体の関西経済衰退を止める努力は続けられ、ベンチャー企業の支援、中国を含むアジア各地とのビジネス交流の促進、IT産業、ロボット産業、バイオ産業の育成が経済団体から政府、地方自治体に施策として取り上げられるように働きかけが行われている。

　関経連は、1998年（平成10年）に関西国際空港全体構想促進協議会を発足させ、1999年（平成11年）には二期工事現地着工、2005年（平成17年）には二期滑走路の用地完成および工事着工にこぎつけた。地元の要求を取りまとめ、政官との調整を行い、関経連は空港建設に関し、大商と並び在阪経

済団体の中核としての役割を懸命に果たしている。また、最近では1999年（平成11年）に関西広域連携協議会を、2000年（平成12年）には在阪経済5団体（関経連、大商、関西経済同友会、関西経営者協会、大阪工業会〔2003年（平成15年）大商と統合〕）連携強化協議会を発足させ、在阪経済団体の関西広域に影響を及ぼす試みを強化している。

　以上のように在阪の経済団体は、わが国経済が東京一極集中化を強め、東京以外の地域経済の衰退を招く中で、様々な関西経済復活の試みを続けている。経済団体がどのように社会に働きかけられるかを明らかに示す一例となっているともいえるのではないだろうか。

Ⅲ　海外における経済団体の必要性

　1986年（昭和61年）のプラザ合意による円高容認以後、日本企業の海外進出が急激に進んだ。100％日本企業が投資した企業、現地資本と共同で出資した合弁企業と形態は様々であるが、現地では日系企業として認知され、日本人駐在員が経営に従事している企業が多数ある。これらの日系企業が現地で経済団体を組織する例がよく見られる。ここにも企業にとっての経済団体の必要性が現れているのではないだろうか。

　海外で日本企業が組織する経済団体は、日本商工会議所（日商）の調べで、約70余りある。その過半は日本人商工会議所あるいは日本人商工会を名乗っている（日商ホームページ http://www.jcci.or.jp/「在外日本人商工会議所名簿」参照）。だいたい一国一団体であるが、米、独、中などのいくつかの国では主要都市単位で一国2～4団体組織されているところもある。このように日系企業にとっての経済団体は少数のため、どれも経済団体としての機能はすべて持たざるを得ない。つまり経済団体の必要性は揃っているといえる。

　筆者は1990年（平成2年）から3年余りタイの盤谷日本人商工会議所（Japanese Chamber of Commerce, Bangkok ＝ JCCB）に事務局員として勤務した。このJCCBを具体的な事例として海外における日本企業が必要とす

る経済団体の実態を見ていこう。

　JCCBは、タイ国の商工会議所法の下にある経済団体である。2006年（平成18年）3月現在の会員数が1,250社を超え、在外日本人商工会議所では最大規模であり、創立52周年という歴史を持っている。

　経済団体としてのJCCBの事業は、①情報の交換、提供、②タイ政府への意見具申、提言、③タイ経済界との交流、④社会貢献に要約できる。内部組織として会員を業種別に分けた金属、機械、繊維、農水産食品、金融保険、運輸、生活産業、自動車、観光広報産業、建設、化学品、電気、通信、流通小売、商社の15部会と、税制、法制、経済調査、投資基盤整備、人材開発などをテーマにした16委員会が設置され、定期的に会合を持ち情報が交換されている。

　部会は日本における業種別経済団体と同様の役割を果たす。業種ごとのタイ政府関係省庁への要望、意見を取りまとめ具申する。あるいは、タイ政府からの諮問に答え、タイの業種別経済団体との協力、交流を行う。さらに、業種ごとの情報交換会を開催したり、業種関連情報を機関誌へ掲載したり、関係タイ語（英語）出版物の日本語訳パンフレットを作成したりする。いずれも、日本企業の駐在員がタイで仕事をしていく上でぜひとも必要なことである。言い換えれば、自らの欲するものを経済団体の活動に求めているのである。

　委員会では、業種を超えて、タイにおける日系企業共通の課題を論じ、必要に応じて要望としてまとめてタイ政府に具申したり、タイの経済団体に協力を求めたりする。あるいは会員企業が協力し合う場ともなる。

　経済団体としてJCCBが存在意義を評価されたことが筆者の在任中にあった。1991年（平成3年）のクーデター事件後、タイの革命政府は1992年（平成4年）1月から付加価値税を新規に導入することを決定した。実施の2ヵ月前になってようやくタイ語の法律が公表された。その後英語の翻訳文が出された。JCCBは日本語版の出版を会員から求められた。また、タイの大蔵省の役人からも協力するからぜひ日本語版を作成してほしいとの要請もあった。JCCBはタイ語を学んでいる学生と、会員企業の経営者でもある英語の

よくできる日本人公認会計士の協力を得て、年末に出版し、1月にはタイの大蔵省の付加価値税実施担当局長を招いて説明会を開催できた。経済団体がなければできないことであった。

当時、このほかにも出版物としてベストセラーだったのは、JCCBの会員名簿である。タイの現地には電話帳を見ても「日系企業」といったINDEXはない。800社を超える日系企業に限定した、企業名、所在地、代表社名、電話番号を一覧できる名簿はほかにない。タイ企業にとっても「日系」に限定した企業を探せる名簿は便利なようだった。このことはまたタイの安全さをも意味していた。フィリピンでは日本人ビジネスマンの誘拐事件が発生したりしており、日系企業の名簿はマル秘扱いであった。

部会、委員会、出版活動のほかにタイの商業会議所、工業連盟、銀行協会などの主要な経済団体との交流もJCCBの重要な事業となっている。タイの産業界への技術提供、日タイ貿易の促進、タイへの投資勧誘支援などがテーマとなる。これらの活動が在タイ日系企業のビジネスの円滑化をもたらすのである。駐在員たちはJCCBの活動に参加することを通じてタイのビジネスマンと交流を深められるのである。

さらにJCCBの役割で注目されるのは、日本経団連、日本商工会議所など主要な日本の経済団体が派遣する訪タイミッションの受け皿となることである。日本の経済団体はニューヨークなど一部を除いて常設の出先事務所、機関を持たない。そのため、各国の日本人商工会議所、商工会、商工クラブなど現地の日系企業の団体がその役割を代行することが多い。日本から経済団体のミッションが来ることが決まると、日本大使館と協力しながら訪問国の要人とのスケジュール調整、出迎えの体制作りなどを行うのである。会員企業にとっては本社サイドからの注文に応じることができることになる。

最後に、在外日系経済団体の役割として挙げられるのは、進出している日本企業に期待される社会貢献について、その取りまとめ役を担うことである。JCCBは、最近では、スマトラ沖津波被害に対する寄付、バンコク都立老人介護施設への寄付、地方大学奨学金プログラムの実施などについて会員企業に協力を要請した。JCCBの創設以来50年強の間の募金額は累計13億バー

ツに達する。

　こう見てくると、経済団体とは企業における総務部的な機能を果たしていることが分かる。経済団体自身は営利を目指すものではない。あくまで会員たる営利を目指す企業が、単独では果たしえない、企業活動円滑化のために必要な業務を行うことが経済団体の目的となるのである。

IV　経済団体の経営

　非営利団体である経済団体はどのように経営されているのであろうか。財界3団体の2004年度（平成16年度）収支計算書から収入の状況と、支出の中核である管理費が収入に占める比重を確認しておこう。

　日本経団連の当期収入合計は、52億6,508万余円、うち会費収入は44億3,539万余円で当期収入合計の84.2%を占めている。残りは事業収入が6億8,529万余円(13.0%)、雑収入が5,266万余円(1.0%)、特定資産取崩収入が9,173万余円（1.7%）となっている。会費収入は団体・特別会員会費1億9,682万余円と企業会員会費42億3,856万余円に分けられている。企業会員数は1,346社（2006年5月24日現在の会員数、2004年度の収支計算書とは少しずれるが、大きくは変わらない）なので1会員平均の年間会費負担額は約320万円になる。管理費は13億4,143万余円で当期収入の30.2%となっている。

　日商の一般会計の収入合計（繰入、繰越金を除く）は、47億3,492万余円であるが、ここには国からの委託・補助金が交付金として含まれており、ここから各地の商工会議所に支出される委託・補助金を差し引いた純収入は23億2,383万余円になる。内訳を見ると会費収入が9億3,483万余円(40.2%)、事業収入13億7,289万余円(59.1%)、交付金残347万余円(0.1%)、雑収入1,262万余円(0.5%)となっている。事業収入の大きさが目立つが、これは6億3,000万円を超える珠算、簿記検定事業収入をはじめ各種事務費、委託費の収入があるからである。会費収入のうち正会員費は9億3,385万6,200円を占め、当該年度はこれを524商工会議所が負担していたので、1会員あたり会費負

担は 178 万 2,168 円ということになる。管理費は 9 億 8,643 万余円で純収入の 42.4% を占める。

　経済同友会は、当期収入合計が 9 億 3610 万余円、このうち雑収入 809 万余円、資産取崩収入 5,840 万余円を差し引いた 8 億 6,960 万円は寄付金収入（＝法人賛助会費）を含めてすべて会費とみなせる。このときの会員総数は 1402 名なので、会員 1 名あたりの会費負担は約 62 万円となる。人件費と事務所費を合わせた管理費支出は 5 億 9,749 万余円で、収入の 63.8% を占めている。

　経済 3 団体と比較するために、地域の経済団体として関経連の 2004 年度（平成 16 年度）の収支決算をみる。当期収入の合計は 9 億 2,897 万余円で、そのうち会費収入は 7 億 8,332 万余円と収入合計の 84.3% になる。事業収入は 1 億 2,058 万余円と 13.0% にとどまる。同時期の会員数は個人・特別会員を除いた法人・団体会員が 689 社・団体であるので 1 社・団体当たり会費負担は約 114 万円となっている。管理費は 3 億 823 万余円で、収入合計に対し 33.2% にとどまっている。

　もうひとつ地域経済団体の大商の 2004 年度（平成 16 年度）収支決算を確認しておく。収入合計は 50 億 391 万余円、内訳は会費負担金（加入金、特定商工業者負担金を含む）が 16 億 5,950 万余円で 33.2% を占める。事業収入が 19 億 2,051 万余円（38.4%）、補助金委託金が 8 億 9,645 万余円（17.9%）、その他 5 億 2,744 万余円（10.5%）。当該年度末では 2 万 9,192 会員なので 1 会員当たりの会費負担金は 5 万 6,848 円となる。管理費に当たる事務費、給与費等の合計は 27 億 2,612 万余円で収入合計に対して 54.5% となっている。

　以上のように、経済団体は会員が支払う会費によって収入の中心が占められ、足りない分を事業収入で補うことになる。すると会員数が減少するとか、個々の会員の負担力が低下すると経済団体の経営は危機に瀕する。業種団体のなかで繊維産業をはじめとする衰退産業では会員数が激減し、解散、合併統合に追い込まれている。反面、外食産業のように零細企業が多く、かつ政治力も弱い業界では、経済団体を結成することにより社会的な力を獲得するところもある。

ただ商工会議所や商工会のように法的な団体で、公益性を強く持った経済団体は、国および地方自治体から委託事業、補助金事業を受け取る。東商や大商など主要都市の規模が大きい商工会議所では収入の1/3程度が補助金収入であり、規模の小さな商工会議所や商工会ではそれが50%を超えるところもある。

おわりに

　経済団体とは何かを言うことは結構難しい。最近では経団連、経済同友会などを除いていずれの経済団体も経営が苦しくなっている。経済団体は、強制加入制を取れない。そのため存在意義が明快でない経済団体は会員が確保しにくいのである。

　まず地域の経済団体にとっては、東京一極集中化、産業再編による大手企業数の減少が会費負担可能企業の減少となり、経営悪化につながっている。在阪の経済団体はその代表例である。関経連、大商ともに地域密着の公益企業、すなわち電力、ガス、鉄道企業が中核を担わざるを得なくなっている。金融再編によって旧在阪大手金融機関の本店が東京に移った影響も大きい。さらに、大商にとってはその公益性による大阪府からの補助金収入もあるが、地方財政の現状を考えると将来の小規模事業縮小が懸念される。

　業種別経済団体にとっては産業の盛衰の影響が大きい。繊維関連の各種経済団体は急激な会員減少に見舞われ、合併統合、事業縮小を余儀なくされている。大阪の銀行協会も、金融再編、本店の東京集中によって弱体化が危惧されている。反面、外食産業のように零細ではあるが近年店舗数が増加し、パート社員の社会保険問題など共同して政府に要望するため、経済団体を強化したところもある。

　多くの企業にとっては、すぐに自らの企業活動にとって経済団体に加入することが必要なのかどうかが分かりにくい。任意加盟制なので経済団体の成果にただ乗りすることが可能なことも、経済団体の会員数が増えない理由の

ひとつである。

　他方、経済団体の事務局職員からすれば、経営を良くするためには会員数の増加は、ぜひとも必要となる。企業が、自ら経済団体の意義を認め、会員になってくるのを待っているわけにはいかない。企業を顧客として会員に勧誘することが事業となってしまう。すると勧誘される企業は、「会員になると何かメリットがあるのか」と聞いてくる。これでは経済団体がなぜ必要なのか分からなくなる。

　企業が自ら必要だから生み出した経済団体が、専従職員がいることによって、彼らの生活のために経済団体に企業会員が必要になるといった逆転が起きてしまう。この結果、経済団体の職員は、悪い意味で公務員に似てくる。

　どの企業も単独で経済社会に自らの主張を通すことは難しい。企業が社会的活動をする上で経済団体を組織することは必要である。だが、企業も経済団体で働く職員も、経済社会において経済団体がなぜ必要なのかということを自覚していくことが難しくなっている。だが、職員の生活のために経済団体があるのではない。逆である。公務員の生活のために政府や地方自治体があるのではないのと同様である。

第12章 中小企業における コーポレート・ガバナンス

林 芳利

はじめに

　バブル崩壊後、わが国の90年代は「失われた10年」といわれ続け、21世紀に入っても低迷の状態から完全には脱せずにいたが、ようやく企業の三大デフレ要因といわれる雇用、設備、債務の整理が完了し、2002年より景気の回復基調が定着してきたようである。金融機関の一部は公的資金導入によって危機を脱し、企業の業績は大企業を中心に急回復してきている。処理に追いつかない不良債権の元凶であった地価も、首都圏では旺盛なオフィス需要と都心回帰のマンション需要に支えられて、優良な土地の獲得競争が熾烈になっており、部分的ではあるが上昇局面にある。株価も上昇基調の感を呈している。

　高い経済成長が見込まれていた時代に、世界から賞賛されていた日本型経営システムは90年代以降様々な綻びを指摘され、また金融機関と企業は、98年の日本版ビッグバンを目指す金融システム改革法や新しい会計基準導入を通じて、市場に適合する体質への変換を迫られてきた。そして、わが国の企業が発展してきた、その礎が大きく変革せざるを得ない状況に対応してきたことが徐々に効果として現れてきたのであろう。

そして、企業業績への関心の一方で、出資者と経営者の利害の調整という観点から、企業は誰のものか、企業を支配するものは誰かということが問われるようになってきた。コーポレート・ガバナンスをめぐる論議である。この論議は従来からも、活発に論議されてきたが、最近ではより広範な利害関係者との関連を含めて展開されている[1]。

バブル崩壊後、上場会社を中心とする大会社において、総会屋への利益供与事件、投機の失敗による巨額損失事件、薬害事件、談合事件、粉飾決算事件、証券会社による損失補填問題、金融機関の破綻などが相次ぎ[2]、近年では、食中毒事件や品質欠陥隠蔽問題、証券取引法違反事件なども起こって、改めて経営の牽制と監視の必要性が問われている。贈収賄や特別背任といった法律違反、問題隠蔽を代表とする倫理の欠如といったことは、経営者自身に問題があったことに起因するが、ガバナンスを担うべき利害関係者が無力であったため、経営トップの暴走を止めることができなかったことにも因る。そのため企業のガバナンスの目的を生かすために、誰がどのようにガバナンスを行うべきかが議論されているのである。そこでは経営者の責務を、経済的には「経営の効率性」により収益を上げること、法律的には「遵法性」、倫理的には「倫理性」にあるとしている。

一方中小企業[3]もまた企業のガバナンスを確立する必要があると思われる。中小企業は企業数で99.2％、従業員数で62.9％[4]と我が国の産業構造上大きなウェイトを占めており、決して無視できる対象でないし、大企業で進められている事象はやがて中小企業にもその影響が及ぶからである。

中小企業における利害関係者では、取締役・従業員は多くの場合、絶対的権力者の経営トップに対抗し得ず、金融機関は近年は融資に対する与信管理に、取引先は与信をベースに取り引き増大に重きを置いている状態であり、企業のガバナンスを十分に担えていないのが現状である。このような中小企業の環境では、誰が企業のガバナンスを担うことが最も適しているのであろうか。

日本型経営システムとコーポレート・ガバナンスがどのように関連づけられ機能してきたのか、そして特に中小企業におけるコーポレート・ガバナン

スがどのようなシステムであれば望ましいといえるのか、を考えるにあたり、本稿では、近世からバブル崩壊までの日本型経営システムがどのように発展し、変化してきたのかを時系列でみることにする。さらにコーポレート・ガバナンスについて研究・検討が進んでいる欧米の企業経営とコーポレート・ガバナンスをみる。日本企業の在り方を考える場合、国際比較をすることも不可欠であると考えるからである。

そして企業が発展しながら継続しなければならない、すなわち「ゴーイング・コンサーン」のためには誰がコーポレート・ガバナンスを担うべきか、という点を中心にして、中小企業における望ましいコーポレート・ガバナンスを考えたい。

本稿は以下の構成からなっている。

Ⅰでは、資料公開によって研究が進んでいる三井家をとりあげて、近世における商家の企業経営を概観し、日本型経営システムの原型と、近世の商家がどのようにしてコーポレート・ガバナンスを機能させたのかをみる。

Ⅱでは、日本型経営システムの明治以降現在に至るまでの成立過程を概観し、かつて賞賛された日本型経営システムが、なぜ否定されるようになったのかをコーポレート・ガバナンスの観点から明らかにする。

Ⅲでは、ドイツ、アメリカ、イギリスの中小企業経営を概観し、海外での企業経営を比較・検討して、日本の中小企業におけるコーポレート・ガバナンスの在り方の参考にする。

そして、Ⅳで中小企業における望ましいコーポレート・ガバナンスを提示する。

Ⅰ　近世における企業経営

三井家の経営理念は、二代目高平によって「宗竺遺書」（1722年）として集大成され、これがその後の三井家の家制及び営業の基本方針となった。

第12章　中小企業におけるコーポレート・ガバナンス

　それによると三井家における企業経営の特徴は、合理性に基づいた経営上の諸制度に正確に反映されている。その合理性は、企業経営の主体である三井家の出資者である9軒（のち11軒）の同族（同苗）の結合の仕方に工夫があった。それは、一族の永続的な繁栄を願望することによっている[5]。

　創業者高利は、資本を同族の総有[6]とし、それから生ずる果実は一定の比率で分配された。総有の営業資本を管理する大元方（1710年発足）は営業資本を各店に提供し、使用させ、各店からは一定率の功納を半年後毎に納めさせた。大元方は出資者の組織であり、かつ最高業務執行機関であった[7]。一族は大元方に無限責任を負っており、この意味では大元方は合名会社的資本結合であった[8]。

　また使用人（奉公人）との関係は同族との間に一線を画していた。使用人の処遇において、「宗竺遺書」では奉公人の最高役職であった元締めについて以下のように規定している。すなわち主人が元締めの意見を尊重することが、店の管理が上手くいくことにつながる、55、6歳での退職までに後任を育成すること、退職年齢に到達しても可能なものは継続して勤務させる、退職後も大切な相談事には呼び寄せる等配慮している。元締めの役料は大元方から支給される。各店からの支給でないのは、元締めが各店の運営を管理の中枢大元方の立場から考えるようにするためだったのであろう。元締めの働きがよければ、同族が相談して褒美銀を与えたり、元手銀を加増したりして優遇した。

　社会・権力との調和に関しては顧客との関係では、低価格、高品質を表明し、そのために仕入れと販売両面の合理性を追求し実現した。越後屋が採用した「現金販売掛け値なし」と「店先売り」は、当時の商法（見世物商い、屋敷売り）と決済方法（掛け売り＝節季払い、極月払い）[9]を固守していた同業者との軋轢を招来した。ここでは顧客第一主義を貫き、同業者との友好関係の犠牲はやむなしの判断があったと考えられる。進取の気象が市場に歓迎され、そして収益の確保にも大きく寄与した。参入障壁を自らの才覚で打ち破ったのである。

　幕藩権力との関係では、政治権力を尊重しながらも一定の距離を置いた。

公儀御用や公金為替で大きな利益を得ていたが、それらとの関係には十分注意を払っていた。そのことは宗竺遺書に「御用は商の余情と心得べし」とあるように、家業の繁栄を第一に考えていることが見てとれる。

　三井家の合理性は利益管理と会計法に結実していた。利益管理とは、各店からの功納[10]制度である。各店は功納額が目標利益額となり、余分の利益は、三年毎の大決算でその九割を大元方に納められ、一割は褒美銀として各店の奉公人に分配される。制度的に一定の利益配分を約束されていたのである。配分は勤続年数、働きぶり、人柄、さらに役職毎の割合が考慮された。明治維新の頃には、手代たちの働きを期待して褒美銀の比率を二割にすることも立案された。奉公人の働きに対する期待が大きかったことが分かる。

　会計法は、「大元方勘定目録」が作成（1710年）され、西洋の複式簿記と同様の計算原理が採用されていたことである。これは貸借対照表と損益計算書、財産目録からなるすぐれた帳合法であった。三井家は、呉服・両替を中心とする多業種であり、地域的にも三都・伊勢等に多数の店を構えていた。これら各業種、各店舗を合理的に所有し管理するためには、大元方による各店の管理制度が整備されていなければならず、大元方が各店を完全に掌握するためには、帳合法が完全に統一されていなければならなかったのである[11]。

　三井家の労務管理を「宗竺遺書」でみると、手代については、「家業に精通し、手代の働きを十分評価して優遇すると、それに応えて手代はよく働くし、悪しき者もよくなり、上下一致して成功するだろう」といっている。また元締めについては、「主人は元締めの意見を尊重せよ、下の者はそれを見て元締めの意見を尊重する」といっている。どちらも彼らの働きやすい状況を整えてやるといった配慮に満ちており、人間関係に配慮していることが分かる[12]。また奉公人の働きに対しては上述のとおり、余分の利益を褒美銀として与える成果配分のシステムをとっていたことも、労務管理の理念が明確であったと言えるであろう。

　家業の発展に伴って事業が大規模化してくると、相続人たちは経営管理に熟練な奉公人に管理されるようになり、相続人の恣意性は排除され経営は安定し存続する。そして家産は集団的な所有と管理に移行する。家による家産

の所有と称せられる現象である。

　三井家の「大元方規則」(1874年)の第一条「三井組ノ家産ハ三井組ノ有ニシテ三井氏ノ有ニ非ズ。(後略)」及び第二条「(前略)妄ニ財貨ヲ費靡シ、都テ総括・管轄・命ヲ用ヒズ、規則ニ悖戻スルモノアラバ速ニ之ヲ幽閉スベシ。(中略)三井組ハ一家ノ主人ヨリ重ク、(後略)」という条文は、財産は主人のものでなく三井家のものであることを、すなわち三井の財産は共有物であり、個人所有に分割され得ないものであることを明確にしており、また家業の継承を第一義とし、その任に耐えられない主人を幽閉せよといい、家業・家産の善良な継承者でなければ相続人の資格がない、といっている。

　所有と経営の分離がうまく機能したのは、別家や奉公人が長期的コミットメントと運命共同体意識をもち[13]、永年の奉公で培われた経営能力に負うところが大きい。別家や奉公人による主家の管理は、彼らが主家に忠実であることが前提になっており[14]、この時代商人社会に広く見られた慣行であった。

　このように所有と経営の分離が見られたのは、企業規模の拡大や多店舗化、多事業化などによって主人の支配力が困難になってきたからであるが、それよりも商家が当主個人の人格から独立した法人的性格をもつに至ったからであろう。三井家の当主は「八郎右衛門」を名乗ったが、これは個人名ではなく屋号・法人名であった。このような所有システムでは、所有に基づく支配・経営は困難であったであろう[15]。三井家の経営システムは、一族の存続・同族財産の維持という発達した「家」制度と、分権制という組織の原理の統合の上に構成されていた[16]。

　財産のあるものが出資し、能力のあるものが経営に当たるというのが株式会社制度の特徴の一つとするなら、個人所有権への制限、奉公人への経営委譲といった江戸期商家の慣行は、明治維新以降の会社制度の発展の条件を形成したといえよう[17]。

Ⅱ 日本型経営システムの成立

Ⅱ-1 明治以降の企業の発展と経営システム

1899年に制定された商法は、株主総会中心主義を特徴とした。「最高且つ万能の機関」としての株主総会は、法律・定款に定められた事項のみならず、あらゆる事項に関して決議する権限を有し、業務執行についても決議に基づいて取締役を拘束することができた。しかも株主は実際にこの強い権限を行使できたのである。

1935年時点の鉱工業大企業の株式所有構造をみると、財閥系企業では持株会社である「本社」が筆頭株主となっており、非財閥系企業では持株会社は資産家の資産保全会社であり、個々の株式保有比率は必ずしも支配的な大きさではなかった。

このような株式保有構造を反映して、経営陣をモニタリングする仕組みも異なっていた。財閥系企業では、三井の例でみると、本社から派遣した役員に企業の日常の状況を報告させ、重要案件については本社の指示を受けさせた。そこには投資案件も含まれており、本社は傘下企業への主要な資金供給者でもあった。すなわち内部昇格者を中心とした経営陣に業務執行を委ね、本社はそれをモニタリングするという分権的な仕組みであった。一方非財閥企業では、大株主が直接経営陣に参加することによって経営陣をモニタリングしていた。取締役は、株主の視点から業務執行役員をモニタリングする機関という本来の性格を有していたといえよう。

このように戦前の日本企業には株主によるモニタリング制度が機能していたといえる。さらに経営者に対するインセンティブ制度も株主の利益に合致するよう設計されていた。役員賞与は利益と密接につながっており、経営者は利益の増進を強く動機づけられていたのである。

配当も利益に反応した。配当性向は高く、多額の配当は株主が増資に応じることを可能とした[18]。

II-2　戦時の経営システム

　1937年日中戦争勃発以降、戦前型の企業システムの改革が行なわれた。軍需産業の好況とそれに伴う多額の配当が望ましくないものと考えられ、1939年4月施行の会社利益配当及資金融通令によって、資本金20万円以上の企業の配当に規制が加えられた。配当統制は企業の内部留保を増加させる効果を持ったが、他方戦前から配当を重視してきた資本市場は、投資家の株式投資のインセンティブの低下を来たして株価下落の反応を示した。さらに配当統制は、流動性の面でも株式投資を制約した。戦前の増資は配当収入の再投資という性格が強かったからである。そして貯蓄増強政策と国民の株式から預貯金への選好で、民間非金融機関部門の金融資産分布は、大きく現金・預金へシフトしていった。このように戦時経済への移行は、主要な制度であった資本市場の役割の低下をもたらした。

　1940年9月、企画院は「経済新体制確立要綱」で、商法を改正して資本と経営を分離することを提起した。これは経営者に公共的性格を与え、経営者が株主に制約されることなく増産に専念できるような企業システムを導入することが狙いであった。戦前は利潤にリンクしていた役員賞与を国家目的の達成度にリンクさせるという、経営者の国家的寄与に対する報奨制度を導入しようとした。企業を「資本、経営、労務の有機的一体」とする新しい企業理念が確立し、さらに配当統制の強化によって配当率は利益率に反応しなくなり、1940年11月の会社経理統制令で役員賞与も利益率に反応しなくなった。

　このようなコーポレート・ガバナンス構造の変化は、金融制度改革の必要性を生じさせた側面もあった。政府の各統制強化のため戦前機能していた企業経営システムが制限され、1940年4月以降株式市場は、投資家が株式投資に消極的になったことで低迷状態になったのである。株価が一段と下落した1941年6月以降、株価維持機関として興銀の指導の下に設立された日本共同証券は、政府の指示によって無制限の株式買い支えを行なった。この措置で株式市場は株価を通じて企業を監視する機能を失ったといえる。

　そして株式市場の低迷によって、従来株式によって調達されていた長期資

金が銀行に求められるようになり、1941年8月時局共同融資団が設立された。主取引き銀行が貸出先企業を審査し、これに基づいて共同融資をする制度であった。株式市場と株主が監視と資金供給の能力を低下させ、間接金融が必要になるとともに負債比率が上昇して、貸出リスクが高まる中で、銀行による監視とリスク分散の制度が導入されたのである。

　1943年10月施行された軍需会社法は、商法に定められた株主権限を明示的に制限した点で画期的な法律であった。軍需会社として指定された企業の社長の地位は、株主総会に対して政府が保証した。軍需会社経営者は株主総会による制約から法制度的に解放されたのである。軍需会社制度は企業と銀行の関係も変化させた。大蔵省は各軍需会社に対して原則として一行の金融機関を指定し、指定金融機関から「適時、簡易、迅速且適切」に資金が供給されるようにした。さらに1944年7月から指定金融機関の融資に対し戦時金融公庫の債務保証が与えられた。その結果金融機関のモニタリング機能は低下し、軍需会社経営者の金融機関に対する自由度が拡大した。

　自由度が拡大した経営者は、利潤を目的とした経営を公認された。しかし利潤は株主に対してでなく、従業員に対するインセンティブとなった。1943年から、生産性を上げた場合に、企業に「価格報償」を与えると同時に、従業員にも報償を与える制度が導入された。事実上の従業員に対する利潤分配制度である。さらに1944年3月の「企業の国家性明確化措置要綱」で、株主には年5％程度の「適正配当」を保証する一方、利益金処分、役員選任などに関する株主権を停止した。株主に対して固定的な配当を支払った残余を経営者・従業員に分配する制度である。

　戦前は典型的な株主主権の特徴を備えていた日本企業は、戦時期の一連の改革を通じて、戦争末期には「従業員管理企業」モデルに近い分配制度を備えるまでに変質したのである[19]。

II-3　戦後の経営システム

　連合軍総司令部（GHQ）によって実施された財閥解体によって資本家経営者が追放され、世代交代が実現した。そして独占禁止法（1947年4月公

布)、過度経済力集中排除法（1947年12月）で財閥の復活を阻止しようとした。財閥家族の持ち株は広く一般の人々に放出され、個人株主の持ち株比率は1949年には全国上場株式の68.4%に達した[20]。

しかし1949年5月から株価下落が始まり、インフレ終息とともに企業の低利益率を嫌った資金が株式市場から流出した。そして株価下落は、毀損した資本回復のための増資を困難にした。この事態は、経営者・従業員に支配され、株主の利益を軽視してきた企業に対する資本市場の否定的な意思表示と見ることができる。株主の利益を守るための有効なモニタリング制度を欠き、低利益率・過剰雇用の経営を続けている企業への反応といえる。

そして株価下落に歯止めをかけ、資本市場の機能を回復させるために、1949年以降一連の措置が実施された。その結果、株式所有構造が大きく変化した。上場株式のシェアで個人株主と証券会社が低下し、代わって金融機関と事業会社が上昇した。金融機関では、投資信託受託会社としての信託銀行と生命保険会社の地位が上昇した。

大株主となった機関投資家は企業に役員を派遣することは殆どなく、企業の役員は内部昇進者が大部分を占めた。

一方銀行は、企業との関係を維持しながら債権者としての発言権を行使する対応をとった。日本銀行による融資斡旋は引き続き銀行融資の制度的枠組みとして機能した。それによって結成された協調融資団は、融資条件として過剰人員の解消を迫り、必要に応じて経営者の交代も要求した。メインバンクは、企業へのモニタリング機能を発揮することを明確にしたのである。戦時期以来形成されてきた銀行のモニタリング制度と能力が、統制経済から市場経済への移行にともないリスクが上昇する条件下で企業への資金供給を可能にしたといえる。また銀行がイニシアティブをとって企業経営を再建したことが、機関投資家が株式を購入・所有することにつながり、彼らがメインバンクにモニタリングを委託するようになっていった[21]。

Ⅱ-4　高度成長期の経営システム

日本経済は、ドッジラインによって戦後インフレを終息させ、朝鮮特需を

契機に復興をとげ1955年から高度成長を開始した。以後オイル・ショック(1973年)に経済成長の枠組みが崩壊するまで、GNPが平均10%を超える実質成長率を記録した。そしてその成長を牽引したのは設備投資であった。

　この資金の調達先は、高度成長初期には外部資金が60%、後期でも50%以上であった。このうち民間金融機関の貸出がほぼ70%以上で圧倒的優位を占めた。これに対し株式資金の割合は低く、1960年代後半には3%程度にとどまった。この結果、高度成長期の資金調達は、銀行を通じた間接金融方式という特徴が示される。

　1950年代から60年代にかけて、旧財閥系企業は企業集団として再結集した。こうした動きは系列融資や株式の持ち合いをテコに進められた。株式の持ち合いは、財閥解体による大量の株式の放出と、企業再建整備法による再建整備増資による株式所有の混乱と株価低迷のなかで展開された。

　大企業の株式の持ち合い、系列化の進展に対応して株式の所有構造は大きく変化した。この変化は、法人持株比率の上昇、個人持株比率の低下として特徴づけられる。なお戦後の公職追放や財閥同族支配力排除法などにより、「経営者支配」的状況が急速に進展した。企業の経営が必ずしも大株主でない経営者に委ねられ、株式の持ち合いで一般株主から自立した立場の維持が可能となったのである[22]。

　株式の持ち合いの機能としては、第一に、株式買収を防止すると同時に経営者に大幅な自由裁量を付与し、長期的視野に立った経営を可能にする、第二に、倒産リスクを企業間でシェアすることで、取引先との長期取引き関係を実現させる、などが考えられる。安定的な株式保有は、経営者に大幅な自由裁量を付与するが、その財務状態によってはメインバンクの介入を受け入れる。つまり経営支配の移転を伴ない、主要な株主として企業の情報を早く入手できるため、企業を有効にコントロールできる主体として機能しているのである[23]。

　長期取引き関係は、様々な経済合理性をもっている。第一に、長期継続的取引きのため信頼が形成され、問題の予防や解決が円滑に行なわれるため、取引き費用の節約効果がある。第二に、少数の取引き相手との情報交換で済

第12章　中小企業におけるコーポレート・ガバナンス　　217

むため、新製品開発などで情報効率が高い。第三に、互いに合理化、コスト上昇の吸収努力がなされる、などが指摘される[24]。

II-5　日本型経営システムの問題点

　1973年10月の第4次中東戦争をきっかけとした中東産油国の原油価格引上げと、原油生産削減によって打撃を受けたわが国は、徹底的な合理化とME技術の発展を背景に、いち早くこの構造的不況を克服した。

　その後、低価格高品質製品で大幅な貿易黒字を生み出したわが国は、1985年9月のプラザ合意で急激な円高に見舞われた。この円高不況もまた、当時の原油安と円高による原材料安および政府の内需拡大策、さらなる合理化、現地生産の拡大によって乗り切った。そして戦後最長の「いざなぎ景気」及び「平成景気」につながっていった。

　1987年、わが国は国民一人当たりのGNPが世界一を記録した。このような中でわが国は、経済大国への発展を支えた日本企業に特徴的な「日本型経営システム」に対する自信を深めていった。経済白書平成2年版では、「わが国企業にみられる組織及び行動様式は（中略）客観性や合理性をもっているのではないか」といっている。

　しかし、こうした発展は自動車や電気製品の洪水的輸出に依存したものであり、やがて貿易摩擦の高まりの中で、欧米からの強い批判によっていくつかの製品分野が輸出を自主規制せざるを得なくなった。また円高不況対策で実施された低金利政策はバブル引き起こすこととなった。

　1991年5月に始まる景気後退は、「平成景気」がバブルを伴なっていたことが明らかになり、円高が加わって不況が長期化することになる[25]。

　バブル崩壊以降、長期にわたる景気の低迷の中、企業はいわゆるリストラの動きを強めてきた。その対象は、雇用、設備、債務が主たるものである。企業がリストラを検討する背景は、深刻な不況だけではなく日本型経営システムの行き詰まりがあると考えられる。そしてその背景は下記が考えられよう。

　第一に、株式の持ち合いを背景に経営者に友好的で安定した株式構造を構

築した結果、資本市場による経営者に対する監視が極めて弱かった。また銀行が設定した金利は企業の財務内容によらず横並びであったため、企業経営が財務体質に左右されることが少なかった。さらに企業の保有する持ち合い株式や土地などの資産価格がバブル崩壊まで上昇が続いた結果、膨大な含み益が発生し、これが経営者の裁量を更に増大させた。

　第二に、経営目標として企業の成長やシェア拡大が重視された。利益は競争力向上のための再投資や企業体質強化のための内部留保にまわされ、株主や従業員、地域社会などに還元する側面が見えなかった。

　第三に、先進国をキャッチアップする時代には有効であった生産工程の合理化や製品改良を中心とする経営は、途上国からの追い上げを受ける時代に入って、目標を見失ってしまった。そして金融緩和が継続されたことや直接金融で調達された資金が土地や株式に向かい、バブルによってもたらされた含み益の拡大や資本調達コストの低下などを背景に、企業は設備増強、雇用拡大に向かった。

　そして含み益を取り崩すことで調整を緩慢にし、企業の体質改善は極めて緩やかなテンポにとどまった。さらに数次の景気対策に企業が依存して、問題を先送りしている[26]。

　しかし、いわゆる官民一体型の経済運営体制の限界が明白になり、規制緩和やグローバル化で、経済の再活性化を図ることが必要性となってきた。すなわち、金融機関や企業による株式の長期保有と相互持ち合いを正当化してきた環境が変化してきたのである。つまり①長期に及ぶ株価の低迷が株式の長期保有を非効率にし、収益の悪化した企業が資金を固定させられなくなってきた、②不良債権の消却や損失の補填のため、保有株式を売却せざるを得なくなった、③長期的持続的で円滑な取引き関係を維持するための株式保有動機が希薄化してきた、④持ち株会社の解禁で、相互持ち合いの必要性が低下してきた、⑤「系列」批判等、わが国の取引き慣行に海外より批判があること、などである。

Ⅲ　欧米の中小企業経営

Ⅲ-1　ドイツの中小企業経営

　ドイツでは一般に「小企業」とは、従業員が100人未満の場合であり、また「中企業」とは、従業員が100人以上499人以下の場合である。また売上高で見た場合には、1億マルクまでの企業は、中小企業である[27]。

　ドイツでは1996年時点で320万社の中小企業があり、約2,000万人が雇用されている。すなわち中小企業が全企業の99%以上を占めており、全従業員の68%を占めているのである。しかし民間部門の総付加価値に占める割合は53%であり、総投資に占める割合は45%であり、研究開発費に占める割合は13%にしか過ぎない。

　したがって中小企業は明らかに資本集約的でなく、研究開発に重点を置いているという訳ではない。また生産性と収益性が高い訳でもない[28]。

　企業形態は、人的企業と資本会社に分けられる。前者は、個人又は個人の結合による組合、企業で、出資組合員が無限責任を負い、業務執行を共同で行ない、持分の譲渡・相続には原則として他の組合員の同意を必要とする。出資組合員は社員であり、従業員とは区別されている。法人格は持たない。社員を通じて出資する匿名組合の責任は出資額を限度とする有限責任であり、個人企業、合名会社、合資会社がこれに当たる。

　後者は、出資者の資格、会社への権利が出資した資本によってのみ規定される会社で、出資者は株主と呼ばれ、出資額を限度とした有限責任を負う[29]。株式会社、株式合資会社、有限会社がこれに当たる。

　ドイツで人的企業が多いのは、資本会社においてはその設立と運営に関しての規制が厳格であるのと、税法上有利であること、及び共同決定を行なう必要がないことが挙げられる。さらに出資者が定款や契約の中で多様な約定をなすことのできる権利である定款自治の問題がある。定款自治の許容範囲は、株式会社ではわずかであるが、合名会社と合資会社ではほぼ無制限に与

えられている。したがって企業者が自己の支配を維持するために、あえて合資会社形態を選択することもある[30]。

Ⅲ-2 イギリスの中小企業経営

イギリスにおいて、中小企業の定義はボルトン委員会報告書によるものが基準となっているがそれほど明確でない[31]。そこで同委員会では、中小企業の特徴を量的基準でなく、行動原理から次の三点を指摘している。第一に、中小企業の市場シェアは相対的に小さいこと（小占有率）、第二に、中小企業の所有者ないし部分所有者が、個人の判断で企業の運営を行なうこと（個人経営）、第三に、所有者たる中小企業の経営者は、主要な決定に際して外部の支配から自由であること（独立経営）である[32]。

同報告書によれば製造業や小売業における中小企業の割合は、1963年の時点で夫々94％、96％と非常に高い割合を示している。これらの中小企業の企業形態は、そのほとんどが非上場の有限会社や無限責任制のパートナー・シップ、個人企業で、株式上場企業は極めて少数である。さらにこうした企業形態をもつ中小企業のパートナーや株主が、どの程度経営に関与しまた経営上の実権を握っているのかをみると、経営上の支配権を2人以下で握っている企業は、製造業、非製造業とも85％を超えている。こうした企業はほとんどがいわゆる創業者ないしその一族で経営されている同族企業である。こうした中小企業の多くは小規模で低市場占有率の企業であるのみならず、明確な経営組織をもたない、所有と経営が分離していない所有者経営と言えるであろう[33]。

従って、こうした所有者経営形態の同族企業においては、コーポレート・ガバナンスについて論議されることはないと思われる。また上述の個人経営かつ独立経営が確立されればされるほど、無限責任を負っている経営者は、利益を自己又は同族への配当にまわすことになると考えられる。

Ⅲ-3 アメリカの中小企業経営

アメリカにおいて、中小企業の概念は「中小企業法」で定義されているよ

うに、①所有・経営の独立性、②当該事業分野での非支配性、であり、いずれも政策対象から大企業を排除することを目的としている。①は大企業の支配下にある企業は、規模が小さくとも大企業と一体とみなされる。②は各産業において独占的地位を占める企業を排除する規定である。中小規模でも市場支配力の大きい企業は排除される。具体的規定は、従業員数や販売額を基準として、産業・業種毎に連邦規則で定められている。

中小企業がアメリカにおいて企業総数の上でどのような割合を占めるのかを、アメリカ中小企業庁の統計資料（1986年）でみると、製造業では500人未満の中小企業が98%近くを占め、卸売業では100人未満の企業が99%近くを占める。多様な基準をとる小売業やサービス業でも、中小企業は同様の割合を占める。

このようにアメリカにおいても中小企業は多数派であり、「1〜19人」規模の零細企業が各産業の半数以上を占める。また企業形態別では「株式会社」は企業総数の20%程度で、多数は中小企業に典型的な「個人企業」であり[34]、所有と経営の分離が明確でない所有者経営といえよう。

アメリカの中小企業は、大企業から独立した人々の増大と産業構造の変化により1974年以降増加している。製造業からサービス業へ移行する産業構造の変化は、従来中小企業が担ってきた分野の拡大につながってきている。

Ⅲ-4 小括

中小企業に関しては、規模では零細企業が多数を占め、その経営形態は所有と経営が一体となっている。また概念についてドイツにおいては、量的基準のみで規定されているが、イギリスにおいては、量的基準だけでなくその行動原理からも定義されており、アメリカでは量的規定は連邦規則や中小企業庁の金融助成制度などで、定性的規定は政策対象から大企業を排除できる範囲とされている。このように中小企業の実情と概念は余りにも多様、複雑で、そのためコーポレート・ガバナンスに関しての問題は充分な検討がなされていない。しかし、企業形態や企業システムは各国独自の進化があり、夫々の実情に合ったコーポレート・ガバナンスの検討を、また既述のように各国

における経済や雇用に大きな影響と存在価値をもつ中小企業におけるコーポレート・ガバナンスの研究を進めることは、わが国の中小企業のコーポレート・ガバナンスを考える上でも重要なことと思われる。

IV 中小企業における 望ましいコーポレート・ガバナンスの検討

　この節では、各利害関係者のガバナンス能力を勘案して、「経営者企業」である中小企業における望ましいコーポレート・ガバナンスについて以下のように考えてみたい。

　金融機関は貸付金、取引先は仕入先では売掛金と受取手形、得意先では商品供給、取締役・従業員は生活という夫々相当重要重大な利害関係を持っている。簡単化のため税を無視すれば、株主は20％の配当なら5年、10％の配当でも10年経過すればリスクが消滅し、その後の配当はすべてリスクのない利得である。この場合の株主は、設備投資や事業領域の設定など高度な経営判断が必要なケースでリスキーな決定を強いる、あるいは逆に何もしないといったモラルハザードを引き起こす可能性がある。

　社外取締役は長期的コミットメントが小さく、自己の評判の重視または他の組織へのコミットメントが強い場合、無関心無責任になる可能性がある。また、発言意欲や行動意欲と時間的な制約から、積極的にコミットしているとは言い難い面がある[35]。

　取締役会と経営トップを監視すべき監査役は、経営トップに指名されることが多く、また実務に携わっていないことで情報収集力に限度があり、ガバナンス機能を担えるとは考えにくい。

　一方、他の利害関係者は株式を所有し、受取り配当累積額が出資額を超過している場合でも、上述の部分で常に大きなリスクを抱かえているのである。株主以外の利害関係者の存在を重視したこのような考えに整合性を見出すことができるなら、常勤取締役・従業員の持ち株比率を高める方策を見出し実

行することが課題となる。役員持ち株会や従業員持ち株会は、このような場合の対応に最も有効な手立ての一つ[36]であろう。

　金融機関については、大型合併が相次いで支店の統廃合や人員削減が続いているため、日常業務をこなすことが精一杯で、モニタリング能力を機能させることができるのは、本店における大口貸付先や不良債権化した貸付金のある企業に対してだけであろう。小口融資へのシフトは、大企業の間接融資離れが進む中、小ロットでも収益が見込めると判断していることに他ならず、モニタリングを担うことは視野にないと思わざるを得ない。

　このように考えると、企業として社会的影響力が小さい、株式市場からは株主が生まれない、いわば利害関係者が固定的メンバーである中小企業では、会社に長期的且つ強いコミットメントを持つ常勤取締役と従業員が、会社を維持・発展させる仕組みを構築し、運営することが合理的となるのではないだろうか。取締役や従業員が、強大な権力をもつ経営トップに対抗できないから不祥事や非効率が多発した、という指摘があるが、中小企業は大企業と異なり一人ひとりの企業における比重が大きく、経営トップが企業に強くコミットしている取締役や従業員の発言に注意を払わなければならないことをよく認識しているので、牽制や監視が可能になることが期待できる。経営トップは取締役や従業員の発言に注意を払わなければ、社内のモラルや社外の評判に影響が予想されることと、企業に強くコミットしている常勤取締役や従業員を無視あるいは軽視した唯我独尊の経営をできないことを認識しているのである。なおここでの「従業員」は企業における「コア・メンバー」を意味している。

　そして、不透明な財務内容、不明朗な取引慣行、経営者のモラル・ハザードといった、いわばわが国企業が非難されている特有の経営体質に陥らないよう、定時定点で厳しくチェックされなければない。経営の効率性により収益を上げることと同時に、遵法性と倫理性にも充分留意する必要がある。

　また経営トップは、次の経営者を育成しなければならない。近世の商家から現代の企業に至るまで、所有者や株主が誰であるかというより、誰が経営者かということが問われてきた。会社を維持・発展させる重要な機関である

からである。中小企業白書（2005年）においても、金融機関の中小企業に対する貸し出しの審査項目で、近年重視されているのは、「償還能力」、「計算書類等の信頼性」、「技術力」と並んで「代表者の資質」であることが指摘されている。

　そして、「機関投資家の短期的な指向が市場を通じて企業に押し付けられると、長期的にマイナス効果が出る恐れがある。収益改善の視点だけで人減らしをやりすぎると、士気や販売力、生産力の低下を招来するようなことである。市場では長期の効果より短期の効果を評価する傾向があるので過度に進み易いといえる」[37]といった意見に代表されるように、いわゆる「市場主義」の対極の考えも有力であるが、どちらが優れている、という視点での議論でなく、柔軟性を保持しながら環境の変化に対応できる体制づくりも重要である。長期的効果のみを重視すれば、短期的成果を無視することにつながる可能性があるのである。

　また、企業価値は定量的に測定できる基準のみでは客観的には納得できないのではないか。取締役や従業員の企業に対するロイヤリティ、評判、技術開発力、外部への存在感や影響力などがどのように企業価値の形成に影響を及ぼしているのか、といった定性的な項目の測定および評価の基準を明確にする必要があろう。

おわりに

　Ⅰで近世における商家の企業経営を概観した。Ⅱでは日本型経営システムの成立過程の明治以降現在に至るまでを整理し、かつて賞賛された日本型経営システムが現在なぜ非難されるようになったのかを、コーポレート・ガバナンスの観点から明らかにした。そしてⅢでドイツ、アメリカ、イギリスの中小企業経営を概観した。海外での企業経営を比較、検討し、日本の中小企業におけるコーポレート・ガバナンスのあり方の参考にした。

　高い経済成長が見込まれていた時代には、取りたてて問題が起こらなかっ

たわが国の株式会社制度は、市場の成熟化と低い成長率、金融危機、海外との関係などで不調和が生じてきている。

さて、上述のように、経営者のあり方が大いに問われているが、一方、株主のあり方も指摘されている。株式の持ち合いが解消方向にある中で、機関投資家や投資会社が短期の投資効率を一層重視するようになることである。

機関投資家は、本来の株主とみなされる個人投資家の代理人であり、投資会社は、機関投資家の代理人であることが多く、企業にコミットしている株主ではない。企業の存続や発展を第一義とせず、その短期的なインセンティブ・システムに従って議決権を行使してしまうと、企業経営の健全性を損ない、長期利益を求める株主に損害を与えてしまう可能性がある。短期の株式保有が頻繁であれば、議決権を行使した時期には株式を保有していないこともあるのである。

このようなことから、株主を一括りに規定することは検討の余地があると考えられる。すべての株主は出資している、という点においては株主は重要な利害関係者であるが、投資収益を最大に上げることを目的として、株主権を最大限に行使して配当を増やしたり、経営者に圧力をかけたりする[38] 機関投資家や投資会社と、機関投資家や投資会社と比較して企業にコミットしていると思われる金融機関や取引先、取締役・従業員といった株主とはその性格は大きく異なっていると思うからである。株主の権利については、議決権を行使できるのは株式保有者に限定することや、保有期間と保有株式数との積でそれを規定することも検討の余地があるのではないか。またフランスでは、一定期間（例えば2〜4年間）株式を保有している株主に2倍の議決権を与える、といった条項を特別総会の決議（2/3以上の多数決）で定款に規定することができる[39] が、こういったことも検討されてよいと考える。

企業の利害関係者の内、特に株主に対して重視する考えがグローバル・スタンダードの特色で、会計基準の度重なる改正は明確にそのことを打ち出したものである。また法律は、株式会社では会社所有者を株主としている。しかし、長期に強くコミットしている利害関係について、「長期に強く」を定義して株主に準じた権利関係を規定することは、決して整合性を欠くもので

はないのではないだろうか。
　先に述べた通り、企業の経営者の責務は、効率的な経営の遂行と遵法性、倫理性をもつことにある。コーポレート・ガバナンスの議論はこの点にも焦点をあてて進められている。
　経営者は一定の経済秩序を前提として行為を自由に選択するが、その選択には正当性が要求されるのである。これは従来法的規制（会社法、独占禁止法、不当表示法等）や制度的規制によって解決されてきた。つまり、これらの諸規制に抵触しない限り正当性は保たれている、と解釈されてきたのである。諸規制は環境の変化とともに陳腐化するが、詳細な点までは法制化できず、完全な遵守は困難となって経営者の自由な選択行為を拘束することになる。ここで倫理性が重要な概念として浮上してくる。
　利潤追求を目指した経営者の自由な選択行為は、必然的に利害関係者との関係に力点が置かれる。つまり企業戦略には利潤性と倫理性の統合が要求されるのである。営利追求活動は、経営者の自由に委ねられ、それに基づいて経営戦略が策定されるが、その経営戦略が利益者集団の利益を損なうが故に同意を得られない場合は、その戦略の遂行を中止するか、変更することになるといったことにならざるを得ないのである。
　企業の不祥事に関して、その原因や対応、対策に対する社会からの批判は、単に法律に違反していることのみではなく、利潤追求と倫理性及び遵法性との統合がなされていないことによるものである。利益者集団との調整といった問題はあるが、企業はリーガル・マインドを強く意識し、更に倫理性を持っての企業活動を推進していく必要がある[40]。
　これまで述べたように、大企業におけるコーポレート・ガバナンスの検討は多くなされている。しかし中小企業に関しては研究が進んでいない。これは中小企業のほとんどが資本と経営が一体となっている経営形態であるため、コーポレート・ガバナンスの必要性を要求されていないと考えられていること、企業数があまりに多く且つ企業規模や業種が多数で実証的研究ができにくいことや個々の企業では社会的影響度が小さく、研究対象になりにくいことなどが挙げられよう。

しかしはじめに述べたように、中小企業は企業数や従業員数でわが国の産業構造上大きなウェイトを占めており、また大企業に関して議論されていることはやがて中小企業にも波及するのは必至であるので、大企業に限定した議論だけではなく、中小企業のコーポレート・ガバナンスについての体系的な研究の必要があるのである。

【注】

1) 植竹晃久（1995年）17ページ参照。
2) 河村寛治（1999年）1ページ参照。
3) 中小企業の定義は、中小企業基本法によると、常用雇用者300人以下（卸売業、サービス業は100人以下、小売業、飲食店は50人以下）、又は資本金3億円以下（卸売業は1億円以下、サービス業、小売業、飲食店は5,000万円以下）の企業を中小企業とする。
4) 中小企業庁編（2005年）384-387ページ参照。
5) 三井家に限らず、日本人は武家・商家・農家などすべてが一族の永遠を願っており、それが家制度に繋がっている。[安岡重明（1998年）、52ページ参照。]
6) 複数の所有者がある財産を所有する際、その財産を全員が一体として所有し、個々の所有者はその財産の一部分を自分のものとして分割することが許されない所有形態。[安岡重明（1998年）、52ページ参照。]
7) 安岡重明（1998年）52-54ページ参照。
8) 宮本又郎（1998年）35ページ参照。
9) 安岡重明（1998年）56-60ページ参照。
10) 供与された元手銀に対して課せられた納入義務のある金。[安岡重明（1998年）、62ページ参照。]
11) 安岡重明（1998年）63ページ参照。
12) 安岡重明（1998年）87-88ページ参照。
13) 森雄繁（1994年）25ページ参照。
14) 安岡重明（1998年）89-91ページ参照。
15) 宮本又郎（1998年）53-55ページ参照。
16) Hirschmeier,J.・由井常彦（1999年）83ページ参照。

17) 宮本又郎（2004 年）20-21 ページ参照。
18) 岡崎哲二（1999 年）100-107 ページ参照。
19) 岡崎哲二（1999 年）109-120 ページ参照。
20) 日本経済新聞社編（1997 年）90 ページ参照。
21) 岡崎哲二（1999 年）132-136 ページ参照。
22) 阿部聖（1999 年）56-71 ページ参照。
23) 桑原和典（1999 年）73-74 ページ参照。
24) 橘川武郎（1998 年）276 ページ参照。
25) 那須野公人（1999 年）82-84 ページ参照。
26) 経済企画庁編（1999 年）
27) 中小企業に関するヨーロッパの報告システムは、大企業と中小企業の境界を従業員 249 人においている。［Semlinger,K.（1999 年）、74 ページ参照。］
28) Semlinger,K.（1999 年）59-60 ページ参照。
29) 大西建夫（1997 年）14-16 ページ参照。
30) 海道ノブチカ（1999 年）54-55 ページ参照。
31) 欧州委員会は、中小企業を 3 つの部分に分ける。零細企業は 0-9 人、小企業は 10-99 人、中企業は 100-499 人である。したがって欧州委員会では、中小企業は 500 人未満の雇用者がいる企業である。［桜井幸男（1998 年）、131 ページ参照。］
32) 太田進一（1997 年）318 ページ参照。
33) 熊沢喜章（1997 年）107-108 ページ参照。
34) 寺岡寛（1997 年）303-305 ページ参照。
35) 片岡進（1999 年）176 ページ参照。
36) 加護野忠男（1999 年）参照。
37) 加護野忠男（1999 年）引用。
38) 河村寛治（1999 年）5 ページ参照。
39) 深尾光洋・森田泰子（1999 年）177 ページ参照。
40) 鈴木辰治（1996 年）47-48 ページ参照。

【参考文献】

Hirschmeier, J.・由井常彦『日本の経営発展』東洋経済新報社、1999 年
Semlinger, K.「中小企業の日独比較―国際化と中小企業―」『日本とドイツの経営』

税務経理協会、1997年
阿部聖「高度成長と戦後大企業体制の成立」『現代経営史―日本・欧米―』ミネルヴァ書房、1999年
植竹晃久「株式所有構造」『コーポレート・ガバナンス―日本とドイツの企業システム』中央経済社、1995年
太田進一「イギリスの中小企業」『中小企業論』八千代出版、1997年
大西建夫「企業形態と主要企業」『ドイツの企業―経営組織と企業戦略』早稲田大学出版部、1997年
岡崎哲二「企業システム」『現代日本経済システム源流』日本経済新聞社、1999年
海道ノブチカ「出資者と企業」『利害関係の経営学』税務経理協会、1999年
加護野忠男「経済教室 株主の無責任正す制度を」日本経済新聞 7/23 朝刊、1999年
片岡進「トップマネジメントの正当性と行動規範」『現代企業の所有・支配・管理―コーポレート・ガバナンスと企業管理システム』ミネルヴァ書房、1999年
河村寛治「コーポレート・ガバナンス（企業統治）」吉川達夫・牧野和夫著『国際法務 グローバル・スタンダード17ヶ条』プロスパー企画、1999年
橘川武郎「戦後の経済成長と日本型企業経営」『現代経営史―日本・欧米―』ミネルヴァ書房、1998年
熊沢喜章「イギリス中小企業の経営史的分析視覚―イギリス産業社会と同族企業―」『政経研究』No69. 11月、1997年
桑原和典「メインバンクの経営モニタリング機能」『現代経営史―日本・欧米―』ミネルヴァ書房、1999年
桜井幸男「1980年代のイギリス中小企業の分析」『経営経済 第33号』大阪経済大学中小企業・経営研究所、1998年
鈴木辰治『企業倫理・文化と経営政策』文眞堂、1996年
中小企業庁編『中小企業白書 平成2000年版』大蔵省印刷局、2000年
中小企業庁編『中小企業白書 平成2005年版』大蔵省印刷局、2005年
寺岡寛「アメリカの中小企業」、『中小企業論』八千代出版、1997年
那須野公人「構造不況以降における日本型企業社会」『現代経営史―日本・欧米―』ミネルヴァ書房、1999年
日本経済新聞社編『ゼミナール現代企業入門』日本経済新聞社、1997年
深尾光洋・森田泰子『企業ガバナンス構造の国際比較』日本経済新聞社、1999年
宮本又郎「日本型経営の起源」『日本経営史 日本型企業経営の発展・江戸から平成へ』有斐閣、1998年
宮本又郎「商家の経営組織」『日本経営史の基礎知識』有斐閣、2004年
森雄繁「中小企業のコーポレート・ガバナンス」『労務研究』Vol.47.No.7、1994年

安岡重明『近世商家の経営理念・制度・雇用』晃洋書房、1998年

第13章 経済教育の現場で考えたこと

――高校レベルでの経済教育のあり方

下村和平

はじめに　本稿の目的と経済教育の現状

　本稿[1]は、高校段階における経済教育の現状を顧み、筆者が実践している経済教育の一端を報告すると同時に、あるべき経済教育の姿を提言することを目的とするものである。高校における社会科教育は、社会事象や政治・経済の動きを国民的教養として教え伝えるという側面がある一方、それらを単なる知識として暗記させるのではなく、その知識を繋ぎ合わせ、体系的に物事を考え、推論する力を身につけさせることに大きな目的があると考える。筆者は毎日の授業を通して、生徒が政治や経済、あるいは社会のあり方について自分の生活と関わりを通して関心を持ち、社会への共感や知的な好奇心、或いは何故？という疑問を抱きながら、自分なりの考えをその根拠を示しながら文章に表したり、述べたりする力を養成して社会へ送り出したいと願っている。ただ、日々高校生と接している中で感じるのは、彼らは社会科を単なる暗記科目としてとらえており、物事を論理的に考察したり、相互の諸関係をとらえたりすることが概して苦手であり、またそのような訓練もあまりしていないということである。特に、文章にして自分の意見をまとめる力が極めて弱いと感じている。そうであるかと言って、基本的事項が知

識として定着しているかというと、それも厳しい現状にある。学校の社会科教育は暗記偏重だと批判されることが多いが、一定の知識は物事を考える上で必要不可欠であるから、それらを高校卒業までの時期にしっかりと定着させる指導も大切である。

　一方、現代社会は、市場原理に基づいた経済活動が世界各地で行われ、我々は好むと好まざるとに関わりなく、市場経済の荒波の中で生活をしなければならない。高校生も例外ではなく、学校という守られた世界から卒業後すぐに市場原理が支配する世の中に放り出されて生活をしていくことになる。多くの生徒にとって、経済について学ぶおそらく最後の機会になる可能性が高い高校では、どのような経済教育をすべきなのか。日本経済の構造改革を見据え、市場経済のメカニズムを少しでも理解し、社会を生き抜く力をつけさせて送り出すことが求められる。勿論、労働を通した社会経験を積む中で身につけていくことが多いと思われるが、「経済的なものの見方」を身につけ、それを応用しながら問題解決を図っていく力を身につけることが極めて大切であると考えている。

　さて、日本では、戦後「社会」という新しい教科が創設され、当初はアメリカの教育思想の影響もあって、思考力や見方・考え方を重視する教育が模索された。しかし、1952年に文部省は地理や歴史教育の強化を唱え、社会科教育の中心に置く中で、経済教育の位置づけは相対的に後退することとなった。しかも学習内容も、思考力を養成するよりは経済現象や制度の知識を教える教育に重点が置かれるようになった。一方、高校での学習内容を規定する学習指導要領は1947年以降6回にわたって改訂され、経済教育に関わる授業時間数も1958年の改訂（「政治・経済」）以降は週2時間とそれまでの「一般社会」と比べて半減されることとなる。また、経済教育の背景となる学問も日本の大学ではマルクス経済学と近代経済学が併存して教えられてきており、経済教育を行うにあたって、そのよって立つ視点がはっきりしなかった。その上、その内容も高校では「教科内容に深入りしないこと」という注意書きが指導要領に常に付記され、何をどこまで教えて良いのかということに現場の教員は悩み続けてきた。

第13章 経済教育の現場で考えたこと

　本稿ではまず、経済教育において先駆的な研究と実践が行われているアメリカの方法に学び、その基本的内容を概観する。次に、現在の日本で行われている経済教育について、現場教員として感じている点や実践報告を行う。そして最後に、経済的な見方や考え方を日本でもしっかりと教えることの必要性を主張し、そのための具体的な教材を提示して、高校での経済教育のあり方を述べることとする。なお、本稿は筆者の現場教員としての実践報告の色彩が強いものである。多くの仲間との協議や相談の中で実践している内容もある。高校教育の現場でどのようなことを考え、実践しているのか、またそれが妥当な方法なのかを問うことにより、少しでも授業内容の改善につながればと考えている。

I　参考にしたいアメリカの経済教育

　「経済的なものの見方・考え方」を育成する教育を考える際、アメリカで先駆的に取り組まれてきた研究が参考になる。アメリカでは、1960年代初頭にアメリカ経済学会（American Economic Association）やJCEE（Joint Council of Economic Education；全米経済教育合同協議会、現NCEE）が中心となって経済教育についての研究が進み、それを踏まえた実践が積み重ねられてきた。1961年には、アメリカ経済学会が中心となって立ち上げた経済教育特別調査委員会（National Task Force on Economic Education）が中等教育段階における経済教育の重要性とその基本的指針を示した報告書をまとめた[2]。一方、JCEEはそれに基づく実践活動の主体として、経済教育の実践的研究をはじめ、現場教員対象のマニュアル作成や経済教育セミナーの実施、更にはカリキュラムの作成などを行っている。

I-1　JCEEの「フレームワーク」

　JCEEが1977年に発行（1984年改訂）した経済教育マニュアルに、"A Framework for Teaching the Basic Concepts"（以下、「フレームワーク」

と記す）がある[3]。現在では、これに代わる学習内容の基準を示したものが出ている（「経済学習のスタンダード20」、後述）が、この「フレームワーク」は、1977年以後しばらくの間、アメリカにおける経済教育の基準となるものとされた。JCEEの「フレームワーク」の基本的理念については、同書によると次のように述べられている[4]。

1. 基本的な経済概念を理解することは、大量の事実についての知識を持つことよりも重要である。
2. ある限られた経済概念とそれらの間の関連についての基本的な理解を生徒に得させることに、教授のための努力が集中されるべきである。
3. 経済学に対する理解を組織だったものにするために、生徒たちに対して概念の枠組みを与えるとともに、体系的で客観的な分析を重視した思考の方法が提示されるべきである。
4. 経済理解を得ることによる個人的・社会的利益は、生徒個人が自ら獲得した知識を、自分自身が直面する広範囲な経済的事象に適用する中で明らかになってくる。

この「フレームワーク」については、他書でさまざまな考察が加えられている[5]ので、ここでは省略するが、その言わんとするところは、大量の事実を教え込むよりは、「基本的な経済概念を理解させる」ことにより、経済的な見方や考え方を身につけさせ、個々人が経済活動を行う際に、客観的な思考による意思決定ができるようになることを、経済教育の大きな目標にしていると言ってよいだろう。では、中等教育段階で身につけなければならない「基本的な経済概念」とはどのようなものであろうか。これについて、「フレームワーク」では、以下のような整理をしている。

第13章　経済教育の現場で考えたこと　　　　　235

表1-1　基本概念

基礎的な経済概念	1 希少性　2 機会費用とトレードオフ　3 生産性　4 経済システム　5 経済制度と経済的刺激　6 交換、貨幣、相互依存
ミクロ経済学の概念	7 市場と価格　8 供給と需要　9 競争と市場構造　10 所得分配　11 市場の失敗　12 政府の役割
マクロ経済学の概念	13 国民総生産　14 総供給　15 総需要　16 失業　17 インフレーションとデフレーション　18 金融政策　19 財政政策
国際経済学の概念	20 絶対優位と比較優位　21 外国為替レートと国際収支　22 成長と安定の国際的局面
測定概念と測定方法	表　図とグラフ　率とパーセンテイジ　変化率　指数　実質値と名目値　平均および、平均の回りの分布

出所）NCEE : *A Framework for Teaching the Basic Concepts , Second Edition*
　　　邦訳は全米経済教育合同協議会　P. サンダース他著　岩田年浩・山根栄次訳（1988）
　　　『経済を学ぶ・経済を教える』（ミネルヴァ書房）

　この表から読みとれるように、ミクロ経済学・マクロ経済学・国際経済学の経済学を構成する主要な3分野の基本概念とともに、それに先だって、「基礎的な経済概念」として6項目を示し、その最初に「希少性」、「機会費用とトレードオフ」を位置づけている。

I-2　「全国共通学習内容基準」の作成

　1994年にアメリカでは、「2000年の目標：アメリカ教育法」という法律が制定された。この法律は、8項目の目標が掲げられ、その一つとして主要な教科・科目の学習内容について、全国共通の学習基準を作成することを求めたものである。この法律が制定された背景には、1980年代に教育改革によって国家の将来を構築しようとした当時のレーガン政権の国家戦略があったという[6]。アメリカでは各州の権限が強く、教育内容についても連邦政府による強制力は及ばないが、これを受けて、各教科・科目に関係する学会や研究会を中心に、学習基準作りに取り組まれた。経済学は主要9科目の中の一つとなり[7]、経済教育の分野では、アメリカ経済教育協議会（NCEE；National Council on Economic Education）が中心となって、1997年に Voluntary National Content Standards in Economics（邦訳書は：「経済

学習のスタンダード20」として発刊、以下「スタンダード20」と記す）が刊行されている[8]。「スタンダード20」は、生徒が習得すべき学習内容を「文章」の形で、わかりやすく示している（表1-2）。

　栗原（1999）[9] によると、「スタンダード20」では、「ⅰ）市民として習得すべき最低限度の内容であること、ⅱ）経済学のコンセンサスを得られた内容であること、ⅲ）基準として示された学習内容を、生徒や教師、一般の人々がよく理解できること、ⅳ）経済学的に正しい内容であること、ⅴ）内容は興味をそそるものであってほしいが、努力をすればすべての高校卒業生が理解可能なものであること、ⅵ）生徒の理解が評価可能な内容であること、の6つの条件を満たすことが求められている」という。ここでも、①希少性、②限界分析、費用便益分析、③選択とトレードオフ、④誘因、⑤交易の利益、⑥比較優位等の基本概念が重視されている。又、個々の経済的事実については言及されず、あくまで基本的な経済概念を学ぶという姿勢が貫かれている点では「フレームワーク」と同様のスタンスである。また、学習内容についての経済的コンセンサスという面では、今日の経済学の主流派である新古典派モデルに基づいている。これら20のスタンダードの一つひとつについて、各学年で何を理解でき、その知識を応用して何が出来るようになればよいかが、生徒の発達段階に応じた形で到達目標として学年毎に具体的に示されている。このように、「スタンダード」が目標とする学習は、経済制度や経済的諸事実の知識を得るということではなく、一般原理としての経済概念の習得を通して、「経済的な思考法」を学ばせることにあると考えられ、それを通して、合理的な意思決定能力を育成しようとするものである。勿論、何が「スタンダード」であるかについては、大方において経済学的なコンセンサスが得られている内容に絞っているとはいえ、それぞれの考え方や立場によって異なる。特にマクロ経済学の分野においては、そのことが問題となりやすく、「スタンダード20」に対する批判も寄せられたようである。

表1-2　経済における任意の全国共通内容基準

①生産的な資源は限られている。それ故に、人々は自分が欲する財・サービスのすべてを手に入れられるとは限らない。この結果、人々はあるものを選択したら、他はあきらめなければならない。

②うまく意思決定するには、あることを選んだことの追加的なコストと追加的な利益を比較する必要がある。大部分の選択は何かもう少し多くとか、もう少し少なくとかを含むのであって、オール・オア・ナッシングの選択はほとんどない。

③財・サービスを配分するのには、いくつかの異なった方法が利用できる。個人的に行動する、あるいは政府を通じて集合的に行動する人は、さまざまな種類の財・サービスを配分するのにどの方法を利用するべきか、選択しなければならない。

④人々は、行動を促すような、あるいは、行動を抑制するような誘因に対して、予測のつく反応をする。

⑤交換に参加している当事者すべての利益になるときにだけ、自発的な交換が行われる。これは、国家内の個人間、組織間の取引き、異なった国家における個人間、組織間の取引き、どれにとっても正しい。

⑥個人・地域・国家が、それぞれ最も低いコストで生産できるものに特化し、相互に取り引きすれば生産と消費がともに増大する。

⑦売り手と買い手が相互に影響し合うとき、市場があらわれる。この相互の影響で市場価格が決まり、希少な財・サービスを配分できる。

⑧価格はシグナルを送り、売り手と買い手に行動を促す。供給・需要が変化すれば、市場価格が調整し、市場参加者の行動に影響を与えようとする。

⑨売り手間の競争はコストと価格を低下させ、消費者がよろこんで購入する、購入できるものをより多く生産するよう、生産者を促す。買い手間の競争は価格をせり上げ、その財・サービスに最高値を支払おうとする人に、それらを配分する。

⑩市場経済では、個人や集団がそれぞれの目標を達成しやすくなるように制度が発達する。銀行、労働組合、株式会社、法システム、非営利組織は重要な制度の事例である。制度としては異なった種類のものであるが、明確に規定され効力をもつ財産権は、市場経済にとって欠くことのできないものである。

⑪貨幣は、取引、借用、貯蓄、投資、財・サービスの価値の比較を容易にする。

⑫インフレを調整した利子率は、貯蓄額と借入額をバランスさせる為に上下する。このため、希少資源を現在と将来に配分することに対して影響を与える。

⑬大部分の人々の所得は、彼らが売れる生産資源の市場価値によって決定される。労働者がどれだけ稼ぐかは、主として、彼らが産み出すものの市場価値と、彼らがどれだけ生産的かということに依存する。

⑭企業家とは、財・サービスを生産するために生産資源を組み合わせることに伴うリスクを取れる人のことである。利益は、倒産というリスクを企業家に取らせるように促す重要な誘因である。

⑮工場、機械設備、新技術、また、健康、教育、職業訓練への投資は、将来の生活水準を向上させる。

⑯政府の政策による利益がコストを上回っているならば、市場経済の中で果たすべき政府の役割がある。政府は、国防を提供し、環境対策に取り組み、財産権を規定してこれを守り、市場をより競争的にしようとする。ほとんどの政府は、所得を再分配する政策も実施している。

⑰政府の政策に要するコストは、ときどき利益を上回る。選挙民や官僚、公務員が面している誘因のために、この事態が生じているのかもしれないし、一般の人たちにコストを押しつけることのできる特別の利益団体の行動が原因かもしれない。経済効率よりも他の社会的目標が追求されることによっても、この事態は生じる。

⑱一国の所得、雇用、物価の全体的水準は、経済に参加しているすべての家計、企業、諸官庁、その他によって決定される支出と生産の相互の影響によって決定される。

⑲失業は、個人と国家にコストを押しつける。予期しないインフレは、多くの人にコストを押しつけ、他の人を利する。なぜならば、インフレは、意図せずに購買力を再分配するからである。インフレは、一国の生活水準の成長率を低下させる。なぜならば、個人や組織は、将来の物価の不確実性に備えて自分自身を守るために、資源を使うからである。

⑳連邦政府の財政政策と、連邦準備制度の金融政策は、雇用、産出、物価の全体的水準に影響を与える。

出所）NCEE : National Council on Economic Education. (1997) *Voluntary National Content Standards in Economics*（『経済学における任意の全国共通学習内容基準』）

これまで述べた「フレームワーク」と「スタンダード20」は、日本で言えば、さしずめ学習指導要領のようなものである。ただ日本と異なるのは、日本の学校現場では、授業を展開する上で、学習指導要領が一定の縛りとなっているのに対し、アメリカではあくまで民間で作られた一つの基準である点である。ただ、「スタンダード20」を見てもわかるように、一つひとつの項目を児童・生徒のそれぞれの発達段階に応じて教えるとなると、教員側がまずこれらの内容をしっかりと習得すべきであるし、更にとりわけ経済学を専門としない教員が教える場合には、教員向け授業マニュアルの整備等が必要になる。そこでは、経済概念を児童・生徒が理解しやすいように、ロールプレイングやアクティビティを授業に取り入れる工夫なども必要になる。そういった授業支援がアメリカでは様々な形で提供されており、NCEEを中心に夏期休業中を利用して、教員向けに授業法のセミナーが開催される他、マニュアル本も出ており、多くの教員が参加し、活用しているようである。

II　高校の現場で考えたこと

II-1　日本の高校では、経済教育にあまり時間が割かれていない

①**カリキュラム**：高校で経済教育に直接的に関わる科目といえば、「現代社会」と「政治・経済」である。勿論、家庭科においても消費者教育を中心に経済教育に関わる単元があるが、経済単元に配当される授業時間数を考えると、社会科科目での授業がその中心を担うことになる。戦後、日本の高校の教育課程は数度改編され、社会科では「一般社会」「政治・経済」「現代社会」などの科目で経済教育を担ってきた。現行の教育課程は、平成15年度入学生より学年進行で実施されており、全日制の場合、17年度で全学年が新課程に移行した。ただ、戦後長らく慣れ親しんできた「社会」科は、平成6年度の改訂（前回の改訂）で「地理・歴史」と「公民」に分割され（経済教育を主として担うのは公民）、さらに、今回の改訂では、卒業に要する公民の最低履修単位数はわずか2単位（「現代社会」を履修する場合は2単位で卒

業条件を満たす。一方、「現代社会」を履修しない場合は、「政治・経済」と「倫理」を合わせて4単位履修することが卒業の要件となる）となり、それまでの4単位必修から授業時間が半減されることになった。従って、多くの学校では、現代社会を2単位のみ履修して公民の卒業単位を揃える場合が多い。社会科担当教員としては、できるだけ多くの社会科科目を履修させ、さまざまな知識やものの見方を身につけてほしいと願うが、現実は受験科目に偏重したカリキュラムが重視され、特に歴史中心になってしまう傾向が強い。戦後社会科教育の地理・歴史中心主義の影響も少なからずあろうか。現場での公民担当教員も地理や歴史に比べると少なく、ここでも、希少な授業時間をどのように配分すべきかが、課題とされる。経済教育を重視したいとする者の効用関数はやや軽視されているのが現状である。

　本稿で主たる考察の対象としている科目は、3年生対象の「政治・経済」（この科目は一般的には3年生での配当が望ましいと考えるが、学校によっては1、2年で学習しているところも多数ある）である。週2時間の授業で35週の年間授業時間を考えた場合（実際は、学校行事や定期試験などの為、もう少し授業時数は少なくなる）、経済分野に当てることが出来る時間は多くて28時間程度である。この中で、経済単元をどのように展開していくか、現場の教員は、まさに希少な授業時間を最適配分し、効用最大化のために、何を教えて何を捨てるかを選択しなければならない。

　②**大切なこと**：経済的な基本概念という場合、数ある経済学の学説の中でどの学説に基づくかといったことが問題となる。日本では、長らくマルクス経済学と近代経済学が併存関係にあり、高校の教科書は両者が混同した形で執筆されているものが多かった。勿論、それぞれの理論体系にはそれぞれ特徴があるので、どれが良くてどれが良くないなどと言うつもりはない。ただ、現在の主流派とされる経済学が新古典派経済学であると考えるならば、身につけるべき経済的スタンスは、まずは新古典派モデルに基づきべきであろう。周知のように、新古典派経済学とは1870年代の限界革命によって生じた三学派、つまりオーストリア学派のメンガー、ローザンヌ学派のワルラス、そしてジェボンズがほぼ同時期にそれまでの労働価値説に基づく経済学に対

し、限界効用学説に基づく価値論を発表し、経済学に革命的な影響を与えた近代経済学の総称である。経済主体の合理的行動、企業や家計は制約条件の下で効用最大化をめざすこと、そして市場における均衡が短期的に実現することを前提に理論構築がされる。ただ、この新古典派経済学に基づいて経済教育を行うことには、批判点も指摘されるであろう。「効率」の考え方が社会の隅々にまで浸透しているアメリカ社会とは異なり、思想や価値観でも儒教精神が人々の行動をその根底で支える日本で、果たして新古典派的な見方が受け入れられるのか。自己の効用を最大化するという新古典派の考え方は、ともすれば、自らの効用のみを重視し、効率のみを追求して、社会的公平性を軽視する極めて利己的な人間を作り出すのではないかという危惧がそれである。また、情報の非対称性の問題、「市場の失敗」等、市場メカニズムがうまくはたらかない問題をどう教えるのかといった批判もあるであろう。そのような考え方を学校の経済教育で行って良いのかという批判である。

II-2 歴史的アプローチによる授業

　限られた時間内で、ある程度まとまった形の授業を展開する場合、教科書の順序を入れ替えてでも、大きな流れを作りながら話を進める工夫が必要になる。表1-3は、15年度改訂の政治・経済の指導要領である。これらの膨大な内容を生徒に伝えていく場合、一つひとつをぶつ切りにして教えるのではなく、何らかの系統だったアプローチ法が大切になる。指導要領の項目はそれぞれいずれも大切な項目ではあるが、相互の関連性に乏しい。それらをつないで、社会科的な構造に直していく一つのやり方として、筆者は「経済史」的な展開を授業の切り口にした経験がある。現行の指導要領では比較的軽く扱われるようになった「資本主義経済及び社会主義経済の変容」の分野をベースに他の分野を資本主義経済の発展史という観点からの流れに沿って展開していくやり方である。われわれが生きている資本主義経済は、歴史的にどのような経過で発展してきたのか、資本主義が歴史性を持って現在に至っているということの理解が必要だと考えたからである。そのあらましを以下に述べてみよう。

2年次に学習済みの世界史（高校では、2年次に世界史を履修するところが多いと思われる）の復習をかねて、経済単元の授業の出発をイギリスの産業革命ないしは土地囲い込み運動におく。トマス・モアの『ユートピア』に出てくる「羊が人間を食べる」という有名な一節を紹介しながら、資本家と労働者の二大階級が分化していく資本の本源的蓄積過程を説明し、分業と協業がもたらす生産方法の変革、そしてイギリスの産業革命に至る歴史的プロセスを説明する。アダム・スミス著『諸国民の富』（1776年刊）のピン生産にまつわる分業の話に生徒は興味を示す。本の題名にもなっている「諸国民の『富』」とは、「年々の労働の生産物」の大きさであること、そしてそれを産み出す労働の意義を主張したことは、それ以前の絶対主義時代の重商主義政策との富の考え方の違いを知る上で重要である。カルヴァン（J.Calvin；1509〜1564年）は職業を神から命じられた天職であって、労働に励むことは、神の栄光を増大させることであり、その報酬は正当なものであると主張した。資本主義経済の利潤追求はカルヴィニズムの浸透の中で正当化されていくのである。産業資本主義段階においては、政府は出来る限り経済活動に介入せず、治安と国防のみに関わる自由放任主義が理想とされ、各個人が自らの私益を追求することがおのずと社会全体の利益に通じるという予定調和説が、「神の見えざる手」に代表される一般的な考え方であった。市場の働きに委ねる考え方を学習する中で、高校の経済学習の一つの山になる市場機構の単元をここで取り上げる。高校での市場機構の学習は、完全競争市場や「他の条件が等しければ」という前提に若干の曖昧さを残すものの、市場メカニズムを部分的均衡分析ながら理解し、経済の動きを理論的に分析する力を養うのに有効な単元である。具体的な事象をいろいろと取り上げて生徒に考えさせるのだが、詳細は次の（3）の項目で述べる。

　19世紀半ばになると、資本主義は独占資本主義段階に移行し、その持つさまざまな矛盾が表面化してくる。世界史上も1810年代以降労働運動が激化し、その中で社会主義思想が台頭してくる。1848年にはフランス二月革命、ドイツ三月革命が勃発し、同年にはマルクスとエンゲルスが『共産党宣言』を発刊する。「人間社会の歴史は階級闘争の歴史である」と述べるこの書物

表 1-3　高校「政治・経済」学習指導要領（15 年度改訂）経済関連単元

ア）経済社会の変容と現代経済の仕組み
・資本主義経済及び社会主義経済の変容
・国民経済における家計、企業、政府の役割
・市場経済の機能と限界
・物価の動き
・経済成長と景気変動
・財政の仕組みと働き及び租税の意義と役割
・資金の循環と金融機関の働き
・経済活動のあり方と福祉の向上との関連

イ）国民経済と国際経済
・貿易の意義と国際収支の現状
・為替相場の仕組み
・国際協調の必要性や国際経済機関の役割
・国際経済における日本の役割

☆上記の経済単元の後に、「現代社会の諸課題」として、いくつかの単元を選択して学習すべき項目が設けられている。

ア）現代日本の政治や経済の諸課題
大きな政府と小さな政府、少子高齢化社会と社会保障、住民生活と地方自治、情報化の進展と市民生活、労使関係と労働市場、産業構造の変化と中小企業、消費者問題と消費者保護、公害防止と環境保全、農業と食糧問題

イ）国際社会の政治や経済の諸問題
地球環境問題、核兵器と軍縮、国際経済格差の是正と国際協力、経済摩擦と外交、人種・民族問題、国際社会における日本の立場と役割

出所）『高等学校学習指導要領解説「公民」』（文部省）

は、資本主義の賃労働関係を分析し、土地囲い込み以降「二重の意味で自由」となって、自らの労働力以外には売るべきものを持たず、資本主義の歯車の中に組み込まれて生きていくしかない資本主義的生産関係の中で、労働力を搾取される労働者と資本家との経済的力関係を分析している。「意識が存在を規定するのではなく、反対に社会的存在が意識を規定する」(『経済学批判』序言）と考える唯物論の歴史観（唯物史観）、生産力の発展と生産関係との矛盾が歴史の原動力になるとする考え方は、現代の資本主義社会においても多くの示唆に富む見方である。高校の授業では、さすがに資本論の体系を順に追うことはできないが、資本主義経済の一つの見方として紹介し、今日の労働問題、労働者保護政策のあり方などを考える手がかりになる。マルクス主義的な色彩が濃い単元であるため、体制批判の感が強く、将来のある生徒に資本主義の悲観的な面を強調しすぎる嫌いがあるとの批判もあるかもしれないが、10%前後にもなる若年層（19歳〜24歳）の失業率の高さや労働条件の悪さ、不況が高卒求人にしわ寄せされている点等、高校卒業段階での労働市場をめぐる現状に直面し、彼らの生活の「守り」という観点から経済を捉えた場合、避けて通れない単元である。

　資本主義経済は、19世紀末から20世紀初頭にかけて帝国主義（金融独占資本主義）段階に入る。巨大産業資本と金融資本が手を組み、資本主義はレーニンが『帝国主義論』で示した5つの要素を含む「資本主義の最高段階」に突入してゆく[10]。海外への資本投資、多国籍企業の活躍、巨大金融資本の登場、先進国による植民地支配と途上国のモノカルチャー経済、南北問題等々、国際経済の現状と課題、その背景についてはここで取り上げる。UNCTAD（国連貿易開発会議）の理念も元はといえば、帝国主義政策に対する発展途上国からの叫びである。

　1929年秋に始まる世界恐慌は、資本主義各国を「持てる国」と「持たざる国」との対立激化に陥れる。先進資本主義国では、恐慌克服策として、それまでの自由放任政策に代わってケインズ理論が登場してくる。経済理論は、その時々の時代や学者の所属国を背景に主張されることも多い。通貨制度は金本位制度から管理通貨制度に変わり、金と紙幣との兌換が廃止されることにな

る。教科書には明治時代の兌換銀行券の写真が掲載されており、そこには「此券引替金貨拾圓相渡可申候也」と記載してある。授業では、生徒にこの言葉をまずどう読むかを説明し、この意味するところを考えさせ、兌換銀行券が流通していたことを実感させる。写真などを実際に見、その中に書かれている文言を読むことで、兌換紙幣とは何かが生徒は理解できる。それが1930年代以降になぜ多くの国が管理通貨制度に移行していったのかを恐慌対策に関連させながら考察させ、政府や中央銀行による財政・金融政策がマネーサプライの管理に大きな影響力を持つことを説明する。ここ数年は公定歩合も低く抑えられ、金融政策の中での公定歩合操作の重要性は大きく低下しているが、戦後の公定歩合の変動とマネーサプライ、景気変動には相関関係がある程度認められるので、それを示したグラフを見ながら、金融政策が戦後の日本経済にどのような影響を与えたかを考えさせることができよう。グラフもただ漫然と見せるのではなく、例えば1985年にはマーカーで印を付けさせ、プラザ合意の年であることを確認し、それ以降日銀の公定歩合政策がどのように推移したかを目で追わせる。教科書だとわずか1～2行でしか書かれない公定歩合の引き下げ政策を、資料を配布してそれを生徒に目で追わせながら話をしていく、そういった資料をもとに話をする中で、生徒は身をもって経済の動きを実感するのである。経済の授業にとって現実感覚は大切であり、統計資料の活用は重要な手段である。蛇足ながら、政経の教科書ではいまだに公定歩合操作が金融政策の重要な柱であるかの記述もある。現在では、公開市場操作がその中心であることも付け加える（教科書は検定制度の関係で、記述内容と現実にタイムラグが生じることもあり、授業の中でカバーしていくことが大切である）。

　歴史の大きな流れをつかませながら教科書の各項目を再整理していくというやり方は、教師側の整理された授業プリントの提示や工夫された板書が必要とされる。必ずしも教科書の配列どおりとはいかないので、その時間の主題をはっきりと示し、わかりやすい展開を工夫しなければ、教師の自己満足に終わる危険性がある。このスタイルの授業は、筆者が教員になって最初の頃の数年間に実際にやってみたものである。歴史の流れを追うというやり方

は、ストーリー性があって、歴史が好きな生徒は興味を持って聞いてくれるかもしれない。ただ、生徒は、現代の経済現象や事象が過去からの関連があって生起していることに気付きながらも、例えば、帝国主義の単元と一緒に現代のモノカルチャー経済を説明すると、時期が異なる2つの話がうまく関連づけられないことも多々生じてしまうかもしれない。今の高校生の一般的な理解レベルに沿った授業という点では、かなり高度であり、改善の必要が多々あるとも感じる。さらに、歴史との関連性は認識できても、それを応用して別の問題を考察するというところまでは考えが発展せず、他への推論まで見据えた理解と言う点ではやや課題も残ってしまった。まだまだ、発展途上の授業案である。

Ⅱ-3 基本的な経済概念を重視した授業

①考え方の基本：ここで目指す授業は、「基本的な経済概念を理解することは、大量の事実についての知識を持つよりも重要である」というJCEEの考え方に則ったものである。勿論、経済制度や多くの経済的知識を知ることは大切なことである。しかし、ここでは、基本的な経済概念をまず教える。それをもとに、様々な経済事象を分析する手がかり、あるいは分析ツールを身につけさせようとするものである。経済学というのは、ある意味経済現象を理解するための「共通の言語」であり、様々な経済論議も同じ土俵の上で議論できてこそ共通認識を図ることができる。言い換えれば、何らかの形で経済学の大系を理解しているからこそ、さまざまな経済事象についての自分の考えや意見を表明できるのである。それがなければ、自分の経験の範囲内での独りよがりな単なる感情の表現にしかならないことになる。大げさな言い方かもしれないが、これでは日本の民主主義のレベルは低下する一方である。2単位の授業という限られた授業時間の中ではあるが、現実の経済制度や経済事象の解説を一つ一つやるのではなく、基本的な概念をひとつ知って、それをさまざまな場面に応用し、合理的な意思決定ができるような授業展開を考えていくことが望ましい。大量の事実を教えても、事実はいずれ古くなっていくわけだから、事実を多く知るよりは、その方が応用が利くのではない

第13章 経済教育の現場で考えたこと

かと考えるわけである。経済的な見方を知って、それをさまざまな場面に推論し、応用する力、「経済リテラシー」とはまさしくそのような能力である。経済教育は、このように経済学を共通の言語であるという理解の下に成立するように思う。

日本においても、ようやくこのような視点に立った経済教育の必要性が徐々に認識され出しつつあるようだ。事実、表1-3で示した新学習指導要領（平成15年度改訂）では、それまでのものと比べて、理論と応用を分ける姿勢がみられる。これまでは、経済的事象の説明、日本経済の仕組みや制度についての説明が中心課題であり、そこからテーマをもとに問題解決的な学習をしていく授業スタイルが多く採られていた。今回の指導要領の改訂は、経済事象の背後にある「経済的な見方・考え方」を育てる授業に軸足が移りつつあることを感じている。新学習指導要領の公民科「政治・経済」の解説書では、「経済的事象を取り上げるに当たっては、経済問題の背後には経済的欲求に比べて利用できる資源の存在量が限られているため、個人や社会を問わず最適な経済活動を行うためには希少な資源をいかに配分するかという選択の問題が基本的な問題として存在していることに気付かせることが大切である」[11]と希少性を重視する姿勢がみられるようになった。大半の生徒にとって、経済について学ぶ最後の機会になるであろう高校の授業で、筆者は特に「希少性」「機会費用」「選択とトレードオフ」「限界分析」という経済の基本的概念を習得させる教材を開発することが有用ではないかと考えている。

②**具体的な授業展開の例**：「希少性」をテーマに授業をする場合、どのような展開が考えられるであろうか。現場の教員としては、実際に生徒を前にして授業を展開するわけであるから、理念だけではなく、具体的にどのような話をするのかという教材を提示しなければ、その主張に対する責任を果たしたことにならない。これには、栗原（1992）や新井（1994）等、現場の教員の実践報告や論考が参考になる[12]。

基礎的な経済概念を重視した授業の場合、ともすれば指導者が理論的な学習を意識するあまり、抽象的な議論を展開し、生徒の理解をかえって妨げて

しまう恐れがある。これでは、生徒の興味・関心をかえってそいでしまい、経済嫌いを増やしてしまう。従って、ここで取り扱う原理はきわめて単純なものが望ましい。経済学的には厳密さを欠くような概念の理解が生じても、高校生には直感的に理解させることでもよいと考える。従って、授業では高校生に身近な問題を例に出し、そこから指導者側が目指す経済概念の理解をめざす授業の組み立てを工夫する必要がある。

　③希少性を扱った授業例：筆者は、「希少性」概念は生徒たちの普段の生活の中で無意識に行動の判断材料として行っている手法であり、いくつかの例を示すことにより、容易に理解されうる概念であると考える。この概念を高校生に理解させるための方法として、筆者はよく「大学進学の有用性を経済学の眼鏡で考える」という高校生にとって切実な問題を経済学的に考えさせる授業展開を行っている。この授業は、年間の授業の最初に行い、これをもって経済教育の導入としている。そのあらましを述べると次のようになる[13]。

〈Ⅰ〉**本時の単元名**
　「大学進学の有用性」を経済学で考える。
〈Ⅱ〉**本時の目標**
　経済学を学ぶということは、合理的な思考方法を身につけることにその大きな目的があり、それは「希少な資源をいかに合理的に選択して、我々の欲望（効用）を満足させるかの決定である」ということを理解させる。
〈Ⅲ〉**本時の展開計画**（学習指導案は省略）
　まず、授業の導入部分（約5分）として、生徒たちが大きな関心を持っている高校卒業後の進路について、多くの進路があることを話し、大学進学希望を挙げる生徒も多い中で、「なぜ大学に進学するのか」ということを質問する。生徒からは、さまざまな答えが返ってくることが予想されるが、それらの答えを取り上げながら、「なぜ就職せずに、或いは専門学校を選ばずに大学へ進学しようとするのか」、そのような選択をする理由は何かについて、経済学ではどのように考えるのか、ということを50分の授業の中で取り上げ、「経済的なものの見方・考え方」を養う契機にしたい。また、この授業

第13章　経済教育の現場で考えたこと

展開の中で、希少性の概念を理解させる授業展開を工夫したい。
　導入部の「なぜ君は大学へ行くのですか」という質問に対する生徒側からの予測される答えとしては、次のようなものがあるであろう。
　　ⅰ）大学へ行く方が高校卒業後にすぐに就職するよりも、将来もらえる賃金に差が出てくるだろうから。
　　ⅱ）高校時代に興味・関心をもった分野をもう少し深く勉強してみたいから。
　　ⅲ）サークル活動に参加して、多くの友達を作りたいから。
　他にもさまざまな理由が考えられようが、これらの答えは、すべて大学生活を送ることによって得られる便益（benefit）である。次に、このような便益を受けるにはタダでは受けられないことに気づかせたい。つまり、大学へ入学するためには、入試を突破する必要があり、そのための受験料・宿泊費といった受験にかかわる費用、入学後に必要とされる授業料や通学のための交通費なども勘定に入れる。これらの数値はすぐに手に入るので、生徒たちには１年間の授業料を示し、これが４年間でいくらかかるか、通学定期代は？といったデータを示しながら、決して安くはない大学教育という教育サービスの価格を教える。たいていの生徒はこのように示されるデータに驚きを示す。動機付けとして適切な方法であり、ここまでは単純な作業である。
　さらに進んで、「費用・便益分析」に話を進める。大学生活について「投資」と「消費」の二面から考察を進めていくわけであるが、まず、大学進学に関わる費用をもう少し深く考察していく。まず、投資面であるが、大学教育を受けるために必要とされる費用には、授業料や通学定期代などの「直接的にかかる費用」がある。一方、もし、大学へ進学せずに就職していたとしたら、大学へ支払う費用は不必要であったのは当然のことながら、その時間は労働に費やされることよって賃金を得ることができたわけである。つまり、大学進学をせずに就職した場合に得られた便益の最大のものは４年間の賃金であり、これが経済学で言う「機会費用」にあたる。従って、大学進学には、直接的にかかる費用とともに、機会費用というコストがかかっているわけである。この点は生徒たちは見逃しやすい点である。これは無理もないことであ

り、このような考え方を日本の高校では教えていないためである。機会費用の説明については、日常生活におけるいろいろな例で説明できよう。一方、便益については、大学教育を受けることによる、そうでない場合との生涯賃金の差が直接的な便益として考えられる。また、大学教育を受けることによる精神的満足度というのも便益として考慮できよう。いささか荒っぽい分析であるが、投資の面から「費用」と「便益」を比較すればこのようなことになる。

次に、「消費」面から見た大学教育の分析に移る。これは大学教育を需要する側がどのような満足（効用）を示すかということの分析である。消費の分析には、大学教育の価格も大切であるが、ここでは大学教育というサービスから得られるものは何かということになる。島田晴雄・清家篤（1995）によれば、大学教育の消費面から見た効用として、次のような4点が挙げられている[14]。それは、第一に「教育の内容そのもの」つまり、新しい知識や真理の深淵を学ぶ喜びであり、講義やゼミでの討論や論文作成を通して得られる教育内容である。第二には「人間交際の楽しみ」であり、これはサークル活動などをとおして得られる。第三に「大都会の風に触れる効用」である。これはとりわけ地方出身学生にとっては大きな効用であり、地方では得にくい生の情報を得る効用である。そして第四に「人生のモラトリアム時代を持つ効用」である。こうした効用は、高校卒業後すぐに就職した学生にとっては得にくいものであり、大学へ進学する、つまり大学生活を消費する効用である。高校生が大学への進学を希望する理由はこのようなものであり、大学進学のコストと便益を事例として示しながら、就職するのか、進学するのか、進学の中でも大学進学を選ぶのか、選ばないのかを考える身近な教材を提供できるのではないか。また、大学受験・進学を考える場合、何校受験するのか、国公立大学か私立大学か、或いは自宅通学か下宿かといった選択は、保護者の所得に大きく依存する。生徒はいろいろな進路希望があるが、その中から進路を決めるのは、所得という「希少な資源」の範囲内で生徒本人の効用が最も高い選択を行うという経済の基本的な問題に直面した選択である。ここで示した「大学進学」を例とした教材によって、前記の〈Ⅱ〉に示した概念

を生徒に理解させることができる。そして、「合理的な思考方法」とはこのようなものであることが生徒は理解でき、これが経済的なものの見方・考え方の大切な一面を担うのではないかと考えるわけである。

ただ、このような授業展開を行う場合、どのような場合でも「大学進学がトクかソンか」という一律な決め方ができるわけではない、ということに留意すべきである。というのも、その人の「効用関数」が個人個人で異なっているからである。その意味で、ライオネル・ロビンズ流の経済学は方法論的個人主義と言うべきで、みんなの動きに同調して進路を決めるというのが、最もこの経済学に反することになる。また、問題は将来のことにかかわるので、不確実性というミクロ経済学の重大問題にも直面する。大学を出て将来にわたってどれだけの賃金が保証されるのかは、将来の産業構造や経済発展、雇用制度、職種にも依存するため確定的とは言えないからである。このように考えると、ロビンズが考えた静学的な資源配分の効率性（選択の重視）という立場の限界にも注目しなければならない。

④価格機構の学習：ミクロ経済学の価格機構の単元においても、希少性概念を意識した授業の展開を考える。市場メカニズムの理解は、資本主義理解の上で大切であり、高校生の経済学習でも重要な部分である。L.アームストロング＆B.バッソの『レモンをお金にかえる法』（河出書房新社）は、子供向けの絵本であるが、価格の決定メカニズムを説明するのに優れた教材である。その他に、普段の授業では、林敏彦氏の『需要と供給の世界』を参考に、「空気の値段はなぜタダなのか」「なぜJTBは金星旅行のパック旅行を商品として売り出さないのか」「ゴミの回収費用を有料にすることにはどんなメリットがあるのか」といった興味深い事例を提示して、無味乾燥になりがちな価格機構の授業を展開する工夫をしている[15]。「空気の値段はなぜタダなのか」の教材では、各自がノートに空気の需要曲線を考えながら描いてみて、その後に数名を指名して黒板に描かせる。そして、なぜそのような需要曲線を描いたのかを説明させ、空気は日常生活に必要欠くべからざる存在であること、従って、仮に空気の価格が設定されており、消費量に応じた費用徴収がなされたとしても、価格の変動による需要量の変化は少ないと考え

られることなどから、需要曲線が横軸に垂直的に描かれることなどを説明し、このような財やサービスが日常生活の中でないかどうかを考えさせる。こうして、生活必需品と贅沢品の需要曲線の形状を理解させる。この授業では、「需要の価格弾力性」という経済用語は使用せず、弾力性の概念を理解させることができる。また、空気の授業は、「自由財」「経済財」といった財の性質を希少性との関係から理解させることもできる。ゴミ回収費用の有料化は、自治体指定のゴミ袋の導入、環境税の是非、都市中心部の渋滞回避のための混雑税導入の是非等々、様々な経済問題を考える際に応用できる。この授業を実施する中で、生徒は「経済学というのはこのような考え方をするのか」というのが一部ではあるがわかる。この単元は、生徒はかなり興味を示して授業に取り組んでいた。このように、生徒たちの興味・関心を引く事例を多く示すことで、経済的なものの見方・考え方を養うことはできるのである。

⑤「72の法則」：消費者教育の側面からの授業展開として、「72の法則」を紹介することもある。消費者教育というと、悪質商法やそれへの対策としてのクーリング・オフ制度などに目がいきがちである。それはそれで大切な知識である。「72の法則」とは、金利が与えられたときに、お金が2倍になるのに要する年数が何年かを即座に計算する仕方である。「72÷年利」が公式である。これは複利計算に応用できる知識である。例えば、年利7.2%で100万円を運用したとき、72÷年利（7.2%）＝10年で元の資金が2倍になる。1980年代末から90年代初頭にかけてのバブル経済期には、金融機関の定期預金金利は6〜7%の高金利を示した時期があった。年利6.6%で運用すると、約11年で資産が倍になった。今では仮に0.3%で運用したとして、倍にするには約240年を要する。資産運用とは逆に、消費者金融で資金を借りた場合、この法則を知っていれば、仮に20%の金利ならば、わずか3.6年で借金が2倍になってしまうこともわかる。パーソナルファイナンスの面で応用がきく教材である。こういうものも、経済的な見方・考え方として有益であろう。

⑥アクティビティの導入：これもアメリカの方法を参考にしている。基本的概念を理解させるために生徒を実際に動かして体験させるというものである。筆者が授業で取り入れた代表的教材は、東京証券取引所や日本証券業協

会等が中心となって開発した「株式学習ゲーム」である[16]。これは、1,000万円の仮想資金をもとに、実際の経済や政治、国際情勢の動きを見ながら株式投資のシミュレーションゲームを行うものである。約3か月間にわたって、普段の授業と並行して取り組んでいる。このゲームの目的は、日本経済の動きを株式投資を通して考えることにあり、株式投資を奨励しているわけではない。ゲーム後の生徒の感想文を読むと、「短期間で株価が上昇することもあるが、逆のこともあり、株式投資は慎重にしなければならないことがわかった」というふうに、「ハイリスク・ハイリターン」についてしっかりと学んだものも多く見受けられる。また、「囚人のジレンマ」や「共有地の悲劇」等、経済学の概念をアクティビティを通して理解させ、カルテルがうまくいかない理由や資源保全が何故うまくいかないのか、といったことを理解させるのに役立っている[17]。

おわりに　高校の経済学習は何を目指すか

　郵政民営化が叫ばれ、構造改革が大切だと言われ、競争原理がはたらく社会はバラ色であるかのような論調が世の中を席巻している。グローバルスタンダードはアメリカンスタンダードであるのに、それを日本にも浸透させねばならないのであろうか。本音の部分ではそんなぼやきを発しながらも、われわれは市場経済の荒波の中で生活をしなければならない。とすれば、経済教育は何を目指すのであろうか。究極の処、「自らの生活をいかに守るか」であろうか。市場原理が渦巻く社会の中で生きて行くには、市場メカニズムを理解しなければならない。そして社会の中で合理的な意思決定をして生きていかなければならない。今の高校生は、何も世の中の動きに関心がないように見えて、実はアルバイトをはじめ、様々な場面で案外社会と関係を持っている。携帯電話サービスの変更、ファーストフード店のサービス等々、経済の現象に関心を持たせる題材は豊富にある。ただ、それがひとつの体系としてなかなかつながらない。経済の体系を学ぶことで、ふとしたときに具体

的事例に接してハッとする、経済概念を知っていればそれを元にしていろいろと推論が進む。そして、合理的な意思決定が出来るようになる。その基礎基本を教えていくことが、主体的に生きていく上で大切であり、生きる力につながっていくのだと感じている。

【注】

1) 本稿は関西学院大学に提出した課題研究論文をもとに加筆・訂正をしたものである。課題研究の際には安井修二先生より懇切丁寧なご指導を受けた。ここに記して感謝いたします。また本稿作成にあたり、有益なコメントをいただいた方々にも感謝いたします。
2) 全米経済教育合同協議会　P.サンダース他著、岩田年浩・山根栄次訳（1998）『経済を学ぶ・経済を教える』ミネルヴァ書房。なお、この書物は、MASTER CURRICULUM GUIDE IN ECONOMICS シリーズの *A Framework for teaching the Basic Concepts, Second Edition* の邦訳であり、ここでは邦訳を参照した。
3) P.サンダース他著　前掲書参照。
4) P.サンダース他著　前掲書 10 ページ参照。
5) 主なものに、新井明（1993）や、栗原久（1999）などがある。また、経済教育研究会編著（1997）にも、具体的な授業の展開例が紹介されている。
6) 詳細は栗原（1999）131 ページ参照。
7) 主要 9 科目として、英語、数学、理科、外国語、公民、経済学、芸術、歴史、地理が示されている。（同法第 102 条　第 3 項-A）
8) National Council on Economic Education.（1997）*Voluntary National Content Standards in Economics*（『経済学における任意の全国共通学習内容基準』）なお、本書の邦訳版は、『経済学習のスタンダード 20：21 世紀のアメリカの経済教育』と題して、2000 年に財団法人消費者教育支援センターから出版されており、本稿では、邦訳版を参照した。
9) 栗原（1999）前掲書 132-134 ページ参照。
10) 『帝国主義論』では、ⅰ）生産と資本の集中・集積、ⅱ）金融独占、ⅲ）資本の輸出、ⅳ）国際的な独占形成、ⅴ）資本主義列強国による地球再分割競争の 5 つを、19 世紀末から 20 世紀初頭に新たに現れた資本主義の特徴と指摘し、列強国による地球再分割競争の末に、資本主義は崩壊し、社会主義への移行

が必然的に起こると述べられている。
11) 文部省編（1999）90 ページ参照。
12) 新井明　前掲書（1993）の他に、新井明「機会費用概念の教育性に関する覚書」（2004）（『経済教育』No.23　経済学教育学会）、栗原久（1992）『物語を導入とする経済学習』（財：経済教育研究協会）などがある。
13) この展開例は、島田晴雄・清家篤（1992）『仕事と暮らしの経済学』岩波書店　第1章「進学」を参考にして作成し、授業を行った。また、授業展開のヒントは、新井明氏よりご教示を得た。
14) 島田・清家（1992）前掲書参照。
15) この部分は、林敏彦（1989）『需要と供給の世界（改訂版）』日本評論社よりヒントを得た。
16) ゲームの進め方などの詳細は、株式学習ゲームのホームページ（http://www.ssg.ne.jp/）を参照されたい。
17) 株式投資を中心とするアクティビティ教材としては、日本経済新聞社が中心となって提供する「日経ストックリーグ」も有名である。この他にも、アメリカでのアクティビティ教材を紹介する国際セミナーが2000年から2002年にかけて、早稲田大学経済教育総合研究所の主催で開催された。詳細は、山岡道男他監修『消費者・経済教育の考え方・進め方』（2002）、『消費者経済教育の新潮流』（2003）（早稲田大学経済教育総合研究所）として刊行されている。

【参考文献】

National Council on Economic Education. *Voluntary National Content Standards in Economics*, 1997.
　　邦訳版は『経済学習のスタンダード20：21世紀のアメリカの経済教育』財団法人 消費者教育支援センター、2000年
C. E. Ferguson & J. P. Gould、木村憲二訳『微視的経済理論』日本評論社、1978年
ゲーリー E. クレイトン著、大和証券商品企画部訳『アメリカの高校生が学ぶ経済学』WAVE 出版、2005年
ジョゼフ・E. スティグリッツ著、藪下史郎・秋山太郎・金子能宏・清野一治訳『スティグリッツ　ミクロ経済学』東洋経済新報社、1995年
P. サムエルソン、W. ノードハウス著、都留重人訳『サムエルソン経済学（上）』（原書13版）岩波書店、1992年

レーニン『帝国主義』岩波文庫、1956年
ライオネル・ロビンズ著、中山伊知郎監修、辻六兵衛訳『経済学の本質と意義』東洋経済新報社、1957年
ルイズ・アームストロング、ビル・バッソ著、佐和隆光訳『レモンをお金にかえる法＝経済学入門の巻＝』『続・レモンをお金にかえる法＝インフレ→不況→景気回復の巻』河出書房新社、1982年
新井明「経済教育の方法についての覚え書き」『経済教育研究　平成5年度』財団法人　経済教育研究協会、1993年
新井明「機会費用概念の教育性に関する覚書」『経済教育』No.23　経済学教育学会、2004年
新井明・柳川範之・新井紀子・e-教室　編著『経済の考え方がわかる本』岩波ジュニア新書、2005年
荒井一博『文化の経済学〜日本的システムは悪くない〜』文春新書、2000年
伊藤誠『経済学史』有斐閣、1996年
伊藤元重『経済学的に考える』日本経済新聞社、2003年
岩田年浩『経済学教育論の研究』関西大学出版会、1997年
魚住忠久・山根栄次・宮原悟・栗原久　編著『グローバル時代の経済リテラシー』ミネルヴァ書房、2005年
宇沢弘文『経済学の考え方』岩波新書、1989年
栗原久『物語を導入とする経済学習』財：経済教育研究協会、1992年
栗原久『「2000年の目標：アメリカ教育法」と経済教育の「全国共通学習内容基準」』『経済学教育　第18号』経済学教育学会、1999年
小島彰「経済教育の基本問題―『合理的思考力』論の批判的検討」『経済学教育』（第18号）経済学教育学会、1999年
島田晴雄・清家篤『仕事と暮らしの経済学』岩波書店、1992年
林敏彦『需要と供給の世界（改訂版）』日本評論社、1989年
安井修二「マスコミに躍らされないために」『エコノフォーラム第3号』関西学院大学経済学部、1998年
安井修二「経済学は経済問題の理解に役立つか」『エコノフォーラム第4号』関西学院大学経済学部、1998年
山根栄次『「経済の仕組み」がわかる社会科授業』明治図書、1990年
山岡道男他監修『消費者・経済教育の考え方進め方』早稲田大学経済教育総合研究所、2002年
山岡道男他監修『消費者経済教育の新潮流』早稲田大学経済教育総合研究所、2003年
財団法人　経済教育研究協会『高校生の「経済学習」授業マニュアル』1991年

経済教育研究会編著『新しい経済教育のすすめ』清水書院、1997年
全米経済教育合同協議会　P.サンダース他著　岩田年浩・山根栄次　訳
　　『経済を学ぶ・経済を教える』ミネルヴァ書房、1998年
文部省編『高等学校学習指導要領解説　公民編』実教出版、1999年
「特集 Q&A 身近な疑問から経済学」『経済セミナー5月号』日本評論社、1999年

あとがき

　本書は、共同研究の成果やシンポジウムの記録というようなタイプの共著ではない。全体は、テーマに分けた三部構成になっているが、それは便宜上のもので、各章は、それぞれのテーマで、スタイルもまちまちに書かれている。読んでいただければお判りのように、それらは、ひとつのテーマを論じた文章として、それぞれ一定の知的情報とメッセージをお伝えできていると思う。しかし、全体として本書は、専門研究者もしくは専門家による独創的な論文の集成というものでも、プロの著作家の随筆集というものでもない。出来上がってくる原稿の研究報告を聞きながら発せられた「こんなものを集めて、果たして本になるんだろうか？」という研究会メンバーの一人の謙虚な疑念は、本書出版の意義に関するわれわれのためらいとして、実はまだ残されている。

　なぜこんな本を出版する気になったのか。「序」に代わる第1章で、本書を「知的共同作業のささやかな成果」と表した。その場合の共同作業とは、われわれが続けてきた研究会（「KGエコノミスト歴史研究会」）であり、そこでの自由な議論であった。その充実感と楽しさは研究会のメンバー全員の共有するものであったが、さらに藤井には、第1章で述べたように個人的にその意味と価値の客観的な重要さに強い確信があった。そこで「ぜひ皆さんの研究を本にしましょう」と提案してみたのである。「それぞれ普段の研究報告通り、好きなことを自由に書いたらいいですよ」という誘いに、最初は「それはいい。ぜひ出しましょう」と、みんな乗ってくれた。ところが、いざ原稿提出の段になると、さすがの猛者たちもいささかの弱気と気恥ずかしさから躊躇し始めてしまった。「いや、皆さんの研究は十分出版する意義があります。何にしても、評価は後で他人が下してくれます。とりあえずは自己満足でいいんですよ」。出版に向けて励ますこと1年、ようやく本書は日の目を見ることになったのである。

われわれは、身近にその問題に取り組む者だからこそなしえた考察や、専門にとらわれぬ自由な立場だからこそ書きえたものがあると自負しているが、本書の出版の直接の意味は、あるいは書き手の自己満足に過ぎないかもしれない。その点を含めて、各章の内容については、それぞれの著者がその責任と評価を自ら負うのは言うまでもないことであるが、われわれとしては研究会という知的共同作業こそが本書の最も誇る内容であって、その意味で各章の背後に流れるその共同作業の熱気を、特に読者の皆さんには読みとっていただきたいと思う。そして、大学の周辺でそのような研究会が自発的に始まり、5年を経た今も継続していて、ささやかながらもこのような成果を生みだしたことの意味を、ぜひ読者の皆さんに理解していただきたいと願っている。もし、それが理解され、読者の皆さんに何らかの刺激を与えることができたとすれば、われわれにとってこれに過ぎる喜びはない。

　最後に、出版に際しさまざまなご配慮をいただいた田中直哉氏、松下道子氏をはじめとする関西学院大学出版会の皆様に厚くお礼を申し上げる。

2006年9月

藤井和夫

著者紹介 (執筆順)

藤井和夫　1950 年生まれ。
　　　　　関西学院大学大学院経済学研究科博士課程後期課程修了 (1981 年)。
　　　　　現在、関西学院大学経済学部教授。

加藤美穂子　関西学院大学大学院経済学研究科博士課程後期課程単位取得退学 (2003 年)。
　　　　　現在、関西学院大学大学院研究員 (経済学研究科)。

朝井　保　1952 年生まれ。
　　　　　関西学院大学大学院経済学研究科エコノミスト・コース修了 (2001 年)。
　　　　　現在、不動産会社勤務。

笠岡一之　1957 年生まれ。
　　　　　関西学院大学大学院経済学研究科エコノミスト・コース修了 (2004 年)。
　　　　　現在、株式会社大阪真空機器製作所代表取締役社長。

和田将幸　1976 年生まれ。
　　　　　関西学院大学大学院経済学研究科博士課程後期課程単位取得退学 (2005 年)。
　　　　　現在、関西学院大学大学院研究員 (経済学研究科)。

中島尚信　1960 年生まれ。
　　　　　関西学院大学大学院経済学研究科エコノミスト・コース修了 (2002 年)。
　　　　　現在、経済産業大臣登録中小企業診断士。

見市　拓　1946 年生まれ。
　　　　　関西学院大学大学院経済学研究科エコノミスト・コース修了 (2000 年)。
　　　　　現在、神鋼ケアライフ株式会社代表取締役常務。

中村亜紀　関西学院大学大学院経済学研究科博士課程前期課程修了 (2001 年)。
　　　　　大阪大学大学院医学系研究科博士課程後期課程単位取得退学 (2005 年)。
　　　　　現在、羽衣国際大学人間生活学部専任講師。

南畑早苗　関西学院大学大学院経済学研究科エコノミスト・コース修了 (2000 年)。
　　　　　現在、消費生活アドバイザー。

楽　君傑　1971 年生まれ。
　　　　　関西学院大学大学院経済学研究科博士課程後期課程修了、博士(経済学)(2004 年)。
　　　　　現在、中国浙江大学公共管理学院専任講師。

羽田良樹　1946 年生まれ。
　　　　　関西学院大学大学院経済学研究科エコノミスト・コース修了 (2001 年)。
　　　　　現在、財団法人大阪産業振興機構常務理事。

林　芳利　1947 年生まれ。
　　　　　関西学院大学大学院商学研究科マネジメント・コース修了 (2001 年)。
　　　　　現在、昭和フィルム株式会社代表取締役社長。

下村和平　1964 年生まれ。
　　　　　関西学院大学大学院経済学研究科エコノミスト・コース修了 (2000 年)。
　　　　　現在、高校教員。

科学から空想へ
社会人大学院生から見た現代社会の諸相

2006 年 10 月 20 日 初版第一刷発行

著　者	KG エコノミスト歴史研究会
発行者	山本栄一
発行所	関西学院大学出版会
所在地	〒 662-0891　兵庫県西宮市上ケ原一番町 1-155
電　話	0798-53-5233
印　刷	大和出版印刷株式会社

©2006 Printed in Japan by Kwansei Gakuin University Press
ISBN 4-907654-98-7
乱丁・落丁本はお取り替えいたします。
本書の全部または一部を無断で複写・複製することを禁じます。
http://www.kwansei.ac.jp/press